能力本位视域下高职教学模式改革与实践研究

金 鑫 张雪松 ◎ 著

吉林科学技术出版社

图书在版编目（CIP）数据

能力本位视域下高职教学模式改革与实践研究 ／ 金
鑫，张雪松著. -- 长春：吉林科学技术出版社，2021.6
ISBN 978-7-5578-8127-6

Ⅰ．①能… Ⅱ．①金… ②张… Ⅲ．①高等职业教育
－教学模式－教学改革－研究－中国 Ⅳ．①G719.2

中国版本图书馆 CIP 数据核字(2021)第 102854 号

能力本位视域下高职教学模式改革与实践研究

NENGLI BENWEI SHIYUXIA GAOZHI JIAOXUE MOSHI GAIGE YU SHIJIAN YANJIU

著	金 鑫 张雪松	
出 版 人	宛 霞	
责任编辑	李永百	
封面设计	金熙腾达	
制 版	金熙腾达	
幅面尺寸	185mm×260mm 1/16	
字 数	407 千字	
印 张	17.75	
印 数	1—1500 册	
版 次	2021 年 6 月第 1 版	
印 次	2022 年 1 月第 2 次印刷	

出 版 吉林科学技术出版社

发 行 吉林科学技术出版社

地 址 长春市净月区福祉大路 5788 号

邮 编 130118

发行部电话/传真 0431-81629529 81629530 81629531
81629532 81629533 81629534

储运部电话 0431-86059116

编辑部电话 0431-81629518

印 刷 保定市铭泰达印刷有限公司

书 号 ISBN 978-7-5578-8127-6

定 价 70.00 元

前　言

种子的萌芽需要水分、阳光和雨露，更需要肥沃的土壤。如果一颗松树的种子落在坚硬的岩石上，它可能永远不会萌芽，但是如果落在肥沃的土壤里，有充足的养料、阳光和雨水，它就可能茁壮成为栋梁之材。

高职教育和普通高等教育都属于高等教育，但高职教育的性质和教学方式有别于普通高等教育。高职教育的目的是把科学技术直接转化为现实的生产力，把理论转化为直接运用的技能或工艺，培养富于实践、长于操作、熟练应用的"专门"的职业技术型人才。学生在专业基础理论学习的基础上，只有通过实践、实训、实习，进行"实地演习"，才能使学得的知识"实在""实用""有用"。而这均应建立在科学的行之有效的实践教学体系基础之上。因此，开展高职教育实践教学体系建设的探索具有非常重要的现实意义。

为了适应社会需要，高职学生学以致用的职业能力和敬岗爱业的职业素养成为高职教育追求的根本目标，它关系到经济社会发展需要的一线高技能人才能否得到满足，关系到高职教育人才培养目标能否实现，关系到高职学生职业生涯是否成功和人生价值是否体现，也决定了高职教育对区域经济社会的贡献大小及本身的发展前景。国外职业教育的经验表明，紧密的校企合作、实践经验丰富的教师是培养学生良好的职业能力和职业素养的关键，而这却是制约我国职业教育发展的瓶颈。完全照搬国外职业教育经验和培养模式不可取，但其成功经验我们应该认真借鉴。科学、有效地培养大批的生产、建设、管理、服务第一线需要的高技能人才是历史赋予我们的神圣任务和责任。

本文在写作过程中，参阅了许多相关的文献资料，借此向所参阅文献资料的作者表示最衷心的感谢！由于时间及水平有限，书中难免存在错误或不足之处，恳请专家、读者批评指正。

目 录

第一章 能力本位教学论

第一节 能力本位教学目标确定的依据

教学目标是指教学活动所要达到的预期结果，任何一项教学目标确定之后，对教学活动都具有导向、激励和评价等功能。研究如何确定教学目标、怎样表述教学目标，是设计教学目标的主要问题，也是教学取得成功的先决条件之一。教学目标制定出来以后，可以通过不断的信息反馈，纠正教学活动中的偏差；可以使学生带着明晰的目标去学习，激发学生的学习积极性和主动性，进而增强学习动力；可以考查学生的学习效果和教师的教学表现。由此可见，教学目标在整个教学活动中发挥着至关重要的作用。

能力本位教育教学理念决定了知识基础上的"核心能力"的培养是其主要的教学目标，这是开展能力本位教学的总前提。

一、能力本位教学目标的心理学解析

作为重要的心理学概念，"能力"具有其内在的科学意涵，这是确定能力本位教学目标的重要前提与科学依据。

布鲁姆等人将教学目标分为认知、情感和动作技能3个领域，加涅（R.M.Gagne）的学习结果分类理论将教学活动所追求的目标概括为学生的5种能力，即态度、动作技能、言语信息、智力技能和认知策略。为克服应试教育的弊端，全面推进素质教育，学生的综合素质大体应包含基础知识、基本技能、基本能力、个性发展等方面知识、能力、素质的全面协调发展。这与教育心理学家对教学目标的表述具有内在的一致性。

能力本位教学目标的内涵，总体上与心理学家的认知是一致的，但同时又充分考虑了高等教育场域下教学目标指向的特殊性，比如教育层次、教育对象、教育属性等有别于其他教育类型的特殊性，即本科教育的层次、对象的成人化、属性的专业化，而传统"知识本位"的教学哲学观决定了在传统的教育教学视野中，以知识为中心，强调所学知识的科

学性、连贯性与系统性，注重新旧知识的联系，轻视对学生能力的培养，知识传授自然而然地被作为教学的首要任务与教学的重要目标，它关注的是知识的获得，教学上讲求的是单一的"授"与"受"的关系，在考核上则直接体现为卷面分数的高低，这种教学目标存在着天然的缺陷，大学生应具备的职业胜任力和可持续发展的社会适应力存在严重缺失。

进一步分析，能力在个体素质结构中，处于纵向维度的关键层次上。换言之，任何一个学生在他的素质结构的纵向维度上，如果他只停留于掌握知识这个层次，那么他的头脑不过是成了储存知识的仓库，他对于解决社会生产和社会生活中的实际问题是无能为力的，大学生个体只有在掌握知识的基础上，具有运用知识、创造性地解决实际问题的能力，他才能进一步加深对知识的理解，而且才能在反复的实践中，不断掌握科学的思想方法，升华和养成科学的精神，他才能由"知识书生"转化为"能力人才"，顺利走向职场，适应科技快速发展、知识不断更新的现代社会。

二、能力本位教学目标的社会学分析

能力本位教学目标的确定，不仅要依据科学的心理学依据，还有深刻的社会现实与历史背景，是顺应时代潮流的。

马克思在《哥达纲领批判》一文中，提出了社会主义社会的个人消费品按劳分配的原则，他明确提出在社会主义阶段，"承认能力是个人的天赋特权"，因为人的能力不同，他们贡献给社会的劳动量就不同，在"做了必要的扣除之后"，他们从社会那里领回来的个人消费品的分量也就不同。现阶段，我国确定的"多劳多得、少劳少得、不劳不得"的社会分配制度下，能力是劳动者个人在按劳分配中以及按生产要素分配中获得正当收入的保证。这就是说个人的能力，除了在按劳分配中获得合法收入之外，还将在生产要素分配中获得合法收入，个人拥有作为生产要素的技术，同样也是个人能力的具体表现之一。

开发人的能力具有极大的社会价值。我国正处在通过市场经济建设社会主义现代化强国的历史时期，科学技术是第一生产力，人才资源是第一资源。国以才兴，业以才旺，党和国家面对新世纪、新阶段的发展任务与时代挑战，先后确定"人才强国""创新驱动"等重大发展战略。这一系列关键重大战略靠什么支撑呢？不能不提得靠教育对人的能力的开发与培养。人的能力，一方面作为生产力的能动要素，直接参与和作用于社会生产力的发展；另一方面，人的能力，特别是具有高度复杂劳动力的人的能力，是发展科学技术最具决定作用的巨大力量。在当今科学技术日新月异的时代，即使是一般的劳动者，只有具备了相应的职业胜任力和可持续发展的社会适应力，才能立足于充满激烈竞争的社会中。

本质上，重视能力也是社会进步的历史必然，符合人类文化发展的大趋势。纵观人类社会发展史，可以清晰地看到，能力本位反映了人类文化发展的总趋势。"能力本位，符合人类文化由原始社会的群体能力本位向奴隶社会的宗法血统本位，再向封建社会的权力本位，再向资本主义社会的金钱本位，以及向知识经济社会的智能本位转移的发展趋势。"

三、能力本位教学目标的教育学厘析

教学目标，既是教学的出发点，也是教学的归宿，同时又是教学评价的依据。制定好教学目标是提高教学有效性的关键。因此，要提高教学的有效性，首先要制定有效地教学目标。能力本位教学目标，如何才能有效，从教育学层面上还必须遵循几个规律性的原则。

（一）学生主体原则

随着教育改革的深化，大学教学以学生为主体的观念，正在日益为广大教育工作者所接受。学生是认识的主体、发展的主体和处理信息的主体，是教学过程中的真正主体。教学目标体现为学生个体达到某种规格和标准的程度，那就需要考虑学生的学习需要、现有能力和条件两方面。一方面，学生的学习需要是怎样产生的？心理学研究表明，学生发展的内在动力是新的需要与原有水平之间的矛盾。新的需要与原有水平之间有差距，就会推动学生努力去学习，即产生学习的需要。学习需要指有关学习的"目前状况与所期望达到的状况之间的差距"，这种差距就是矛盾，有差距才产生学习的需要。另一方面，通过对学生能力和有关条件（含学习资源和学习约束条件）的分析，来估计学生在采取有效教学策略的情况下可能达到的程度和水平，从而恰当地确定课程教学目标。

（二）能力导向原则

能力本位教学与传统的知识本位教学有着本质的区别，它强调大学生职业胜任力和可持续发展的社会适应力的培养，强调综合职业能力和全面综合素质的培养。针对能力本位教学的性质和任务把"行为性目标"和"表现性目标"结合起来，即形成一种新的能力本位教学目标取向，应以具体的、可操作性的行为形式陈述课程目标，制定明确、具体、恰当的教学目标，是有效教学的前提和基础，也是能力培养的标准和标杆。具体化要求，这是指教学目标的表述要明确、具体，应避免含混不清和不切实际，具体明确的教学目标能

使学生把握"要学什么"和"学得怎样"，能使教师的教和学生的学都具有明确的目标，进而提高教学效益。

（三）循序渐进原则

教学目标的制定必须遵循教育教学活动的客观规律，要全面考虑各方面的影响因素，循序渐进地综合反映各层次、各阶段的要求，处理好总体性与具体性、长远性与阶段性的关系。从纵向上看，有关学生的任何预期的学习结果，都要通过达到不同层次的要求而实现；从横向上看，不同的学习者达到的目标在层次上又有个体的差异。所以，教学目标的设计要注意层次化的要求，要反映出学生学习结果的层次性。

（四）专业针对性原则

要根据专业学科类属、性质，确定相应能力要求的教学目标。比如，所在的公共事业管理专业，就通过公共管理综合实训、公共管理实务认知、专项社会调研与科研训练、毕业实习与毕业（设计）论文等实践环节，使学生适应办公自动化，熟练应用管理信息系统，培养学生综合运用所学知识解决公共管理常见问题的能力，训练学生分析问题、解决问题的能力，使学生掌握文献检索、资料查询、社会调查的基本方法，具备进行基本的统计分析的能力，具有一定的语言表达能力和写作能力、科研能力等实际工作能力。通过实践环节中任务的完成，锻炼学生完成任务、克服困难、勇于钻研等动机和意志品质。

教学目标是课程目标的进一步具体化，是指导、实施和评价教学的基本依据。能力本位教学目标的制定应基于国家的教育方针、学校的培养目标和课程目标之间的密切联系，特别要顺应"众创时代"对大学生创新创业能力培养的新要求。

第二节 能力本位教学组织形式的择用

教学组织形式作为实现教学活动的实践载体，是一个结构完整、动态建构的生态实体。然而传统的大学教学组织形式观更多地将其视为一种"名"、一种"形式"，认为教学组织形式是各教学要素机械、静态的组合。这一方面遮蔽了教学组织形式内部结构链条的融通机制，以及要素熵变带来的影响；另一方面也制约了教学组织形式本身的拓展与创新。厘清大学教学组织形式的蕴涵、机理，透析现行大学教学组织形式的特征和质效，对于能力本位教学需要的教学组织形式的选择与创新，具有重要而深远的现实意义。

一、教学组织形式的基本特征

目前，典型的教学组织形式样态有课堂教学、现场教学、习明纳（seminar）、教学沙龙、网络教学、小组教学、学习共同体等，学者从结构论观点、制度学视角、学习生态学视角等不同的理论视角，对教学组织形式进行了多维度的诠释，虽然表述各有差异，但其中内含的一些特征则是相通的。

（一）主体交往性

教学组织形式，主要是围绕教学活动中的教师与学生之间的互动而出现的，主体间交往过程中的方式、关系决定着教学组织形式的最终表现形式。

（二）结构性

教学组织形式是以一种要素相互联结的形态呈现的，这种联结通过吉登斯所谓的结构化过程，又表征为一种制度样态，具有了相对稳定性，从而形成固定的组织形式，如个别教学、班级教学等。

（三）实践性

教学组织形式的存在并不是简单的"符号"集合，而是各要素间进行着真实的动态建构、交互组合，根据任务和情境的变化，对教学组织形式展开适时转变。

二、教学组织形式的内在机理

大学教学组织形式不仅表现为教师、学生教学内容、教学时空等要素的组合，还是一个由多重结构叠加形成的网络联合体。其中包括为实现教学目标，教师和学生在教学活动中形成的交往形式和互动结构；教学内容及方法在教学过程中展开的步骤和次序；以及教学主体和教学资源在时空中的组合结构。三重结构以不同的线索链条相互植嵌，共同作用，形成较为稳固的组织形式。与此同时，内部与外部要素的不断变化，也给大学教学组织形式带来了挑战和机遇，各种新型的教学组织形式不断涌现出来。

（一）大学教学组织形式中的三重结构

1. 师生交往的互动结构

大学教学具有哲学性、学术性、生命性、实践性和复杂性五类品性，因此大学教学不单是知识传授的过程，更重要的表现为一种师生间生动的交往过程，教师和学生在交往中为实现特定的教学目标进行组合，形成了师生互动的结构，并且构成了大学教学组织形式的主轴，教学内容的传授、教学方法的运用以及课堂中教学设施的布置，都要围绕师生的交互结构而展开。而交互结构的形式与体量直接影响着整个教学的效果和目标的达成。国内外许多学者的实证研究都证实了这一点，如美国的格拉斯和史密斯探讨了班级规模对学生成绩的影响，苏珊和斯蒂芬研究了班级组织对能力认知的作用等。

大学教学组织形式中教师与学生的交往互动结构，根据师生之间双方比例、互动形式、关系样态等可以分为一对一、一对少、一对多、多对多四种结合方式：①一对一主要是指个别教学制或导师制，教师对单个学生进行教学与指导；②一对少是指小组教学，根据教学目标、任务将学生分成若干小组，教师以小组为单位展开教学；③一对多就是目前普遍使用的班级教学制，一个教师对整个班级进行教学；④多对多在教学组织形式中称之为协同教学、小队教学，即有多名教师协作组成教学团队，对一个班级的学生进行教学的组织形式。

2. 教学过程的次序结构

教学过程是教学活动的展开过程，是指教师借助一定的教学条件，运用适当的教学方法，指导学生掌握教学内容、发展能力的过程。而教学过程的次序结构就是指教学要素和活动在时间序列上的分配组合，也称之为课的结构，它取决于课堂教学的内容、教学方法、学生的认识发展水平以及这节课在教学过程中所处的地位等。长期以来，在教学论中把课的结构看成一种固定的模式顺序，即组织教学—复习提问—讲授新教材—巩固新教材—布置作业。这种结构是一种以教师为主体的教学观念的体现，并没有很好地反映出学生认识活动的心理状态。

教学过程其实是一个动态的连续体和运行程序，但是以纵断面的方式进行审视，则表现为大学教学组织形式中相互连接的教学环节和步骤，显现出各教学要素之间的次序、排列结构。不同次序结构的安排往往与教学方法结合很大程度上型塑了教学组织形式的样态，例如，提出（发现）问题—教师指导—独立研究—互动讨论，这种次序结构适用于习明纳；确定任务—分组合作—师生讨论—归纳总结，这种次序安排则适合小组教学。

3. 教学时空的组合结构

师生的交互、教学过程的展开都是在特定的时空中进行的，教学时空就为这种教学活动提供了物理载体，它是大学教学组织形式中在场的"缄默者"，教学时空在教学组织形式中一方面表现为具体教学媒介的布置结构和组合形式，例如教室桌椅的摆放方式、电脑、投影仪等设备的安放位置，这种显性的空间布局暗含着"隐性课程"的因子，不仅规制了教学活动的进行方式，而且也发挥着相应的教育作用。另一方面是指教学活动所发生场所的空间位置，其中空间位置又可分为实体的地理位置和虚拟的空间位置，如课堂、校园、实习现场和网络空间等，因此教学场所在空间位置上的不同，往往导致了教学组织形式的不同。

根据教学时空表现形式的不同，从课堂内部座位的排列结构来看，教学组织形式的空间结构可分为：方型或圆型、马蹄型、秧田型、模块型，不同结构下教师与学生的互动方式、频率以及影响程度是不同的。按教学活动发生场所的空间位置来划分，大学教学组织形式有课堂教学、现场教学、教学沙龙、午后茶、咖啡馆以及 BBS 板与聊天室等。随着教学场所的转移，教学内容和方法都发生了相应的变化，教学组织形式的组织性与制度性特征也会进行改变。

从心理学的角度看，时间是学生学习过程中的一个决定性因素。从教育学的角度看，教学时间是影响教学活动的一个重要因素，控制和改变教学时间在一定程度上也就意味着控制和改变教学活动。因此，在教学实践中，了解、研究教学时间，并根据教学需要对教学时间进行合理分配和控制，是教学设计的一项重要内容。教学时间分配主要依据教学任务、学习规律和教学资源三方面。教学时间还会通过基本概念与能力目标数量、各个学习环节的时间分配、教学活动的教学做合一等三方面影响能力本位教育教材的编写。

（二）大学教学组织形式变革的影响因素

关于制约教学组织形式的因素，学界主要有这样两种看法：①教学组织形式随着社会政治经济和科学文化的发展，以及对人才要求的提高而不断发展和改进；②教学组织形式决定于教学任务和内容，并为完成特定的教学任务服务。但是这种观点只注意到了大学教学组织形式中要素的制约作用，而没有认识到这些因素的发展、变化也为大学教学组织形式的改革与创新提供了可能性，即具有使能的作用。

1. 大学教育目标

大学教学组织形式是围绕特定的教育目标建构形成的，因此大学教育目标的设定、变化，以及实践中对教育目标解释的差异都会反映在教学组织形式的组建和选择上。从大学教育目标演变的发展历程来看，主要包括知识、能力与素质的矛盾，专业与通识的困惑，现代大学教育目标同样面对着这两对关系，因此在实践中有的侧重其中一方面，有的选择通融兼顾。而这种对于大学教育目标的选择和理解同样存在于教师和学生之间，师生所持的教育目标观直接影响了大学教学组织形式的择用和效果。例如，知识目标导向的教学组织形式更倾向于班级教学形式，能力目标导向的侧重于现场教学、习明纳等方式，素养目标导向的则对沙龙、咖啡馆、茶座等非正式教学组织形式更感兴趣。此外，实践教学过程中，师生间对于教学目标的理解并不一致，这种差异会导致对教学组织形式的认可与选择发生冲突，从而影响教学组织形式运行的质效。

2. 教学内容与方法

教学内容也是一个制约教学组织形式的因素，是偏重认知还是偏重技能操练，是理论性认知还是事实性认知，是学科课程还是活动课程，都有其相宜的教学组织形式。在选择大学教学组织形式过程中，教学内容本身就是一个很重要的变量，不同学科、课程的教学内容的性质是不同的，有的适合于整体教学、有的适合于个别讨论、有的适合于现场指导、有的适合于自主探究，因此根据课程性质和教学内容的特点、要求，选择或是构建相应的教学组织形式，同时随着教学内容的进程和要求，可以适时对教学组织形式进行动态转换。

教学方法的采用与教学组织形式有着密切联系，在大学教学组织形式的演化进程中，最初都表现为一种教学方法，随着教学方法的不断采用，和其他要素的关系逐渐稳固，进而转变为一种正式的教学组织形式。例如讲授法与班级教学制，研讨法与习明纳等。因此，教学组织形式一方面囿于使用的教学方法，另一方面新型教学方法的运用也为教学组织形式的创新提供了契机。

3. 教育技术的发展水平

技术的变迁对生产、组织形态的作用有时是革命性的，随着多媒体与网络技术的快速发展和广泛运用，传统大学教学组织形式的性质和内涵已经发生了巨大的变化：①教育技术的发展打破了物理教学时空的界限，延伸了教学活动的范围，创建了新的大学教学组织形式，如网络教学、远程教学和虚拟教学社区（BBS板、QQ等）等；②教育技术促进了师生间一对一、一对多的多元互动，为个别指导、个别化教学、研讨教学的实现提供了可能性；③教育技术有助于选用多样化的教学内容和方法，通过特殊的技术手段，转变教学内容的呈现次序以及实现教学内容的动态化，同时利用技术特点，模拟一定的自然和社会情境，有助于教师采用观察法、协作讨论、发现式教学、模拟教学和情境教学等多层次教学方法。

4. 学校教学资源的配置

教学组织形式是教学活动中各要素的组合，受制于学校相应教学资源的水平和条件，因此实践当中教学组织形式的选择，并不能按照理想的方式进行，而是依据现有的教学资源。学校教学资源主要包括物质资源和师资资源两方面，学校的物质资源指的是学校拥有的教室、实验室、仪器设备、教学用具和图书资料等，他们是大学教学组织形式运行的物质基础。例如教室中座椅是否可以灵活摆放，有没有圆形或椭圆形课桌，是否安装多媒体设备等，都在某种程度上制约了教学组织形式的选择。学校的师资资源是指学校的教师、教辅人员的数量与水平，在教学组织形式中主要体现为生师比，若教师人数较多、学生人数少，则可以实现小班教学，采用个别教学、习明纳、教学沙龙等教学组织形式，反之就不得不采用班级教学的大型教学组织形式。因此，教学资源的配置情况决定了教学组织形式的实际选择范围和可能性。

三、能力本位教学组织形式的择用

能力本位教学，特别强调对可持续发展的社会适应力的培养，因此在综合运用各种教学组织形式时，一定要符合学生的认知规律，结合其学习最佳需要，进行科学的安排。作为教师必须考虑什么时间、什么情况下运用何种教学组织形式最适宜。

（一）依据课程特征，综合运用多样化教学组织形式

每一种教学组织形式都有其优点和缺陷，不可能同时实现所有的教学要求，并不存在万能的教学组织形式，衡量教学组织形式的标准是与教学内容、方法的匹配和适合程度，而非盲目的"创新""追新"。因此在选择具体的教学组织形式时：①要依据课程的性质、教学内容的特点和要求，对于那些学习起来容易拉开差距的课程（如数学、自然科学），采用同质结合为特征的教学组织形式，以利于挖掘学生的个人潜力；而另外一些课程，如有关社会问题的课程，采用异质结合为特征的教学组织形式，以利于学生对不同于自己的立场、观点增进了解，提高社会适应能力。②要根据课程教学的进度，在不同时段按照需求实现教学组织形式的动态转换和变形。在教学的不同阶段，课程内容会出现一些不同特点，如有的适合教师讲授、有的适合师生讨论、有的则需要学生小组合作，这时就需要适时调整并选择相应的教学组织形式。③在以班级教学组织形式为主体的情况下，也要综合运用多种辅助教学组织形式，通过不同方式完成课程教学，更好地实现教学目标。

（二）注重师生互动，创建多元化个别教学组织形式

个别化是大学教学组织形式发展的一个趋势，究其原因，①缘于弥补班级教学组织形式的不足，注重对学生的因材施教，发展差异，促进个性发展；②作为受教育者的大学生在心智、知识等方面都具有一定的水平，民主意识也在逐渐增强，要求建立平等的师生关系，与教师进行有效的交往互动。良性的师生互动对于激励学生学习兴趣、扩展学生知识、激发创新思维和建立良好师生关系等起着重要作用，而师生互动主要是通过个别化的教学组织形式来实现的，此外历史和实践也证明个别化教学组织形式如习明纳、教学沙龙、俱乐部等对于提高师生互动、促进人才培养成效显著。因此在大学教学中除了改进班级教学，加强课堂内部师生间的互动，如运用研讨教学法、小组教学法等方式外，也要注重课堂外咖啡馆、茶座以及 BBS 板、QQ 等方式的运用。从多方面构建多元化的个别化教学组织形式。

（三）借助教育技术，创新构建新型教学组织形式

教育技术的飞速发展，为大学教学提供了新型的教学工具、设施，破除了时空的局限，实现了教学内容呈现的集中化和动态化，同时借助声像技术创新地营造、模拟教学情境，使得大学教学组织形式的创新具有了众多可能性。因此大学教学要积极、充分利用教育技术的发展成果，①加强并优化多媒体技术设备的配置，改变课堂空间布局结构，扩充教学信息含量，丰富教学展现的方式，从而为教师改变教学方法，重组教学要素，构建新型教学组织形式提供技术支持和物质基础；②通过技术手段扩展教学活动的空间，改变师生交往互动的形式，建立网络教学、远程教学、虚拟社区、聊天室、教学博客等新型教学组织形式。

目前，我国大学现行的以班级教学为主、以教师讲授为主、以系统知识传授为主的"知识本位"教学，不利于社会对能力型人才的渴求与诉求。而能力本位教学组织形式的多样化、个别化、新型化的择用，恰是对"知识本位"教学缺陷的全新弥补。而基于新理念的教学组织形式的推行，必然要求在教学观念上、师生关系上、教学方法及手段等方面的配套保障。

第三节 能力本位教学生态的优化

生态就是指一切生物的生存状态，以及它们之间和它与环境之间环环相扣的关系。教学生态，是学生和教师共同活动的最基本的生态环境，具有独特的结构体系和生态特征，是教育生态环境的核心区域和学生个性化成长与发展的内存空间，也是师生群体和谐共生的生命舞台。

大学教学场域下，教学的对象是直接面向社会的准工作人员，教学应交给学生基本的生存生活能力以及可持续发展的能力，然而传统的"知识本位"观念下的大学教学生态，是一个僵化的、单一的、师生关系冷漠的生态系统，显然不能适应达成这一教学目标的需要，而倡导"开放化的教学时空、交互性的教学关系、网络化的教学载体、多样化的教学方法、创生性的教学策略"的能力本位教学生态，是对"知识本位"教学生态的优化，正在受到越来越多高校的推广和更多师生的青睐。

一、开放化的教学时空创设

在知识经济和教育全球化、大众化思想的影响下，教学由封闭走向开放已成为一种必然趋势。能力本位教学，着眼于学生生命的整体性，倡导知识与能力、过程与方法、情感态度与价值观的多维目标的观照，而仅依靠传统"课堂中心、教师中心、课程中心"三中心为主要特征的封闭式教学体系，显然难以满足能力本位多维教学目标的需要，必须突破思维定式，大胆解放思想，更新教学理念，确保大学教学环境由封闭走向开放。

传统意义上，课堂是各级各类学校教学的主要场所，但在"众创时代"仅凭单一的"理论课堂"培养的人才，显然是很难适应"大众创业、万众创新"的现实需要的，大学必须走开放之路，才能实现理论学习与现实社会实践学习的紧密结合，助力"知识书生"向"能力人才"的转型与生成。在具体的教学实践中，要勇于突破，大胆实践，尤其要拓展课堂时空，要充分利用传统的理论课堂（第一课堂）之外的校园活动课堂（第二课堂）和社会实战课堂（第三课堂），充分利用第二、第三课堂的独特教学功用，引导学生立足静态书本，大胆动手实践，放眼日新月异的社会，面向持续发展的未来。

为发挥"三个课堂"协同融合在能力本位教学中的独特功用，除传统的教室可以成为课堂之外，校园里的实验室、图书馆（室）、博物馆、标本室、体育场、资料室、报告厅、社团活动广场、创业大厅、创业园区、网络中心、科研岗位、管理岗位等也都应该得到充分有效的开发。成为传统课堂有益补充的新的活动课堂，学校应从经费上、教学管理制度上、学制和学时的安排上更加灵活。而且，高校要积极推动产学合作、产教融合、产研合作，充分利用科研中试基地、实验站、研发基地、生产车间、生产基地、管理岗位等企业事业单位各条战线的一线岗位，通过顶岗实践实习、合作研发，充分发挥社会这个大课堂的教育教学的资源优势，进而达到能力本位教学、实践育人之功效，构建产学研协同育人体系，逐步形成"支持线上线下互动、课内课外互动、校内校外互动"，满足能力本位教学需要的开放化的大学教学时空框架。

二、交互式的教学关系建立

传统师生观，是一种控制与被控制、给予与接收的关系，而新的知识观使得师生观发生根本性的改变：学生是知识的自主建构者、创造者，教师成为学生发展的指导者、促进者、激励者、合作者，师生关系不再是简单的传递—接受—传播—复制的关系，而成为人与人之间深度交流、平等协商的对话协作关系，教育教学活动由此转化为师生共同交流、讨论、经历知识和人生意义的生成过程。新的知识观、学生观下，能力本位教学催生大学师生关系的解构与重构。

传统的"知识本位"教学中，以教师的单向权威式、灌输式传授知识为主，教师多居于主导地位，而学生处于被动接受地位，学生应有的自觉性、主观能动性和创造性，很难得到体现。而能力本位教学的核心理念是基于和谐师生关系，双向或多向的网络化的交流观点、思想，不断碰撞出智慧的火花，尤其要充分调动学生的积极性，给学生以更多的发展和表达的机会，教学要发扬民主，提倡"群言堂"，倡导多向信息交流，通过师生、生生的频繁互动、互相启发，激发学生的潜能与智慧，激发起学生跳出传统知识课堂、跳出书本、走出教室，探寻、研究、发现，从而不断培养学生综合的素质与能力，既能通过专业的实践，获得直接的职业胜任力，同时还能形成学生可持续发展的社会适应力。通过有目的、有组织的双向或多向信息传递方式，师生相互交流、相互作用、相互促进，把教师"教"、学生"学"的主体作用发挥到极致。

能力本位教学要求的交互式的教学关系，要求建立一种平等的、合作的、对话的，利于师生相互切磋、相互启发、积极互动、共同成长的新型师生关系，它是多维的，既有学生与教师的交互，也有学生与学生的交互，还有人与教学媒体的交互。这种交互性的教学关系体现了平等的民主关系，也体现为教学观念、教学内容、教学过程的开放性，还体现了交互形式的多样性。师生除了面对面沟通交流，还可通过电子邮件、即时通信工具、电话等方式进行交互沟通，通过多向立体多维的交互沟通，充分调动学生学习兴趣，培养学生探索问题、分析问题、解决问题的能力，同时也调动教师教学创新的积极性与能动性。

三、网络化的教学载体选择

当今是一个信息网络技术普及的时代，网络改变了生产方式、生活方式、组织方式、思维方式，可以说网络无处不在、无时不在，网络教学平台已经成为各级各类教育教学离不开的技术手段与平台载体支撑，这是实现教育现代化、信息化的必然选择。网络教学平台作为一种功能强大、资源丰富、使用便捷的教学依托和教学环境，具有开放性和灵活性的特点，方便个性化的学习，弥补了传统的教学会受到师资水平和办学设施限制的缺点，建构虚拟课堂，联合不同国家不同学校的教师共同授课，通过声音、图像、视频等多媒体展示教学内容，在很大程度上优化了教学环境，改善了教学质量。

能力本位教学倡导教学环境的开放、教学关系的交互，尤其强调在深度广度上开发海量教学资源，实现知识、能力和素质的立体多维的教学目标，而网络化的教学载体以其教育理念新颖时尚、教学方式趣味多样、教学资源信息海量、师生交流即时快捷等特点，成为全球许多网络软件公司关注的焦点，如 MOOCS 的开发、Blackboard 等的开发与推广，国内高校诸如清华大学、上海交通大学等高校也在国际软件巨头甫一推出慕课资源之时，积极参与其中。作为大规模在线开放课程的代表，慕课在短短几年之内，风靡全球，颇受高等院校师生及社会各界的青睐与热议。

开展能力本位教学，必须选择完备的成熟的网络教学平台，应能全面支撑教学活动的各个环节，能帮助教师利用网络设施备课、制作课件，能熟练应用网络手段授课，能利用网络即时便捷的优势，实现师生、生生之间无障碍实时化的互动交流，比如可以随时随地提交作业、批改作业，发布通知、转达信息，满足不同层次、不同对象、不同年级的学生听课、自学、自我测验等多样化的需求。也就是说，只要搭建了一个好平台，为师生、社会人员提供基于"时时处处人人"的学习环境、为教师提供人性化的教学服务平台，就能取得能力本位教学锦上添花之效应。除此之外，随着移动互联技术的日臻成熟完善，除专业的网络教学平台的建设与选择外，许多基于网络技术的微平台，如比较大众化的QQ、MSN、微信、微博等社交网络交流平台，也兼具强大的教学功能，可以通过构建各类型微型交流群，来实现师生之间的互动交流。比如所在的公共事业管理专业的老师在教学中，就充分利用这些社交网络平台，建立了班级QQ群、大学生科创及论文发表交流群、考研交流群等，甚至把大学生频繁使用的智能手机也巧妙地开发为课堂教学中兼具资源与手段功能的微型教学设备，而不是倡导所谓的"无机课堂"，一味禁止课上使用手机，调动大学生学习的积极性，增强大学生利用智能手机学习的自觉性与主动性。

为确保高校网络教学平台的应用效能和管理水平，①要建立科学的引导机制，号召教师更新教学观念，探索教学模式与方法，引导教师将网络教学平台应用于教学活动之中；②要开展形式多样的培训活动，既包括对技术管理人员的业务培训，又包括对教师的使用培训；③要结合网络教学的实际要求，做好网络教学平台与教务管理平台的衔接，提高师生对网络教学平台的重视程度；④要加强网络教学软硬件环境建设，提高校园网络服务器功率与宽带流量，还要建设先进的多媒体教室和数量充足的计算机机房，以满足网络教学需求。

四、多样化的教学方法应用

教学方法是教学过程中教师与学生为实现教学目标与教学任务，在教学活动中所采取的行为方式，它体现了特定教育教学价值观，必然也受到特定教学内容制约，还受到具体的教学组织形式的影响制约。教学方法涉及教师"教"的方法和学生"学"的方法（学习方法），是"教法"与"学法"的有机统一。也就是说，教法必须依据学法，学法也必须得到教法的有效支持和指导。

能力本位教学着眼于多元智能的协调开发，注重系统学科知识之外的各种能力的培养，注重知识基础上的能力培养，本质上是知识活化的过程，尤其要发挥各种教学资源、各种教学组织形式下，不同教学时空环境对能力素质的形 00 塑过程。这个知识活学活用、活化为能力的过程，必然要依赖独特的教学方法，而且是多种教学方法的合理组合，才能促进最大限度地转化与活化。因为，每一种具体的教学方法各有自身特点，有其独特的使用范围和使用条件，以及独特的教学效用。换言之，没有放之四海而皆准的方法，一种或几种教学方法不可能适用于一切范围与条件。

而且，教学手段载体、教学时空环境、教师自身特质等因素，也是教学方法选择不可忽略的影响因素。因此，选择教学方法，就要全面地、具体地、综合地考虑各种有关因素，进行权衡与取舍。教学方法多种多样，各有特色，有最基本的哲学方法论、一般的方法论，还有具体到各学科的教学方法，能力本位教学实践中，更多关注具体的教学方法，如研究性学习教学法、服务性学习教学法、移动学习教学法、PBL（问题或项目）驱动教学法、群体研讨教学法，还有启发教学法、案例教学法、现场教学法等，不一而足。而且，这些教学方法由不同的教师应用于不同的对象、不同的场合、不同课程，以及为了不同的目的，还会衍生出许多教学方法的亚类或变种，就连能力本位教学理念批判的接受式、灌输式学习，在许多富有经验的教师的教学过程中，杂合其他教学方法的精髓，如启发、案例等，也就变成了有意义的接受学习，成为能力本位教学不可或缺的方法。这就给教师们提出较高的要求，不能为方法而方法，把方法当摆设，而是要善于扬长避短，因地制宜地选取和活用方法，这也应成为选用某种方法而舍弃某种方法的必要依据。

正所谓"教学有法，但无定法"。要如全国各高校涌现出的不同学科的教学名师一样，植根于自身的学科专业、自己所面对的对象、自己所开展的科学研究、自己所处的教学团队，权变式地选用教学方法，创造性地应用，甚至提出自己独特的教学方法，形成自己独特的教学艺术与风格。也就是说，在能力本位教学过程中，要执着于光荣而神圣的育人事业，如陶行知、李吉林等一大批教育教学改革家一样殚精竭虑，不舍追求，捧着一颗心来，不带半根草去，锻造出为世人所称道的教学方法和教学艺术。

五、创生性的教学策略实施

埃德加·富尔（Edgar Faure）在《学会生存》一书中指出：未来的文盲不是不识字的人，而是没有学会怎样学习的人。可以说，学会学习，培养学生可持续发展的社会适应力，在未来社会，至关重要。而传统教学过程中，仅仅注重了陈述性知识、程序性知识的学习，而忽略了策略性知识的学习。换言之，就是我们培养的学生会背概念原理，会做考试题目，但不能很好地运用所学分析和解决实际问题。那么，教师采用什么样的教学策略，才能实现"静态知识"向"动态能力"的转化呢？

生成性是用来解释事物的演变过程与发展机制的重要概念，它强调以创生和发展的观点去看待一切事物及其变化。从生成性的角度看，教学过程是在一定教学情境中的生成性活动。生成性是对教学过程非确定性、非连续性和非中心化的诠释，是对教学过程的预设性、程序性和计划性的补充和完善。创生性的教学策略是指教师在教育教学过程中，面临复杂的教学情况所表现出来的一种敏锐、迅速、准确的判断能力，它通过教师的创造性思维和创造性劳动而生成，这种创生能力为教学过程注入了生命活力。而能力本位教学观念，就是要强调在开放的教学时空下，通过师生的多维交互，借助网络化的教学载体平台，应用多样化的教学方法，以未知或不确定性的"问题"为中心展开教学。这一过程，并不只是教师把预设的属于教师知识范围之中的"知识图景"按部就班地传输给学生，而是在师生既有知识、经验的交互沟通基础之上搜寻问题，面对教学过程中难以预料而又必须直面和及时处理的问题，或者面对处于一时激情状态的学生时，教师需要机智地在瞬间迅速判定，并通过师生的交流、分享与合作，最终解决问题。

能力本位教学策略要体现出应有的创生性，就要做好以下几方面工作：①坚持教学目标的刚性与弹性相济的原则，为教学的创生留有余地；②重视教学内容的创生，教学中结合学生现有知识、技能、思维水平等实际，合理选择、适当补充、有效重组、灵活使用教材，积极促动知识创生、问题创生以及思维方式创生，特别强调一点，问题创生又是知识创生和思维方式创生之起点，思维方式创生则应是教学内容创生的最高境界；③艺术性地组合使用多样化的教学方法手段，为教学的创生提供必要的方法手段支撑；④积极创造条件，积极催化师生间交互性的教学关系，为教学的创生提供源源不断的创生动力。

创生性教学中，教师不是作为传声筒，而是带着智慧、理性、情感，作为一个特殊个体，与学生一样平等地参与到充满问题的教学情境和特定意义的创造性生成建构之中。在此过程中，教学对师生而言，永远充满着超乎预设之外的魅惑力，而不是一开始就知道结果如何。一种源自师生思想自由的魅惑力，它永远对教师和学生的智慧智能构成挑战，并且随时召唤着师生创造力、智慧和才能的涌动与喷发，师生的潜能在富于挑战与激励的创生性的教学情境中不断释放与展现出来。

第四节　能力本位教学评价的创新

从本质上来说，评价是一种价值判断的活动。在某种意义上，有怎样的评价体系就会有与之相应的教育内容与效果，教学评价在教学改革与创新中具有重要的导向与激励作用。传统的知识本位教学评价，"一纸试卷定乾坤"往往是其不二的评价选择，从评价主体、内容、方式等方面都不能很好地满足能力本位教学的多维教学目标考查和全程性系统性的评价考核，这就有必要对传统的评价功能重新进行思考与定位，及时推行与之相适配的"过程与结果并重，教学与评价紧密结合"的基于发展性评价的新理念与新体系，以取得能力本位教学之应有成效。

一、发展性评价理念的多维审视

（一）哲学视角：建构主义理论要求教育评价注重发展性和过程性

建构主义在摒弃了以学生被动接受、死记课本知识、教师为课堂主宰、学生个性受到严重压抑的传统教学方式后，构建了其素质教育的理论特色。建构主义的学习观，提倡在教师指导下以学习者为中心的学习，是由学生的内部动机，即好奇心、进步的需要、自居作用及同伴间的相互作用驱动的积极主动的知识建构过程。它不仅重视知识识记，更重视分析解决问题的素质能力。建构主义教学观认为，教学就是创设学生学习活动的情境，它包括学习活动的组织、学习者心态分析、课堂文化的建设、心理氛围的营造以及个人幸福的关注等广泛内容。建构主义学生观认为，教师的教学就是"为了每位学生的发展"。把学生看成发展中的人，珍视学生的独特性和培养独特的人。

由此，建构主义也提出了其相应的评价观，其评价的重点在于知识获得的过程，强调怎样建构知识的评价比对结果的评价更为重要。"立足过程、促进发展"成为这种评价思想的集中代表。以对学生学习效果的评价来说，它包括了学生自我评价、学习小组对个人的学习评价、教师对学生激励性评价以及是否完成对所学知识的意义建构的评价。评价内容以重知识记忆向重实践能力、创新能力、心理素质、学习态度的综合考查转向。评价标准从强调共性和一般趋势向重视个体差异个性发展的评价转向。评价方法除了传统笔试，更多倚重多元参照系评价。评价主体由单极向教师、学生、家长、社会共同参与的交互评价转向。评价重心由只关注结果向形成性评价、促进性评价兼容的方向移动。

（二）心理学视角：多元智能理论强调教育评价的全面性和发展性

美国哈佛大学心理学教授霍华德·加德纳（Howard Gardner）提出的多元智能理论认为，智能是个体解决实际问题的能力和生产及创造出社会需要的有效产品的能力。人的智能不是一元的，而是多元的，而且每种智能在每个人身上的表现程度和形式是不一样的。传统的智力测验是一种单一的智能测验，只能比较好地说明学生在语言和数理逻辑方面的智能发展状况，而不能反映个体智能的全面发展状况。而且，每个人的智能强项是不同的，每个人都可能在一两个智能领域表现很突出，有的表现在语言智能方面，有的则艺术智能优秀。因此，对学生的评价应该是建立在多元的基础之上的，必须充分认识评价给学生带来的心理反应，倡导学习评价"发现闪光点""鼓励自信心"，让学生保持健康向上的心态，为学生的学习创造良好的心理环境，帮助学生扬长避短，使学生从评价中获得成功的体验。

多元智能理论要求，制定多元化的评价标准，充分发挥学生评价的功能，促进学生身心素质的全面和谐发展；要求评价内容多元化，特别强调知识以外的综合素质的发展，尤其是创新、探究、合作与实践等能力的发展，以适应人才发展多样化的需求，关注被评价者之间的差异性和发展的不同需求，促进其在原有水平上的提高和发展；要求教育评价的实施主体多元化，不仅是教师，更重要的是要突出学生的主体地位，让学生始终以主体身份参与其中，清楚地认识自我，不断提高自我教育能力；要求评价方法的多元化，即用多样化的评价方法去评价学生的不同方面，甚至用不同的评价方法去衡量我们每一个个体，目的在于促进每个个体积极主动地发展，进而充分发挥评价的激励功能和促进作用。

（三）教育人类学视角：向往以人为本和多元化发展的教育评价方式

教育人类学认为，人是未特定化的，人具有发展和自我肯定的本质，因而教育的功能就在于发展人的各种潜能，使人主动应付复杂的环境，并进行有意义的创造。人通过文化学习和传递而发展，教育和发展是人的一种存在方式，人的发展与文化的传承和发展是相共生、相统一的。教育人类学视角下的人的发展观，更注重体现以人为本和多元发展的理念，把人作为经济和社会发展的本原和核心，把人的发展视为发展的本质、发展的目的、发展的动力和发展的标志，强调人的多元文化背景下的个性化发展和文化的可持续发展。教育的最终目的不是传授已有的东西，而是要把人的传统力量诱导出来，将责任感、生命感和价值感"唤醒"。

基于此，教育人类学评价改革，被认为是一种全新的视角与趋势，即根据一定的价值标准和教育人类学视野下的全面发展观对教育做出的价值判断，因而远远超出了作为一种评价类型所包含的内涵。其本质是指通过评价来促进人及其所承载的文化得以相辅相成、彼此促进、协同发展。为此，它要求在评价标准、评价过程、评价方法及评价结果的处理上都要有利于人的全面发展和文化的传承。它试图对适应"知识本位"需要的传统教育评价观念进行修正和超越，使教育评价走向更加合理和科学，从而有利于发挥教育评价应有的发展性功能。相对于传统的教育评价而言，教育人类学关注的人的发展性评价更注重人文关怀，强调有效引导文化传承和人的和谐发展，承认多样性和差异性是人的发展的本质要求。

二、发展性评价理念的基本蕴涵

上文通过哲学、心理学、教育人类学等多个维度评价理念探寻，从不同角度概括出评价理念应遵循发展性、过程性、全面性、人本性等特点，可以说是异曲同工，或者可称之为发展性评价理念的理论源泉。发展性评价是以充分发挥评价对学生学习与发展的促进作用为根本出发点，以融合教学与评价为基础和核心，在关注共性的基础上注重个体的差异发展，通过系统地搜集评价信息并进行分析，对评价者和评价对象双方的教育活动进行价值判断，实现评价者和评价对象共同商定发展目标的过程。发展性评价理念应具有如下蕴涵与特征：

（一）强化发展性功能，淡化选拔性功能

21世纪的教育，更加注重培养学生积极的创新意识、实践能力、学习过程情绪体验以及健康的身心品质等综合素质，以为学生终身发展奠定基础。而发展性评价关注的正是学生的进步与成长，而不止于选拔，它尽可能地根据被评价者发展状况的关键信息，正确地判断每个被评价者的发展潜力，为被评价者提出适合其发展的有针对性的建议，让学生根据教师提供的必要的诊断性、反馈性信息，把握自己学习状况的信息，让学生及时调节其学习行为与策略，其着眼点在被评价者的未来的最优发展上。

（二）提倡寓评价于教学情境与全过程中

发展性评价理念，不仅关注掌握知识、技能的过程与方法，而且更关注与之相伴而生的情感态度与价值观的形成，强调评价的真实性、情景性与过程的开放性。随着发展性评价要求评价内容多元化、综合化的实现，传统单一的终结性评价很难对复杂教育现象做出科学合理的评价，引入一种与教学活动融为一体的情境性评价，可以比较全面、深入、真实再现评价对象的特点和发展趋势等。这一评价方法可对被评价者完成任务的过程和结果进行全面评价，可弥补卷面测验的不足，有利于考查被评价者的综合素质与能力。

（三）体现人文关怀，强调民主、平等、协商

发展性评价强调，评价者与被评价者应具有共同的价值取向，对被评价者的发展特征的描述和发展水平的认定，必须是评价者和被评价者共同认可的，体现平等、民主、协商等的特点，强调人文关怀和人的和谐发展。教育人类学认为教育评价不能不带有文化背景，不能不考虑文化因素，忽略文化因素的教育评价不能称其为合理的评价，忽略文化传承谈人的发展也不能称其为真正意义上的发展。与之相适应，要逐步建立符合发展性评价的教师评价体系，把对教师教学评价的关注点由教师的"教"转向学生知识的获得过程、情绪体验以及合作与交流等诸多方面。

（四）提倡多元主体、多样方式、分层次标准的评价

1.评价主体多元化

评价者不应仅是教师、学生本人，还应包括管理者及与学习成长相关的人等。因为多

元评价主体可以为学生的成长与发展提供多角度、多层面的评价信息，而且多元评价主体要与被评价者之间形成双向互动或多向互动，在平等、民主的互动中关注和满足被评价者的成长和发展的需要。同时，被评价者成为评价主体，也有利于提高被评价者的主体地位，发挥自我评价、自我反思、自我教育的功能，促使被评价者健康成长与发展。

2. 评价内容多样化

人才培养以学生的全面发展与成长为根本目的，在关注学生学业成绩评价的同时，更加关注学生全面发展的评价，在考查学生知识获得与智能增进的同时，评价体系中有机地增设情感态度与价值观的变化、创新意识与实践能力、分析与解决问题的能力、合作精神与协调能力等方面的评价指标，不断推进考试方式的多样化。要根据考试的目的、性质、对象等，改变过去简单地以"一纸试卷定乾坤"的做法，诸如：研究性学习小课题、现场答辩式、知识竞赛式考试等，根据课程与内容的性质，因地制宜地采用，并对考试结果加强分析，形成对学生的激励性评价意见或建议，促进学生全面发展。

3. 分层次评价

当今时代已进入一个多元价值、多元思维的时代，要求改变过去单一的质量标准，评价标准也应该多层次化，因材施教，因材评价，才能给不同被评价者以不同的教学要求与相应的努力方向。也就是说，评价必须尊重被评价者的差异，通过多层次的或一定弹性的评价标准为被评价者的个性发展与健康成长提供空间。

综上分析得出，发展性评价理念，以其"注重过程性、发展性、强调多元主体、多样方式、分层次的评价"的特质，很好地契合了能力本位教学对知识、能力、素质综合考核评价的根本诉求。因此，在具体的能力本位教学实践中，要积极地探索，大胆实践，不断推进基于发展性理念的能力本位教学评价改革。

三、基于新理念的能力本位教学评价保障

倡导发展性评价，并不一定完全排除传统的教育评价的基本技术和方法，发展性评价强调理念的转向，这必然要求与之相适应的评价体系、教师理念、管理理念、评价手段等的转向、更新与丰富。

（一）全面发展的学生评价体系转向

要按照能力本位教学的要求，在考查学生知识获得与智能增进的同时，评价体系中要有机地增设情感态度与价值观的变化、创新意识与实践能力、分析与解决问题的能力、合作精神与协调能力等方面的评价指标。与之配套的就是要改革单一量化的评价方法，采用灵活多样的质性评价方法，特别重视对学生学习过程的评价，及时发现学生发展过程中的进步与变化，帮助学生认识自我、建立自信，以激发学生内在的发展动力。还要根据考试的目的、性质、对象等，尝试多样化的考试方式，改变过去简单地以"一纸试卷定乾坤"的做法，充分发挥和利用考试的导向作用，对考试的结果应加强分析指导，为学生提供建设性的改进意见，形成激励性的评价意见或建议，以促进学生的全面发展。

（二）对教师的发展性评价转向

要实现对学生的全面的人性化的评价，关键在教师。对学生的发展性评价需要新的教师评价来支撑。能力本位教学要求根据学生全面发展水平的提升来评价教师工作业绩，要把对教师教学评价的关注点由教师的教转向学生学习知识的获得、过程参与、情绪的体验以及合作与交流等诸多方面，要不断强化教师自我教育、自我监控与自我反思的意识与能力，逐步建立符合发展性评价要求的教师评价新体系。

（三）教育评价管理理念的转向

能力本位教学要求，要逐步建立以学校、学院、系（教研室）共同参与的教学评价制度，逐步转变唯分数论教育质量的传统观念，建立促进教学管理不断发展的评价体系，从学校、学院、系（教研室）、教师和学生等多个层面，周期性地对教学管理中的问题进行评价，改进教学管理，为适应创新人才培养的发展性评价提供管理实践与理念层面的保障。

（四）教育评价手段的升级与更新

积极引进开发多功能"在线评价系统"，可以借鉴国内外已有的计算机辅助评价（Computer Assisted Assessment，简称CAA）成果，大胆建立多功能的"在线评价系统"，逐步实现评价的开放化、即时化，将学习的全过程纳入评价的视野，激发学生关注学习的每个环节，注重过程的锻炼与体验，从过程中反馈存在的问题，不断改进和提高学生的学习和教师的教学，让学生逐步适应信息时代的现代化、信息化的新的评价手段，以满足能力本位教学的需求。

发展性评价作为一种新的评价理念，其特殊性更多地表现在评价价值观的改变以及对评价结果的不同的解释和利用上，因此要改变传统"知识本位"教学只顾结果不顾过程、只顾目的不顾手段的评价思路，应关注被评价者为达到目的所采用的方法和途径，关注被评价者在达到目的的过程中获得的经历和体验，倡导深入学生发展进程中，及时了解学生遇到的问题、所付出的努力以及获得的进步，进而对学生的持续发展进行有效指导。同时也应注意，注重评价的过程性与发展性，并不意味着对结果评价的排斥，将终结性评价与发展性评价有机地结合起来，逐步转变唯分数论教育质量的传统观念，从多个层面上周期性地对教学管理中的问题进行诊断评价，为发展性评价的实施提供管理实践与理念层面上的保障，最终形成与能力本位教学相适配的教学评价新体系与新方式。

第二章　高职教育教学探究

第一节　学生能力及内涵的探析

伴随着我国高等教育大众化而兴起和发展的高等职业教育，已经成为高等教育的重要组成部分，也是促进我国经济、社会发展和实现劳动就业的重要途径。自国家决定加速发展高等教育以来，高等职业教育得到了迅速发展。

在高等职业教育快速发展的同时，高职院校在自身发展进程中也面临着新的挑战：一是人才培养目标有待进一步明确；二是办学质量有待进一步提高；三是投入机制有待进一步完善；四是"双师"结构的师资队伍建设有待进一步强化；五是有高职特色的育人模式有待进一步构建。

因此，更新教育观念、科学定位，坚定不移地走应用型人才培养之路，提升高职院校的核心竞争力，尤其是高职学生的核心能力已经成为高等职业教育健康持续发展的关键所在，对实施高等职业教育的可持续健康发展战略，也具有特别重要的现实意义。

一、高职院校学生核心能力的研究意义

长期以来，我国的高等教育一直存在着重理论，轻实践，重学科型、研究型人才培养，轻技术应用型人才培养的现象，培养的学生也是同一种规格、同一种模式。这样，就无法适应我国社会主义市场经济和现代化建设对不同类型人才的多样化的需求。高等职业教育培养目标的核心是为经济建设第一线培养具备综合职业能力或技术应用能力和基本素质的高技术应用型人才。高技术应用型人才的出现和发展极大地提高了劳动生产力水平，成为生产力发展、社会进步的高等职业教育质量管理理论与实践的标志，技术创新的竞争成为未来世界竞争的重点。因此，重视培养高技能应用型人才的高等职业技术教育已成为发达国家的共识。

（一）社会主义市场经济体制的内在需求

教育的主要任务是培养社会所需要的人才，人才的培养规格也是依据社会需要决定的。在计划经济体制下，人才实行对口计划培养，不论人才的质量高低，国家按专业对口统一分配。同时，由于企业生产的部类和内容变化不大，学校比较容易把握具体的人才培养规格，可以按专业对口，甚至按岗位对口的要求去培养人才。在市场经济体制下，一方面，企业在市场竞争中必然考虑利润的最大化获取，因而在选拔人才时必然对能力提出更高的要求；另一方面，市场经济的繁荣和发展也更需要有多方面能力和创造性的人才，因而要求教育必须根据市场需要来培养这样的人才。市场竞争的实质是人的能力竞争，离开能力，人在市场经济中就缺乏竞争的前提。

（二）知识经济的要求

知识经济，其标志之一是劳动力市场对高技能工人的需求日益增加。知识密集型生产方法发展越快，对高技能工作人员的需求就越大。知识经济的生命和源泉在于创新，而创新需要以较高的综合素质为基础，因而吸收和借鉴"核心能力"理论的研究成果，开发高职学生核心能力，培养学生自主的学习能力、生存能力、交往能力和创新能力等综合能力，是知识经济对高等职业教育的要求，也是提高高等职业教育质量、办出自身特色的基本前提。这不仅有利于高职学生发展自我、实现自我、创造理想人生，也有利于高职院校人才培养模式从知识本位转向能力本位，使学校教学重心从专注社会岗位需求转向兼顾个人可持续发展，满足不断发展的知识经济时代的要求。

二、高职院校的教育定位及学生核心能力的培养

（一）高职院校的培养定位

教育部在《关于加强高职高专教育人才培养工作的意见》中明确指出："高职高专教育人才培养模式的基本特征：以培养高等技术应用性专门人才为根本任务；以适应社会需要为目标、以培养技术应用能力为主线设计学生的知识、能力、素质结构和培养方案，高职高专不同类型的院校都要按照培养高等技术应用性专门人才的共同宗旨和上述特征相互学习、共同提高、协作攻关、各创特色。"因此，高职院校必须根据自身条件，以培养服务生产第一线的高等技术应用性专门人才和为行业培养专门的职业人才为根本任务，以适

应社会需求和行业需求为目标，以培养职业技术人才为主线来设计培养方案，确定培养目标及发展方向，即高职院校的定位应服从于学校的办学宗旨、办学方向及人才培养目标。

（二）高职院校学生核心能力的含义

所谓能力，是指顺利完成某种活动所必备的个性心理特征，而"核心能力"在我国近年来多采用"关键能力"这一称谓，其基本内涵是指一种超越具体职业的，可广泛迁移的，对人的终身发展起着关键作用的能力。从高职院校的职能来看，高职院校学生的核心能力就是高职院校以技术职业能力为核心，通过对创新培养模式与理念、科学设置课程及教学方法、实施产学研相结合优势、学生综合素质与能力的培养等的整合，或通过其中某一要素的效用凸显而使学生获得持续竞争优势的能力。而认为高职院校学生的核心能力是学生个人综合素质、个性发展、自我实现的基础能力，应由其基本能力、关键能力和潜在能力组成，其构成要素应该包括学习能力、思维能力、适应能力、沟通能力、耐挫能力、创新能力和应变能力。

可见，高职院校学生核心能力是一个复杂和多元的系统，包括多个层面，其形成不是个别要素之间的简单组合，而是一个由相关核心要素整合而成的有机整体。高职院校学生核心竞争能力的形成，必然是高职院校整体优化和学生综合素质提高的结果。它是在高职院校发展演变过程中长期培育、积淀而成的，并深深地融合于高职院校内质的校园文化之中。

（三）高职学生核心能力培养的有效方法与途径

立足于学生未来的生存与发展，加强专业教育中核心能力的培养。通过专业课程改革，确定专业核心课程，使专业教育不仅注重学生就业能力，更强调学生可持续发展能力，主动为学生提供有本专业特色的"学业规划到职业规划"一体化的课程指导。

立足于学生对现实的接受与融入，在素质教育中强化职业道德培养。充分考虑高职学生的现有能力与实际需要，开设包括职业诚信、学习生活指导、心理健康、职业规划、就业指导，以及传统历史文化教育等模块在内的核心课程，重点提高学生自主的学习能力、生存能力、交往能力和创新能力等综合能力。同时，以选修课和讲座的形式开设大量的相关素质课程，为学生提供多种选择，在一定程度上进行个性化培养。

立足于校园文化的熏陶与感染，充分发挥校园文化的育人作用。根据本校行业背景和育人目标来设计校园文化环境，如浙江金融职业学院着力打造以金融文化、诚信文化和校友文化为主要内容的校园文化，学生第二课堂、学生社团和课外科技文化活动都被纳入校园文化活动之中。鼓励学生主动参与实践，努力了解书本之外、学科之外的知识，积极追逐兴趣与爱好，学会融会贯通，学会独立思考，提高自身综合素质，在实践中创新，在实践中学习，在实践中提高。

立足于教师优质"教"与学生优质"学"深度结合，转变教师观念，优化师资结构。一方面，通过师资培训与结构调整，建设一支以专职核心课程教师、素质课程教师为主，以兼职班主任、社团导师、专业导师为辅的专兼职核心能力培养队伍，重点开发学生的核心能力。另一方面，通过多种渠道，进一步普及教师教育理论、学习科学知识，使高职院校从"提供教学的机构"转向"为学习承担责任的地方"，使高职教育从"追求完整的知识技能结构"转向"形成全面的能力结构"，使高职课堂从"提供课程和修业计划"转向"创设有利于产生学习的环境及体验"，使高职教师从"注重传递知识"转向"注重讲解方法、介绍规律、创设学习环境"。

第二节 全面提高教学质量

教育部《关于全面提高高等职业教育教学质量的若干意见》指出，高等职业教育作为高等教育发展中的一个类型，肩负着培养面向生产、建设、服务和管理第一线需要的高技能人才的使命，在我国加快推进社会主义现代化建设进程中具有不可替代的作用。各级教育行政部门和高等职业院校要适当控制高等职业院校招生增长幅度，相对稳定招生规模，切实把工作重点放在提高质量上。那么，从一所高等职业院校的具体情况出发，如何提高高等职业教育教学质量呢？应该坚持如下十个"必须"，以此构建提高高等职业教育教学质量系统工程。

一、育人为根本的思想，行之有效的措施

立德树人是教育的根本任务，对高等职业院校来说更重要，因为高职院校的学生不仅是12年应试教育的产物，更是我国高等教育发展过程中大众化的产物，这两个因素的存在，使我们的学生在人格锻炼、人品修养、人生设计等许多方面存在不足或偏颇。应试教育重视集中统一的考试结果，难以体现个性发展和特长发挥，大众化教育使大部分各具个性，多元智能，抑或学习、生活、心理有困难的学生进入高职院校，这本身不是坏事，而是高

等教育发展进程的必然结果。然而，高等职业教育以就业为导向，在三年的时间里，担负着把一个高中生培养成职业人的重要任务，不仅要让学生学习掌握体现高等教育规格和水准的知识，而且要训练学生从事相应职业所需要的业务技能，更要修炼与之相适应的职业素养，包括崇高的职业理想、良好的职业道德、娴熟的职业技能。因此，坚持育人为根本、德育为先，重视社会主义核心价值体系的融入，重视职业道德教育和法制教育，重视诚信品格、敬业精神和责任意识的培养，对高等职业教育来说是必不可少的。为此，学院应该有理论课程，有实践活动，有实训场所，有实训载体，如重视英模人物的上堂授课、杰出校友的现场指导是非常有意义的，解决了培育什么样的人的问题，同时也必须明确要求学生做什么样的人，这样，高职教育质量就有了根本和前提。

二、以学生为主体的思想，积极有力的行动

学校工作应以学生为主体，教学为中心，这是一句老话，人人都知道，学校对课程有认知，然而，具体操作起来，则往往不能如愿以偿。学校有多少教师就开什么专业，教师有多高水平就开什么课程，教师对问题有何认识就要求学生如何认识问题，行政管理部门有多高政策水平就要求教师如何贯彻实施，总之，许多环节存在着提高教育质量的悖论和逆向命题。

众所周知，高等职业教育是高等教育大众化的结果和产物，因此，根据多元智能理论要求来设计教学工作，培养、教育、考核学生，让学生充分展示其个性，发挥其特长，寻找学习的乐趣、成长的快乐，这是非常重要的。然而，我们提出的命题是，学生的专业选择权有多大，是否只能在服从栏下任意设置；学生的课程选择权有多大，是否只能在同一教室修完全相同的课程；学生的特长能否发掘、发挥、发展并弥补某些弱项或不足；考核的方式是否必须整齐划一，单调统一。解决这些问题固然需要宏观大环境的改进，但也需要微观层面的改革，主要举措在以下几方面，即在教育引导的前提下，让学生有一定的专业选择权，不能为了维持某种平衡，固守某些大锅饭而限制这些权利的实施；在专业不变的情况下，允许学生根据自己的特长、爱好和自身资源条件选择专业方向，满足其学习的兴趣和爱好；在其他都不变的情况下，充分尊重学生的合理个性，建立一个学习综合考评体系，以综合得分或权重得分作为毕业条件，以解决学生学习自主性问题；在特定条件下，允许学生以其个人特长（如某些获奖、小发明、论文等学习、科技和文体成绩）替代某些弱项课程，以克服部分学生因个别短项而造成的遗憾；积极创造条件，开设多方面选修课

程，积极动员教师，营造全天候教学和学习条件，注意聘请行业企业兼职教师，充实课堂教学和实践活动，开展丰富多彩的各种活动，丰富学生学习生活。

三、优质就业目标，创造最佳可能

以学生为主体的思想明确后，我们必须清楚地认识到确立以学生为主体教育教学的思想的目的，这就是学生的优质就业基础上的健康成长和有效成才。

要解决这个问题，首先，必须保证学生初次就业有冲击力。要训练学生养成良好的职业习惯，懂得基本的职业礼仪，具备良好的职业道德，更要有娴熟的职业能力，学生具备了从事职业岗位所必需的素养和能力，再加上学校重视学生就业工作网络建设和渠道的拓展，学生初次就业就有了冲击力，即毕业与上岗零过渡就有可能实现了。

其次，我们必须努力解决让学生发展转岗有潜力的问题。为此，要加强学生专业基础理论修养，重视人文素质教育，增加模块化教学机会，给学生创造能力拓展学习的条件，使学生做到一专多能、一能多长。

最后，我们应该积极地为学生成长成才有持久力创造必要的条件。这就要求学生树立终身学习的理念，在校期间掌握正确的学习方法，感悟做人的真谛，学会为人处世的技巧。在以后的工作中，参照企业产品三包经验，重视和加强校友会工作，建立联络协调和信息沟通机制，为校友创造更多的学习、成长机会。

当然，以就业为导向目标，更要求我们认真分析经济社会发展对人才提出的要求，分析就业市场变化发展的特点和趋势，加强前瞻性预测，同时调整我们的教学内容，改进我们的教学方法，也要重视对学生就业观的教育和培养。

四、教学的中心位置

必须确保教学在学校各项工作中的中心地位，把教学投入和教学条件建设摆到重要位置。教学在学校各项工作中处于中心地位，在理论上应该不成问题，教育文件对此没有特别强调，但近年来高等教育运行中出现的许多情况不容乐观，至少表现在以下几方面：一是教师考核中的所谓科研成果与教学业绩一手硬一手软的情况；二是教学业绩考核中的数量与质量一手硬一手软的情况；三是学院运行过程中的行政本位和行政化倾向，尤其是党委政府部门对学校工作部署上的机关化要求等，都在很大程度上影响了教学工作的开展和教育教学质量的提高。要从根本认识和运行机制上解决这个问题必须从宏观、中观、微观上进行改革和改造。

教育行政主管部门包括党委和政府部门应该真正把高职院校当作一所学校来看待，当作一个教书育人、培育人才的场所，明确培养人是其基本的、重要的、主要的任务，其他工作为培养人服务或者是履行培养人职能的延伸。为此，考核学校工作要以毕业生的数量和质量作为基本指标，切忌把学校机关化、行政化，或赋予其客观上难以承担的其他职能。

就学校而言，必须端正办学指导理念，把教学工作作为学校的基本工作，把维护教学秩序，把握课堂质量、实训质量、实习质量作为基本常规，确立教学、教育体系在全院各项工作中的核心地位，把系（部）当作学院工作的重心和基础，真正形成学校以生为本，教师为学生服务，学校系的部门为教务服务，机关为学校系的部门服务，领导为机关创造条件，全院为教学工作开展和提高教育教学质量服务。尤其是在财政投入上，必须确保将主要财务用到教学设施改善、教学条件提高上，把教学常规经费落实好，把教学业绩考核奖励机制建立好。

就学校教师而言，必须明确自己的本职工作就是教书育人，尽管个人学习、工作、生活、发展等多方面需要分配精力和安排时间，然而必须把满足学生的学习愿望，提高学生的学习兴趣，开展正常的教学工作作为基本任务，真正把主要精力用在教学工作上，凡与此无关的要坚决舍弃，科研工作要立足于为教学服务，社会服务工作要与教学工作相统一。

五、加强师资队伍建设

必须切实加强师资队伍建设，用大投入、花大力气、筑大系统打造高素质教学团队。

教师在学校教学和学校各项工作中起着十分重要的（主导）引导作用，师资队伍建设是学校最重要的基本建设，人才是第一资源，一支素质精良、师德高尚、专兼结合、结构优良的专职教师队伍是高职院校师资队伍建设的关键。

专兼结合是高职院校教师队伍的重要特征，请进来、走出去是高职院校师资队伍运行的重要途径，也是师资队伍建设的系统所在和投入重点。一方面，我们应当创造条件鼓励和引导在编教师走出课堂，经常深入或定期系统深入行业企业顶岗实践或从事实际业务和管理工作，了解行业、了解企业、了解实践，积累实际工作经验，提高实践教学能力、自身的业务指导能力和动手操作能力；另一方面，我们要聘请行业企业的业务行家、管理骨干和技术能手（能工巧匠）到学校兼职授课，并通过培养和学习使其积累教学经验，兼职教师要做到系统性，尽可能保持相对稳定。

师资队伍建设的重点是专业带头人建设，花大力气、用大投入培养和选拔具有较高师德风范的教师，也要培养有教学能力、科研能力、社会能力和教学组织领导协调能力的专业带头人，这是学院重要的工作，要创造条件，营造环境，让专业带头人成为地位最高、待遇最好、最受人尊敬的教师，真正成为教学名师，对其培养应当看准苗子，创造条件，不惜代价。

在专业带头人带领下培育和锻炼优秀的教学团队，是师资队伍建设的重点之一，也是一项基础工作，团队既是专兼职结合的，也必须以专职教师为主体，团队既是流动的，也必须相对稳定，必须注意在年龄、学历、专业、职称等方面的结构互补，优势互补，共同协同完成各项教育教学任务。

无论是专职还是兼职教师，都必须注重师德教风、教学能力方面的提高，引导和要求教师掌握较好的教书育人和职业技能训练能力，育人和职业生涯指导能力，科研和社会服务能力，真正把育人工作落到实处。

六、专业建设

必须坚定不移地抓住专业建设这个龙头，推进人才培养模式和教学基本建设。

针对区域经济发展的要求，灵活调整和设置专业，应该是高等职业教育的一个重要特色，如果说普通高等学校尤其是研究型大学的重点工作之一是学科建设，那么，高等职业院校建设的重点应该以专业建设为基点，牢牢抓住专业建设这个基点开展教学工作。

高职院校专业建设的一个基本出发点是必须主动适应区域、行业经济和社会发展的需要，把握学校的办学条件，有针对性地调整和设置专业，与此同时，要以重点专业为龙头，带动相关专业协调发展，服务区域、行业和企业的需要。专业建设要避免与普通本科教学同质化，要从生产、建设、服务和管理第一线找定位，从目前市场上紧缺人才并有长期潜在市场的方面找方向，从而使培养的专业人才就业有着落。每一所学校设置专业时必须充分考虑学校所处的区域位置、行业背景和人才需求状况，真正找出恰当位置，办出特色和水平。

高职院校必须围绕专业开展管理和建设工作，学校必须选配高水平的专业带头人，培养专兼职结合的高水平的教学团队，组建由行业企业学校（有时可包括政府部门）共同参加的专业建设指导委员会并保持经常性活动，真正对学院专业建设起到指导作用。在专业人才培养过程中，学校在向学生传授人文基本知识和专业理论知识的同时，也要着力培养学生从事本专业相关岗位的核心技术能力，尤其是操作技能。与此同时，学校还要介绍和培训从事本专业相关的制度、文化层面的知识。从专业建设全过程看，学院应该围绕专业内容进行教学基本建设，包括师资课程、实训实习基地、图书信息资料和教风学风以及专业文化建设等。

七、课程改革

必须加大课程建设与改革的力度，着力提高学生的职业能力。

教育文件指出，课程建设与改革是提高教学质量的核心，也是教学改革的重点和难点。高职院校要办出特色，办出水平，其落脚点就应该体现在课程建设上。课程建设是重点，因为对学生职业能力的培养而言，课程、课程体系、课程标准决定了教学内容，因而也在很大程度上决定和体现了教学工作的可能成效；一个与企业行业岗位和职业高度吻合的课程体系和课程标准，是培养高素质、高水平人才的关键。

课程建设是难点，一方面因为课程改革工作量浩大，涉及面广泛；另一方面因为教师教育质量管理理论与实践教育培养起来的，适应任务驱动、项目导向、能力本位的课程改革本身就是难点。况且，课程改革要取得成功，要求教师必须对行业企业生产经营情况，对岗位、职业工作要求有清晰的了解和科学的把握，能够用科学的理论做指导。因此，从主、客观上看，课程改革和课程建设面临诸多难题。

课程改革和建设必须要求难点突破和推进，因为它是高职人才培养模式改革的落脚点，真正解决了教学作为一体的课程问题，提高高等职业教育质量就有了可靠的基础。因此，学院必须在考核机制和收入分配等方面进行全方位、颠覆性改革，把更多的经费用到课程改革上。

教材建设是课程建设和改革成果的重点体现形式，结合课程改革，行业、企业共同开发紧密联系生产实际的教材，并将优质教材引入课堂，让学生享受优质教学资源，这也是提高高职教育教学质量的重要方面。

八、坚持校企合作

必须坚持校企合作，开放办学，加强实训、实习基地建设，使工学结合的人才培养工作落到实处。

具有真实环境，具备实际操作能力的实训、实习基地建设不仅是高职教学工作的必要环节，更是提高高职教育教学质量的重要环节，高等职业教育以就业为导向，把学生能否顺利上岗就业，实现毕业与上岗的零过渡作为重要目标，这一目标要求构建一个开放办学机制，着力推进校企合作尤其是学校教学与行业企业的合作，它不仅可以有效地推进在编教师挂职锻炼，了解实践，而且可以聘请行业企业的业务专家和技术能手充实到学校里来任教，当然，基地建设本身就是校企合作的重要目标。

校内要建设一批具有仿真或真实环境，能够进行模拟教学、实战训练的实训基地，以解决理论与实践相结合的问题，有了这些实训基地，就可为教师进行模拟教学和学生进行模拟活动提供训练场所，如果专业和条件允许，建设一些具有真实环境、真实设备、从事真实产品生产和销售的基地，则更有意义，更能体现高职办学的目标和要求。就这一点而言，不仅工科类专业可行，一部分财经管理类专业、烹饪类专业也是完全可行的，而且也应该积极去做，做了必有成效。

充分利用校企合作机制，在开放办学的前提下建设一大批能够提供顶岗实习机会的校外实习基地，也是一项十分重要的工作，它有利于真正把理论与实践、知识与技能、设计与操作很好地结合起来。当然，校外实习基地要真正发挥作用，必须有教育教学功能，不是简单地设点挂牌，而是要进行制度和组织设计，基地所在单位在提供实践场所的同时，要给学校学生和教师提供交流、研讨的平台，避免将基地简单地作为顶岗操作的场所。诚然，要有效解决这一问题比较难，需要政府指导、学校与企业协同才可以做到。

第三节　适合高职学生的教育模式

职业技术教育是教育的一种类型。办好职业技术教育，关键在于创造有利于学生学习与发展的环境，选择适合学生的教育模式，为学生提供满意的服务，让他们真正成为学习的主体、学习的主人，彻底摆脱"教师中心、课堂中心、教材中心"的老框框，从素质教育入手，启发学生的自我意识，充分挖掘他们的内在潜力，使他们重新焕发生机，改变学习状况，摆脱困境，成为社会真正需要的应用型人才。

一、把握"以学生为中心"教育理念的精髓

职业技术教育的过程应该是一个以学生为中心的学习过程，"以学生为中心"应该成为我们职业教育工作的理念。帮助学生建立起自尊自强的信心，了解学生的学习需求，研

究学生可以接受的学习方式，是这一理念的出发点；运用各种形式和手段让学生全面参与教学过程，并尊重他们的学习选择权，让学生自始至终处于整个职业培训活动的中心，是这一理念的核心。

（一）树立自尊自强信心

帮助学生树立起自尊自强的信心，重新评估自己的能力，是促进他们人格健康发展和潜能充分挖掘迈出的第一步，也是至关重要的一步。

在升学竞争对教育的长期导向下，学校评价学生的标准主要是学科优秀，而忽视了学生健全的人格培养。一方面，学生成了"考试的机器"，造成"高分低能"甚至"分高德低"的现象，难以适应新时代市场经济的需要；另一方面，高职学生在经受了考试失败的挫折后，身心疲惫，后劲不足，对前途产生了悲观失望的心理压力，对未来缺乏判断和选择的能力，不知道自己要干什么、能干什么。把尊重每一位学生作为生命整体的发展需要放在第一位，注重对他们的全面教育，促进其认知能力、身体、道德和精神力量的全面发展，强调以行为而不是以结果来评价学生，转变那种"只有上大学、当专家才是人才"的狭隘人才观，确认技能型人才也是社会急需的重要人才。学校可采取"走出去、请进来"等多种形式的社会调查与社会实践活动，让学生倾听各行各业人士的心声，了解他们从事的职业与社会需求的重要关联，明白他们在平凡的岗位上干出了不平凡的事情，不仅赢得了社会的尊重，而且体现了自身价值，同时对社会发展也起到了促进作用。让学生从活生生的事例中得到启发，领悟到人生的奋斗目标并不是只能通过上大学这条途径才能实现，还能通过其他各种方式，在社会各个领域展现自己的聪明才智，实现自己对生命的追求，强调"三百六十行，行行出状元"。

广大教师要形成一个共识，每个人的一生都蕴藏着许多成功的机遇，对学生能力评价的最终标准是依据社会的检验，看学生踏入社会以后的表现、能力、贡献如何，展现在他们面前的将是一个全新的教育观念、教育体系。帮助学生增强信心，树立信念，强调学会做人比学会做学问更重要，要引导学生学会做自信的人，做意志坚强的人。明确良好的心理品质是一个人健康发展的必要前提，只有自身人格得到不断完善，人的生命价值才得以充分体现，人的潜能才得以充分挖掘。在教学过程中，教师要改变思维定式，要明确教师不是学生意志的主宰者，而是启迪者、帮助者，对学生要多鼓励、多肯定，使他们产生积极向上的力量，获取信心，带着乐观、自信的心境去认识自我、表现自我。根据学生的实际能力，学校可开展各种技能竞赛、特长展示、演讲比赛等活动，让学生在努力发掘自我的过程中体验成功的自豪感和幸福感。

（二）重视学生学习与思考

重视让学生学会学习，学会思考，为终身发展夯实基础。

面对今天瞬息万变的信息时代、知识经济时代，仅靠在学校教育中获得的知识已不能满足人们的生存需要，人们已经步入了一个终身学习的时代。在这个时代，人们不仅需要在一生中不断学习，而且要学会学习、善于学习。《第三次浪潮》的作者托夫勒指出："未来的文盲不再是不识字的人，而是没有学会学习的人。"在《学习的革命》一书中，作者阐明了掌握高效的学习方法比学习内容本身更为重要的思想。素质教育的理念就是要求教师不仅对学生进行知识的传授和能力的训练，更重要的应该是思维方式的训练，重视让学生学会学习、学会思考，为自己的终身发展奠定坚实、丰厚的基础。我们知道，长期的"应试教育"扼杀了孩子们对知识的好奇与渴求的天性，把分数高低作为学生学习结果的检验，导致学生害怕失败，不敢创新和冒险，习惯接受现成的思维模式，缺乏主动学习的探索精神。特别是当学生未达到家长和教师要求的分数时，他们就会感到沮丧和失败，继而对学习感到厌倦和无奈。进入职校学习的这批学生，由于成绩不理想，他们心理上感到失落、无助，继而对学习感到索然无味，甚至惧怕学习。他们把失败归因于自己的能力不足，天赋不够，这就要求我们从事职业教育的教师，把培养学生的学习兴趣，提高学生的自我学习意识放在首位。

教师要承认孩子们在求知的过程中属于不成熟的个体，要以学生为主体，构建一个充满阳光的课堂。教师在课堂上要少一些偏见与挖苦，多一分尊重与赞许，从单向知识传授变为双向情感交流，从一味指责变为千方百计让学生品尝成功，让不同层次的学生都能获得心理上的满足，从而让他们产生一种积极向上的原动力。教师在教学过程中，强调学习方式，让学生认识到学习的努力程度比学习的结果更为重要，要引导学生学会并掌握知识形成和知识应用于实践的科学方法。培养学生对事物敏锐的观察与判断能力；语文学科应培养学生对文章的分析与理解能力，在接受新信息、新理念时，具有取其精华，去其糟粕的选择能力；培养学生在熟能生巧的基础上勇于创新的能力。指导学生主动学习，独立思考，敢于去发现、去创造，敢于标新立异；教会学生学会选择发展自己的优势，努力培养学生较强的在未来社会中可持续发展的能力；教导学生不关注一时的失败，只坚信自己每付出一分努力，都意味着"朝人生的目标前进了一步"。成功了，归因于自己付出了努力；失败了，归因于自己努力不够，使学生正确对待自我，学会自己掌握自己生命发展的主动权，重新燃起探求知识奥秘的信心，把学习作为提高自己人生价值的重要途径。只有让学生树立了强烈的自我学习的意识，学会学习，善于学习，他们才会呈现出生命发展的自主色彩，成为一个有独特思维的个体，才会不断丰富自己内在的精神世界，创造出新的生命历程。

二、职业教育需要借鉴并发展

在我国，职业教育存在一个很严重的问题，那就是观念问题，人们总觉得职业教育低人一等，职业院校的毕业生很难在社会上立足，只能做些简单的、重复性的工作，到社会上只能做蓝领，做苦力，让接受高等教育的人来领导，或者认为应让高考落榜生接受高职教育，考不上大学的就送去接受职业教育等，这都是对职业教育的错误认识。职业教育是以能力为本的教育，以培养实用型、技能型人才为目的，培养生产第一线所急需的技术、管理、服务人才。首先要让大家认清这个事实，让更多的人来接受职业教育，让更多有能力的人成为高级技术人员。这样不仅可以满足企业对高级技工的需求，同时也可以很好地解决大学生待业人数过多，大学生找不到工作的问题。

外国的职业教育都有一个很相似的地方，那就是注重学生的实践经验的培养，都把理论知识和实际操作联系在一起。中国的职业教育也想让学生多实践，但是很少有学校能给学生足够的资源去利用，实践往往成为一种走过场式的课程，学生带着学分的目的去实践，到最后自己拿到了学分却没学到东西，而在德国和美国等国家，接受职业教育者在学校的身份是学生，在工厂的身份就是工人，他们在实践的时候是按合同规定的，他们的责任感得到了提升，工作更加认真。

澳大利亚的职业教育，他们的认证制度是很有效的，这也是我国可以借鉴的地方。确认职业教育与普通教育的同等地位，应成立一个机构来规范职业教育的管理，建立一个统一的全国性的资格证书认证体系，来保证各职业资格相互间的认可。加强学术教育与职业教育的一体化，完善学术资格与职业资格之间的转换；实行职业资格证书和学位证书并举的制度，增强两者之间互补的灵活性和渗透性。中国高职教育有些课程还是本科教育的简略版，尤其是基础课程更是没有特色可言，基本上还是沿用以前大专教育时的教学思路。同时基础课程与专业课程有脱节现象，基础课程没有很好地做到为专业技能服务的目的，学生在学习完基础课之后普遍觉得学无所用，非常茫然。高职教育课程设置应当突出学生毕业后干什么，用什么的问题，一切课程都应当切实服务于学生专业的需求，切实服务于学生走上工作岗位后的工作需求。

目前，中国高等职业教育事业正面临良好的发展机遇，但同时也面临社会发展的选择和淘汰。在这既是机遇又是挑战的发展阶段，中国高职教育事业必须深刻审视自己的发展方向和办学思路，这样才能拥有稳定和良性的发展。作为一个专业面向高职高专老师的大学生，更要弄清楚高等职业教育的未来需要什么，学生需要什么，企业需要什么，这样才能更好地为未来的高等职业教育提供一个很好的支持，在提升自己的同时更加能够适应未来的教育者的需要。

三、国外职业教育模式带来的启示

职业技术教育的模式多种多样，每种模式都有长处和不足，选择何种职业教育模式应结合国家、地区的经济发展水平博采众长、融合提炼、取长补短，使职业教育在社会经济发展中发挥其应有的重要推进作用。职业教育的人才培养目标就是要培养满足市场需求的技能型人才，要实现这一目标，就要在职业教育的过程中重视学生技能学习、动手能力的培养。因此，职业技术教育要改革，首先要提高对职业技术教育重要性的认识，贯彻以学生为主体、以能力为本位的教育思想，在借鉴国内外先进教育方法的基础上，创新职业教育模式，发挥国家教育主管部门的行政功能，积极推广应用先进的教学方法和教学技术。

通过对上述三种国外职业技术教育人才培养模式的分析与比较，我们得到以下启示：

（一）发挥政府主导作用，促进职业教育发展

从国内外职业教育发展的成功经验看，政府的主导作用在职业教育的发展中至关重要。教育特别是职业教育的发展绝不仅是教育管理部门的一家之责，职业教育的发展不仅需要宏观决策层面的政策制度保障，更需要社会、部门、行业、培训机构的通力合作对相关制度政策的落实。离开了政府的主导作用，职业教育在社会经济发展中的重要地位、经费投入等问题将无从解决，社会、部门、行业、培训机构的通力合作将无从谈起。

（二）转变教育观念，明确培养目标

国务院颁布的《国家中长期教育改革和发展规划纲要》，提出要大力发展职业教育。随着我国社会经济发展对高技能人才要求的不断提高，职业教育既面临着极好的发展机遇，也面临着严峻的挑战。发展现代职业教育首先要转变教育观念，明确培养目标。职业教育应以学生为主体、以能力为本位，以培养实用型、技能型人才为目的，培养经济社会发展

所急需的技术、管理、服务型人才。

（三）改革专业设置和教学内容，建立新的课程体系和教材体系

国际流行的职业教育模式都突破了传统的以学科为体系的教学模式，建立起以职业岗位需求（知识、技能和态度）为体系的教学模式，使职业教育更贴近生产、贴近实际，缩短了教育与就业的距离，真正体现了教育为社会经济服务的宗旨；教材都是结合企业生产的实际，通过对工作、任务和技能进行科学分析而开发出来的，教学内容融"教、学、做"为一体，强化学生职业能力的培养。

（四）加强"双师型"师资队伍建设，提升职业学校师资力量

先进的职业教育模式离不开高素质的"双师型"教师队伍，对职业教育的师资有着非常高的要求，要求教师不但具有扎实的专业理论基础，而且还要具有娴熟的实践操作技能。教师不仅是知识和技能的传授者，还应该是学生学习的指导者、管理者和推动者。

（五）实现学历证书与职业资格证书并轨

建立统一的学历系统和职业资格认证体系。由于历史和体制的原因，目前我国职业院校的毕业文凭只具有学历证明作用，如果毕业生想要取得相关专业的职业资格证书，还必须到其他培训机构或由培训机构委托的学校接受职业培训，这实际上弱化了职业院校的就业培训功能。应成立一个机构来规范职业教育的管理，建立一个统一的全国性的资格证书认证体系，保证各职业资格证书相互间的认可。加强学历教育与职业教育的一体化，完善学术资格与职业资格之间的转换；实行职业资格证书和学位证书并举的制度，增强两者之间互补的灵活性和渗透性。

四、对教育改革的认识

国家对职业教育日益重视，社会对职业教育的认识逐步改善，企业对技能型人才的需求也越来越大。《中华人民共和国职业教育法》对我国今后一段时期职业教育发展任务有了很清晰的阐述，明确提出职业教育要以服务为宗旨，以就业为导向。职业学校的教学目的，就是培养具有一定素质的技能型人才，围绕经济社会发展的需要，培养能满足社会、企业在不同时期需求的技能型人才，服务于经济社会的发展。但是，从承担国家职业教育

任务的职业学校来看，职业教育现存的培养模式似乎不能很好地体现职业教育的培养目的。有人简单地把职业学校毕业生的就业率当作考核培养效果的主要标准，但是现实告诉我们似乎不是这样的！当前企业确实存在"用工荒"的情况，加之产业分工更加细化，流水作业更加完善，社会就出现了四种声音：第一种：读职校有什么用，不读书照样能找到工资两三千元的工作，厂子环境不好我还打算立马跳槽；第二种：成绩不好的学生才去读职校；第三种：选择职校是因为孩子去打工年纪还小，让他再多读几年书，多认识几个字也好；第四种：职业学校所学的知识，工作中根本用不上。就业率掩盖了职业教育的本质，职业教育处在一个尴尬的境地。

通过多年的教育管理和教学实践研究，笔者觉得现在的职业教育与社会需要的脱节现象较为严重，社会对初、中级人才的大量需求与毕业生就业后不能满足社会、企业的需求和个人发展的要求成为一对矛盾。认为应该从以下几方面对职业教育的培养模式进行改革：

（一）改革教学模式

职业教育的特点是不讲不懂、不看不记、不做不会。目前中等职业教育的学制为三年，部分学校采取的是前两年校内学习，基本上是像普通教育那样从早到晚地进行理论教学，即使安排有操作训练，往往也因为指导教师、操作设备、实习耗材的不足而收不到理想的培训效果；第三年名义上是实习，其实就是安排了就业，可能连毕业考试（理论及操作）都省了。

改革以课堂为中心的教学模式，教学要适应专业与岗位的要求，正确分配课堂教学与实践实习训练的时间比例，调整传统的简单的"2+1"式的学制安排，真正将"工学结合、校企合作、顶岗实习"落到实处。打破传统的职业教育理论化的倾向，大力倡导根据社会专业发展现实进行校本教材的编写与使用。目前，绝大多数的职业学校仍没有打破传统普通教育模式，从课程的编排到课堂教学，除多了几节专业课以外，基本沿袭了传统的普通教育模式，这让职校的学生很难适应。

职业学校的学生大多是初中成绩偏差，家庭经济条件相对薄弱的学生。职业学校的教育仍按应试教育那一套，只重视理论教学，加上学生的学习基础较差，导致学生学习兴趣不浓，掌握的理论知识就更少，从另一个角度看，反而影响了他们就读职校的愿望和热情。我们应该让就读职校的学生来职校后能通过贴近现实需要的专业技能展示，较快地树立就读职校的信心，让他们通过一段时间的教育培训能够顺利就业。

职业教育必须对目前的教学模式进行全方位改革。一是要根据学校和学生实际编写校本教材，使之更贴近社会，贴近学生，贴近实际。目前职业学校使用的教材与劳动部门技能鉴定的要求不一致，且重理论轻实践，难度和深度与学生接受能力之间存在着较大的差距。二是在尽量不影响学生德育和文化教育的前提下，增加学生实习实训的机会。三是要彻底打破目前的考试制度。职业学校完全可采取企业考核制度，重视学生的实际动手能力，多采用现场操作考核，不要一张试卷考工匠——文不对题。

（二）增加学生实习实训机会

职业学校在对学生进行职业教育时，必须尽一切可能增加学生就业前的实习实训机会，让他们掌握相当的技能，尽可能地满足社会各行业对一线技工的需要。

要加大实训的投入力度，为学生创造良好的实训空间、机会。目前政府对大多数公立职校投入力度相对较弱，职业学校自身要发展，单靠学生的收费是很难解决这个问题的。国家已经提出了大力发展职业教育，所以各级政府应有相应的政策和财政支持，为职业学校的发展提供机会和创造条件，职业学校自己再投入一定的资金，只有这样，学生的实训环境才可以得到有效的改善。在目前的条件下，虽然各类职业学校也不断加强了这方面的投入，但与职业学生宝训条件的满足仍有一段较长的距离。问题归问题，但不断加强和提高完善学生实训条件，这应是职校发展面临且必须解决的问题，从某种意义上来说，这已是职业学校发展的瓶颈。

充分利用已有的实训、量，不断拓展学生的实习空间。在有限的实训条件下，我们应该满负荷地使用现有的实训力量，给学生创造尽可能多的实习实训机会，提高他们的技能操作水平。比如，加强与合作企业的联系，大力走校企联合办学的路子，与校外单位签订实训合同等。在这一方面，应该说已走出了一条成功的路子。近年来，除了加强护理专业在本校医院的实训力度，提高学生就业能力以外，还陆续与公安县经济技术开发区以及众多企业签订了实习实训合同，把学生实训的空间和机会大大地延伸出去，不仅解决了学校实训条件不足的问题，还大大地开阔了学生的眼界，使他们在上岗前就受到了在岗的实习和培训。

提高专业课教师和实训指导教师的实训能力，加强教师队伍建设。经济社会发展日新月异，各种新技术、新工艺层出不穷，专业课教师和实训指导教师如果只局限于学校现有的实训设备，那么很难让学生掌握企业所需要的各类技术和技能。所以笔者认为，职校每年都要把专业课教师和实训指导教师送到相关院校和企业进行技术培训，使他们始终掌握该领域先进技术，成为职校和企业所需的尖端技术人才。

（三）加强学生的养成教育

进一步提高学生的职业道德。现在的学生大多是独生子女，在家受到过多的宠爱，在为人处世、待人接物等方面都没有受到规范的教育。笔者认为职业学校在培养学生成为社会的人才时，必须加强养成教育和责任教育。主要体现在以下几方面：必须培养学生勤劳朴素、艰苦奋斗的思想理念。它不等同于让学生穿破衣裤、吃冷泡面，关键在于这种理念对青年人成长的重要性。

加强学生待人接物、为人处世的品德教育、礼仪教育，树立他们正确的荣辱观。在我多年的教学实践中，发现绝大部分学生在这一方面都存在极大的欠缺，所以职业学校除了班主任和任课老师结合日常对学生的教育以外，应开设养成教育课程，给予学生规范的全面的养成教育。在学生面试和应聘时，我们经常会发现很多学生面对用人单位的提问不知如何做、如何走、如何回答，衣着不整等。这些问题必须通过规范而长期的教育，才能得到有效的解决。

加强学生的责任意识和团队精神教育。传统的职业教育往往只重视就业技能的传授而忽视了责任意识的灌输，导致学生认为只要掌握了就业技能就能成功就业，这是一种错误的思想。在现实社会中，用人单位除了需要员工有一定的专业技能外，还非常重视员工的敬业精神和责任心。让每一位参加就业的学生成为受企业欢迎的、不但具有专业技能而且具有高度责任心和敬业精神的职业人，是我们职业学校教师的责任和义务，每一位教师都应向学生灌输这种敬业精神和责任心。在这一方面，每一位教师要以实际行动展示自己的责任心、敬业精神，然后通过各种方式来培养学生的这种责任心和敬业精神，如演讲、辩论、球赛、文娱活动等。通过这些活动，培养学生的协作能力、团队意识，加强他们的敬业精神和责任心，树立他们的团队精神，是很有必要的。

通过以上三方面的阐述，笔者认为要提高学生适应社会的能力，它涉及的方面是比较多的，仅靠某一个环节或方面都很难达到理想的效果。但不可否认的是，在教育教学过程中强调德才并举，是最为关键的因素，其他方面都是直接或间接地围绕这个因素来进行的。在大力倡导职业教育的今天，提高学生就业能力、竞争能力是职业教育目前需要解决的大课题。希望通过政府、社会、用人单位和职校的共同努力，在不远的将来完全实现为学生谋生，为社会服务，为世界和国家增进生产力之准备的教育目标，让职业教育走出现在的尴尬境地，创造职业教育的第二个春天。

五、选择适合高职学生的教育模式

在职业教育的过程中，可以运用问卷调查和收集教学效果反馈意见的方式，充分了解学生学习需求和学习进展状况，并据此不断调整教学计划。

在办学机制上要灵活多样。比如，在修完大一所规定的全部课程以后，学校根据学生的意愿分别设置就业班、升学班、第二专业班以及各种短训班等，让就业者有路，升学者有门，成人继续教育有平台，并为下岗再就业人员提供良好的适合各自兴趣和特点的服务。

在教学中，教师可以根据学生文化基础差距较大的现实，选择分层次教学。实行完全学分制的动态管理体系，灵活的课程结构，让学生做自己能力开发的主人；加大限选与任选课程，让学生自主选择学习内容，扬己之长、补己之短，以适应学生的个性发展职业定向。

在教学组织形式上大量运用分组讲座的形式，让学生在活跃思考和热烈讨论之后再得到结论。精心于教学组织形式细节的处理，努力为学生营造轻松愉快的学习氛围，如通过不断地变换学习场所，不断交换座位等方式，让学员在新鲜感带来的探究欲中开始一天的学习。

职业教育事业为教师搭建了施展才华的广阔平台。只要真正做到以学生为中心，用爱心正视学生、读懂学生，为学生提供物有所值的服务，学生就会学有所得；就会充分张扬个性，发挥各自的特长；就会就业成功、转岗成才；就会将学习进行到底，学而不倦。只要树立了服务学生的理念，选择合适学生的教育模式，就会拓宽学生创新的道路，架设起学生事业成功的桥梁。

第四节　推动高职教学改革

当前，国家对发展职业教育非常重视，经济社会发展对职业教育的需求空前迫切，职业教育面临前所未有的发展机遇。在我院进行示范性建设的大背景下，不断推进教学改革，是示范性建设的重要组成部分。高职教育应以教育观念转变为先导、以教学模式改革为载体、以教学内容改革为核心、以教学质量提高为重点、以适应社会需求为前提、以学生能力培养为根本，提供优质的教育服务，努力办出特色。

一、确定培养目标，提高教育教学质量

基于对高职教育的认识，应采用职业分析的方法确定各专业的培养目标。首先深入相关企业、单位调查了解他们对职业岗位能力的要求，确定学生毕业后所从事职业岗位的业务工作范围，进一步确定人才培养规格，主要包括思想政治素质、业务工作范围、业务能力要求和知识结构等内容。

在明确培养目标的基础上，按照对毕业生工作岗位的能力需求分析，以岗位的职业能力来确定课程与教学环节的设置。体现以实际应用为主线、以能力培养为根本、以学生发展为中心、以教学服务为模式的教育理念，打破传统课程原有的学科体系，按照"必需、够用"的原则将知识进行重新组合与创新，实行整体优化，重新构筑各专业课程体系。同时加强通用工具系列课程建设，英语和计算机是进入未来社会必备的工具，为了体现新技术发展和社会进步的需要，在外语和计算机教学中应确定一个较高的教学目标。

二、高职教育需要教学管理的创新

（一）教学管理思想观念的变革是管理创新的基础

要贯彻"以人为本"的思想，以面向基层、面向教学第一线、面向服务对象为原则。教学管理的目的是调动师生投入教学的主动性与积极性，任何一项教学管理政策、制度和措施的出台既要有利于鼓励教师创造性地教，也要有利于发挥学生的学习主动性、有利于发展学生的个性、特长和潜能。必须对过去整齐划一、管得太死的教学管理模式进行改革。

（二）营造有利的氛围，为学生发展个性提供条件

学校的一切限制性规章制度只是为了使学生不能逾越社会的道德标准，履行一个公民应尽的责任与义务以及达到专业培养最基本的要求，除此之外，都只能是引导而不是限制。学校应该建立适应素质教育要求的教学管理制度，这种管理制度既严格，又不一刀切；既规范，又有一定的柔性与弹性；既明确体现对全体学生的基本要求和标准，又能为发展学生个性、支持尖子学生脱颖而出创造条件，要正确处理严格与规范、统一要求与灵活性、柔性、弹性之间的辩证关系。从管理的角度讲，一所大学在培养人才上要做的主要工作，无非是为学生成才提供一切有利的环境和条件，让他们能在学术气氛浓郁、宽松活跃的环境中成长。

（三）制定合理的政策

正确处理教学与科研的关系，充分调动广大教师投入教学改革的主动性与积极性。

当前比较突出的问题是如何正确处理教学与科研的关系，这是一个在道理上十分清楚，但要真正落到实处就不那么容易的问题。可以说，大多数学校在科研与教学的政策上，往往是前者硬，后者软；前者具体，后者模糊；前者是学校的热点，而后者则口头上重要、落实起来又十分空泛。结果必然使得教师感到教学是软的、过得去就行，科研压力大、有吸引力；教学没搞头，不如搞科研实在，这就大大影响了教师对教学的投入。只有在我们的政策使教师感到加大对教学的投入、搞教学改革值得、科研有吸引力的情况下，才会真正出现教学改革的高潮，从根本上提高教学质量才有希望。转变教师观念，提高教师业务水平。教师是教育教学的具体实施者，师资的观念将直接影响教学改革的效果，师资水平将决定教育教学的水平。

高等职业教育实施的是高中后的教育，所以它与中职教育不同；但它又是职前教育，有别于成人教育；同时它也是就业教育，即有实用性和实效性，所以要按照社会特定职业的需要培养学生的职业素质和技能。由于实际需求是多元的，因此对师资的培养也应是多元化的。比如，选派青年骨干教师攻读硕士学位和研究生主干课程，以提高教师的学历层次；为了学习先进的教育理念和先进的教学模式，选派专业带头人到国外培训或进修；为更新专业技术知识和提高实践能力，鼓励教师参加各类技术培训和实践，以及获得各类技术资格证书等，这些措施都会促进师资队伍整体水平的提高。

三、注重学科交叉，重构实践教学体系

（一）学科交叉是当代科学技术发展的主要特征

从学科的整体发展与综合化出发，合理构建教学内容与课程体系，整合、重组课程无疑是构建培养方案时需要遵循的重要原则。要给学生整体性的知识，又要注重其他学科知识对本学科的影响及在本学科领域中的应用，更要在精选知识、交叉融合上下功夫，搞好整体优化。切忌将新知识机械地叠加或简单地照搬相关课程。此外，要让学生了解本学科的前沿技术与发展动向，拓宽学生的视野。

（二）重构实践教学体系，为实践创新打好基础

高职实践能力的培养是我国高等职业教学改革的基本内容，日益受到人们的重视，因为实践是创新的基础。构建科学合理培养方案的一个重要任务是为学生构筑一个合理的实践能力体系，并从整体上策划每个实践教学环境，这种实践教学体系是与理论教学平行而又相互协调、相辅相成的。应尽可能为学生提供综合性、设计性、创造性比较强的实践环境，让每个学生在三年中能经过多个这种实践环节的培养和训练，不仅能培养学生扎实的基本技能与实践能力，而且对提高学生的综合素质大有好处。

比如，传统导游基础知识教学通常采用"文字表达各景区文化，图片视频讲解景区特色"的教学模式，偏重理论讲授，而对实践环节重视不够。由于教学过程简便易行。但是，由于旅游管理专业比其他文科类专业具有更强的实践操作性，这就要求培养对象应具备较强的导游实践能力，能胜任岗位实际工作需要。经济管理系通过对旅游专业实践教学改革的研究，通过增加实训环节、改进实训教学环境，开发研究适应高职旅游专业教学体系的教学计划、实训教学资源、编写活页式、手册式教材；建立了一个相对稳定的校内外实习、实训基地；培养一支具有较强实践能力和丰富实际工作经验的专、兼职教师队伍；逐步形成基本实践能力与操作技能，专业技术应用能力与专业技能，综合实践能力与综合技能有机结合的实践教学体系。

四、把教与学的关系转到正确的轨道上来

我们进行教学研究，要研究教师如何教，更要研究学生如何学。高职教育要求我们多研究一些"学"的问题，如怎样让学生的主体作用得到充分发挥，怎样使学生在生动活泼

的氛围中学习，怎样在各个教学环节中调动学生学习的主动性和积极性，学生的学习状况如何，最希望学校和教师为他们解决什么问题等。如果深入学生，多做些调查研究，必然会发现许多深化教学改革的鲜活课题，开辟教学改革的新思路。这一点很值得我们去关注，因为学校毕竟是为学生办的，学校是为学生服务的。

教学过程是师生交往、共同发展的互动过程。应逐步实现教学内容的呈现方式、学生的学习方式以及教学过程中师生互动方式的变革，课程改革的核心环节是课程实施，而课程实施的基本途径是课堂教学。因此，课程方案一旦确定，课堂教学改革就成了课程改革的重头戏。

强调师生交往，构建互动的师生关系、教学关系，是教学改革的首要任务。教学是教师的教与学生的学的统一，这种统一的实质是交往。

《基础教育课程改革纲要》明确指出，教学过程是师生交往、共同发展的互动过程。在教学过程中，要处理好传授知识与培养能力的关系，注重培养学生的独立性和自主性，引导学生质疑、调查、探究，在实践中学习，使学习成为在教师指导下主动的、富有个性的过程。教师应尊重学生的人格，关注个体差异，满足不同需要，创造能引导学生主动参与的教学环境，激发学生的学习积极性，培养学生掌握和运用知识的态度和能力，使每个学生都得到充分的发展。把教学本质定位为交往，是对教学过程的正本清源。教师与学生都是教学过程的主体，在教学过程中，强调师生间、学生间的动态信息交流，这种信息包括知识、情感、态度、需要、兴趣、价值观等方面以及生活经验、行为规范等，通过这种广泛的信息交流，实现师生互动、相互沟通、相互影响、相互补充。传统意义上的教师教和学生学，将不断让位于师生互教互学，彼此将形成一个真正的"学习共同体"。

在新形势下，我们面临着机遇也面临着挑战。要克服前进中的困难，解决发展中的问题，必须坚定信心，坚持以改革促发展，在挑战中抓机遇，坚持不断探索与实践。我们将要进行的工作，很多是开拓性的工作，这就要求我们以全新的教育理念和勇于实践的精神去进行创造性的工作。千里之行，始于足下，我们一定要遵循规律、改革创新、循序渐进、求真务实，要进一步从学院实际发展需要出发，不断深化内涵建设，提高质量管理，发挥整体优势，拓展高等职业教育职能，以全新的办学服务理念构建一个实现多方共赢的平台，利用学校的整体优势实现多层面的拓展。

第五节　产教融合背景下，高职学生的就业能力需求分析

一、我国高职院校学生就业能力现状分析

（一）大学生的职业素养有待提升

目前，我国高职院校在人才培养过程中，学生的就业质量难以满足企业需求，课程设置与企业岗位需求对接度不高，知识更新速度慢、课堂教学存在理论过强、实践教学环节薄弱、与企业真实工作场景有差距的现象，没有将企业文化融入实际的教学过程中，缺少对学生职业化的塑造。企业在用人过程中，出现人才就业能力与企业实际需求存在一定的差距，学生角色定位不准确，不能快速实现由学生到企业人的角色转变，职业适应能力不强、动手操作能力差、缺少爱岗敬业精神、服务意识有待提高、职业纪律不强等。

（二）就业时缺少正确的择业观、就业观

当前，大学生个性比较突出，有较强的自我意识，耐压能力不强，遇到挫折后自我疗愈能力不强。大学生刚参加工作，随着自己角色和环境的变化很多学生不知所措，面对社会的诱惑、工作的压力、问题也越来越多，很多学生的三观也随之进发生改变。高职学生与本科院校学生相比，处于职业起点竞争劣势，很多学生由于对自己期望值过高，没有明确的职业目标，不能适应紧张、快捷、艰苦的工作环境，一些人会选择放弃工作、频繁跳槽，很多学生陷入求职的迷茫状态。

（三）大学生的职业能力有待提高

很多高职院校教师由于企业实践工作经验薄弱，教学方法比较单一、对学情分析不够深入，不能因材施教。另外由于受实训条件限制，职业院校普遍存在实践教学薄弱、校企融合深度不够、教学内容不实用或陈旧、学生课堂参与度不够、缺少对学生就业能力培养、学生没有合理地进行职业规划、就业比较盲目等问题依然普遍存在。很多毕业生在步入企业后，专业知识薄弱、实践动手操作能力不够、分析问题及解决问题能力不强、企业的工作满意度不高、职业稳定性差，影响了学生职业晋升和未来发展。

（四）企业对大学生的期望值过高

在大学生就业过程中，"供需矛盾"一直存在，也是困扰校企双方多年的问题。企业方需要学生不仅具有扎实的专业基础，同时希望学生具有一定的岗位适应力、可持续发展能力，能够给企业带来利润最大化。但受到学生专业知识扎实、岗位适应能力差、专业不匹配、学生没有明确的职业目标、缺少系统的职业规划、自我认知不够等因素，导致企业出现"招工难"的现象。学生方由于专业不对口、薪资待遇不高、岗位工作压力大以及一部分学生受户口、购房、子女教育等未来生存压力影响，越来越多学生在选择就业时会选择去二线城市、中西部就业，导致在大学生就业市场出现了"供需矛盾"，一方"找不到人、留不住人"，另一方"一岗难求"。

二、产教融合背景下，大学生的就业能力需求特点

（一）产教融合背景下人才培养特点

自从《国家职业教育改革实施方案》发布以来，国家对职业教育高度重视，很多职业院校紧跟时代步伐，积极落实职业教育高素质技能人才的培养目标，积极推进产教深度融合的职业教育办学模式。在人才培养过程中，打破传统职业教育模式，采取产教融合、校企合作，通过融合行业、企业文化元素，将课堂搬进企业，校企双方共同制定课程标准，将课程实践教学环节搬进相应校企合作企业，实现校企双方联合育人的目的；成立产业学院，从招生、人才培养模式、课程体系、教学模式、就业和学生职业发展，均以行业企业职业岗位为依托，招生即就业；结合学生的兴趣，根据专业特点，采取现代学徒制和企业新型学徒制，依托企业职业岗位，让学生在行业、在职业岗位上边做边学，并在职业岗位上穿插思政和职业素质课程教育。

随着国家职业教育的系列改革，要求职业院校应根据学生特点，根据学生个性发展需要，积极开展跨界教育，设计弹性教学模式，对学生进行分类培养、分层教学。适应创新型国家建设需要，涵养工匠精神和职业素养，加强创新创业教育，着力培养富有创新精神和实践能力的创新型、应用型、复合型优秀人才。

（二）产教融合背景下，大学生就业能力需求特点

产教融合背景下，高职院校的人才培养突出以服务岗位需求和提高职业能力为导向，

以学生学习能力持续改善为主线，深化产教融合，通过校企联合培养，使学生全面了解行业和企业发展动态，了解岗位的工作内容和工作流程，并将所学的理论知识、专业技能、创新思路与方法根据企业工作需要有效地通入实际工作岗位，并从实践中学习和深化专业知识和专业技能，实现在校期间与企业、与岗位的无缝对接。因此，在此背景下，要求学生要具备扎实的专业基础知识、高超的专业技能、高尚的道德情操、德智体美劳全面发展，才能适应快速发展的时代要求。

1.学生基础能力需求特点

属于学生就业能力培养中的通用性职业能力，主要从学生的沟通能力培养、人际交往能力培养、团队协作能力培养、自我管理能力以及执行力等综合素养的角度进行分析。在产教融合背景下，通过校企双方的联合培养，需要学生树立正确的价值观、人生观，具有一定的工匠精神，有一定的沟通能力和团队协作意识。同时，经过校企双方三年的系统培养，让学生养成良好的职业素养，具有一定的执行力和管理力。在工作中，让学生良好的工作习惯、认真细致的工作态度，能够用职业人的标准严格要求自己，形成良好的职业态度，对自己的人生能够进行合理规划，有远大的学习目标，具有一定的约束力和自主学习能力。

2.学生专业能力需求特点

产教融合背景下，校企合作、联合培养，以立德树人为根本任务，深入开展大学生的思想政治教育，聚焦学生实践能力、职业素养、岗位胜任力的培养，因此要求学生不仅具有职业人应具备沟通能力、协调能力、团队合作能力、吃苦耐劳精神等基本素质，同时还要具备扎实的理论基础和高尚的职业道德，具有分析问题和解决问题的能力，能够快速适应企业的岗位需求。因此，需要学生在专业能力方面要有胜任工作岗位必备的专业基础、过硬的专业技能、熟练的实践操作水平，熟练使用计算机、网络、电子商务、信息系统、汽车驾驶等现代工具，具有全面的职业核心能力，能够快速地完成从"学生"到"职业人"的角色转变。

3.学生求职能力需求特点

产教融合背景下，校企双方能够十分重视对学生职业素养、核心能力的培养，并注重对学生职业精神、爱岗敬业精神、爱国主义情怀等方面进行职业化塑造。在教学过程中，通过参观实习、岗位实践等教学模式让学生感受企业文化、认识岗位环境，感受工作氛围、提高岗位适应能力。另外通过校企联合培养，为学生提供实习、实践的活动平台，在实际的实践教学过程中潜移默化、润物细无声地将学生的职业能力培养与专业教学相结合起来，将爱岗敬业精神、工匠精神、劳动教育、爱国主义情怀融入实际教学中，要求学生不仅要掌握一定的专业技能，还要有一定的文化底蕴和人文关怀。

4. 学生发展能力需求特点

经过校企合作、联合培养，很多学生能够深入了解行业、企业的人才需求方向，熟悉岗位的工作内容，明确自己的职业发展方向，能够结合行业、企业的发展方向合理规划自己的职业发展路径，并结合岗位需求及时进行知识更新，具有一定的职业发展能力、职业规划能力、持续学习能力、创新创造能力、自主创业能力。

三、"校企协同培养、分层分类实施"的大学生就业能力培育路径

以高职学生就业形势与就业能力需求为依据，深入企业开展调查研究，了解企业岗位员工具备的能力素质，并从知识、技能/能力、职业素养三个层次，借助心理测试、性格测试等手段了解学生就业基本特征，采取岗位培训、定期轮岗、师傅带徒弟等形式持续提升学生能力，评估学生潜质。结合订单班、产业学院的人才培养特色，以订单班和非订单班两种人才培养模式为例进行分析，围绕学生就业能力的职业性、专业性、可塑性三个维度对学生进行分层分类培养，利用日常教学、形式多样的学生活动全方面培养学生的就业能力。

（一）非订单班学生职业性培养路径

非订单班学生：在教学中，聚焦立德树人，将学生的素质教育贯穿教育教学全过程，重视学生的爱岗敬业、责任担当等职业能力培养。教学过程中，按照"专业基础知识、专业核心知识、专业拓展知识"三个层面设置教学内容。在教学中，教师积极采取体验式、任务驱动式等多种模式教学方式，让学生通过完成工作任务的同时学习专业知识和技能，通过小组分工与协作，有效锻炼了学生沟通能力、人际交往能力以及团队协作能力。以立德树人为根本任务，围绕三全育人根本要求，以校内的各类活动为载体，如专业社团活动、文体活动、心理健康教育活动、专业技能大赛、劳动教育等提高学生的综合素质，使学生全面发展，提高学生基础能力和专业能力的培养。通过系统的职业生涯规划、企业培训等

使学生树立正确的就业观、职业观，提高学生的求职能力。通过特色的校企活动开展如专业技能大赛、创新创业大赛等活动提高学生的可持续发展能力，在实现"三全育人"的基础上为学生打造真正的岗位晋升途径及职业生涯规划。

（二）订单班学生职业性培养路径

1. 学生职业性培养

产教融合背景下，校企双方深入合作，通过共同开发专业课程、共同商讨和制订人才培养方案，按照企业相关工作岗位群调整教学内容、按照实际工作过程设置教学项目、安排教学过程。通过将课堂实践教学环节搬进企业、引进企业文化进校园，开展企业认知实习、跟岗实习等，在专业课程中融入企业因素。在人才培养过程中，基于学生职业成长规律、将教学内容与生产过程相对接，按照实际工作岗位需求，设置教学内容，注重学生工匠精神的培养，引导学生树立正确的价值观、人生观。此外，校企联合培养，开展将真实工作项目植入教学环节、将课堂搬进企业、以工代学等多种模式的教学实践改革，在培养学生职业素养、职业态度方面均有良好效果，让学生以准员工身份开展学习，能够有效提高学生的约束力、管理力和执行力。

2. 学生专业性培养

以职业能力培养为核心，打破传统的课程体系，根据实际岗位的工作需求以及学生的认知规律，重构教学内容，围绕能力本位、课证岗融通的特色，更新教学内容、增设实训项目。基于学生的职业发展规律，按照"岗位基础能力—专业核心能力—综合应用能力"的要求开发校企合作实践课程体系。将学校的职业教育与岗位工作内容融合起来，聚焦学生的职业能力培养；将专业技能竞赛与实训教学结合，将职业资格取证与课程教学内容结合，提高学生知识的灵活应用能力，提高学生知识的灵活应用能力，系统培养学生的专业能力和实践操作水平，使学生具备职业所需的专业技能。

3. 学生可塑性培养

以德育为基础，在强化学生专业技能培养的基础上，校企双方在学生职业能力培养的过程中，要更多关注学生的可塑性培养，这里的可塑性包括学生进入工作岗位后的职业发展能力、职业规划能力、持续学习能力、创新创造能力、自主创业能力。校企双方在学生入校后，即为学生做好职业规划，让学生了解未来的职业发展路径，明确职业发展目标和努力方向，同时利用第二课堂培养学生的自主学习能力，鼓励学生参与企业项目研发，依托工作岗位和工作内容，举行专业、行业技能大赛，鼓励学生在工作中勇于创新，培养学生的创新创造能力，结合国家的大形势，鼓励有梦想的学生积极参与到社会实践中，培养学生自主创业，用行动实现人生梦想、实现自身价值。

第三章 高职教学方法改革

第一节 高校教学方法改革的必要性

当前，我国正在进行创新型国家建设，而高校担任着培养创新型人才的重大历史使命。高校的教学不仅承担着传承知识的任务，也肩负着创新知识的使命。同时，高校教学更应培养学生的学习能力、解决问题的能力、交流能力、团队合作能力和创新能力，让他们能更好地适应社会发展的需要。因而，要培养创新型人才，必须对传统的教学方法进行改革，构建与创新人才培养体系相适应的教学方法。

一、传统课堂教学方法存在诸多弊端

传统的课堂教学是教师在台上讲，学生在下面听，教师一讲到底，没有一点讨论的气氛。学生摆脱不了上课记笔记、下课对笔记、考试背笔记、考后忘笔记的状态。教师只关心如何将教学大纲上规定的内容讲完，不关心学生是否理解，很少注意培养学生科学的思维方法和分析问题的能力。

在教学手段上，许多教师还是习惯于传统的教学方式，现在大部分学校都有电教设备和多媒体教室，但数量较少，普遍使用率不高。原因是部分教师运用现代化教学手段的能力和水平不高，又不愿意花大力气去学习。有些教师虽然使用了多媒体等现代化教学设备，但没有使用合理的教学方法，仅把书本搬上屏幕，学生感到内容多，听不懂，这并不等于教学的现代化。再者，教师面对着不同智力水平、不同程度、不同要求的学生，按照同一进度进行教学，由于学生的水平参差不齐，师生间的信息交流又很有限，因此这种"灌注式"或"填鸭式"的封闭教学模式，忽略了学生的主体性、能动性和创造性，扼杀了学生的个性，不利于学生的全面发展，使师生双方的积极性都难以得到充分的发挥。

具体表现为：（1）课堂教学仍以讲授法为主，方法比较单一。（2）课堂教学仍以教师为中心，学生主体性未得到充分尊重。（3）重教法轻学法，教的方法和学的方法不能

相互促进。（4）教学方法和研究方法脱节，教学方法缺乏探索性。（5）教师教学方法缺乏创新和发展。

二、应对知识经济挑战的必然选择

知识经济时代的到来，对我国高等教育的发展提出了前所未有的新要求。我国高等教育能否跟上21世纪知识经济的发展步伐，高校培养的新一代建设者和接班人能否适应知识经济时代的要求，是摆在我们面前不容回避的重要课题。适应知识经济时代的要求，变革与创新教学方法，是培养创新人才的关键。探寻高校教师教学方法的新途径是非常必要的。

21世纪是知识经济的时代，所谓知识经济是以知识与创造力为基础的经济，是建立在知识和信息的生产、分配、使用和消费之上的经济，其显著特征是：科技发展速度进一步加快，知识创新的速度也进一步加快，从而使技术革命到产业革命的周期随之缩短。因此，加快创新人才的培养是迎接知识经济的挑战，在激烈的国际竞争中求得生存和发展的唯一出路。高等教育是知识创新、科技创新和高层次专业人才培养的主阵地。大学生是科教兴国、振兴中华的强大生力军，如果他们缺乏勇于开拓进取的创新精神和能力，就很难承担起建设社会主义现代化强国的重任。

培养社会主义现代化建设所需要的创新型人才只重视知识传授是不够的，还要注重培养学生独立思考的能力：获取新知识和新信息的能力以及运用知识解决新问题的能力。我国高等教育传统的"灌输式"的教学方法使我们培养出的大学生知识结构狭窄，运用知识的能力死板、机械，知识的再生能力严重缺乏，已很难满足知识经济时代的要求。因此，只有进行教学方法的改革，才能更好地培养出创新型人才。

三、教学方法改革是提高教育教学质量的切入点，是教育改革的迫切需要

教学是高校的中心工作，教学方法是实现教学目标、保证教学质量的重要手段。同一门课程，同一堂课程的内容，不同教师来教，获得的教学效果是不同的。同一个教师采用不同方法讲授同样，同样会获得不同的教学效果。这就说明了教学方法对教学质量的深切的影响。提高高校教育教学质量的根本是提高课程教学质量，因为学生之所以能够毕业是因为修够了一定的学分，而几乎所有的学分都是因为课程的学习而获得的。而学生在高校读书期间印象最深刻的也是教学效果最好以及教学效果最差的教师，说明课程学习对学生

的深远影响。由此可见，课程教学质量的优劣直接影响到人才培养质量。高校要想提高教育教学质量就必须重视课程教学的质量，而课程教学的质量，关键在于教师，尤其在于教师的教学方法，采用学生乐于接受的方法教学，必然达到事半功倍的效果，反之亦然。近些年各高校非常重视教学方法的改革，也正说明了教学方法的选择对教学效果的必然影响。

四、高等教育大众化和信息化的必然要求

高等教育大众化是国际高等教育发展的趋势。所谓高等教育大众化，通常指一个国家大学适龄青年中接受高等教育者所占的比例达到15%以上。近年来，随着高校逐年扩招，我国高等教育逐步迈进大众化阶段，在校大学生的人数剧增，导致原有的教育教学资源严重不足，高校生源的素质差距明显扩大。大众化教育阶段对人才的培养更多的是面向社会多样化的需要和市场需要，这无疑对高校传统的教学方法带来了强烈的冲击。传统大一统的单一的教学方法忽视了学生的个性差异，已不能满足培养目标多样化的现实需要，必须进行改革。

20世纪90年代以来，以互联网为标志的第二次信息革命对高等教育的发展产生了革命性的影响，使高等教育在思想观念、体制、结构、内容、形式、方法和技术等方面面临着一场革命。高等教育信息化的特征主要表现为教育思想观念的现代化、教育时间终身化、教育空间网络化、教学交互化、教育内容数字化、教育资源共享化、教育技术智能化、教育个性化、教育对象全民化、教育系统开放化、教育国际化。高等教育的信息化打破了传统教育中"教师中心、教材中心、课堂中心"的思想束缚，使教学由原来的单向灌输改为双向交流，强调师生之间的民主平等地位及相互的交流和协作，鼓励学生独立思考和创造性学习，使学生真正成为学习的主人。这与传统的以教师为中心、知识灌输型的教学方法是相悖的，因此，高校课堂教学方法的改革是高等教育信息化的必然要求。

五、课程目标的改变

课程是培养目标得以实现的中介。培养目标的改变，必然要求课程进行相应的改革。因此，不同时代背景下社会对人才的不同要求便成为课程改革的永恒动力。当前，中国正在进行计划经济向市场经济、农业经济和工业经济迈向知识经济这两大富有深远意义的转变，这"两大转变"深深地影响了社会所需人才的规格和类型，加速了人们知识观的变化。由"专才"向"通才结合"的转变，由"适应性人才"向"创新性人才"的转变是现在大

学生内心的需求。

高等学校的培养目标是高等学校工作的出发点和归宿。高等学校的一切工作，都是为了实现培养目标而组织和进行的。高等学校的各项工作必须深刻理解培养目标的精神实质和具体要求，才能按正确的方向有效地提高教学教育质量，为社会培养合格的建设人才。同时，也才能为学生的自身高层次发展提供平台。

高等学校的培养目标既是高等教育目的的体现，又是在具体的过程中落实了高等学校专业培养目标。同时，高等学校的培养目标在实际落实的过程中也必须转化为课程目标。高等学校的培养目标是指把受教育者培养成为一定社会需要的人才的基本要求，它规定了人才的基本规格和质量标准。对任何专业来说，高等学校的培养目标是随着不同历史时期的要求和社会的发展而变化的，而一定的培养目标总是要求一个与之相适应的高等学校课程目标，并且，该高等学校课程目标应能全面体现培养目标所要实现的宗旨。因此，高等学校的培养目标是高等学校课程的设计之纲。

另一方面，高等学校的培养目标是人才定向、课程调整的重要杠杆，也是学生自身未来发展的设计坐标。高等学校的培养目标不仅关系到高等学校课程内部课程配比的综合功效和结构比例，同时也决定了高等学校课程内部课程设置的广度和深度等因素。因此，高等学校培养目标是高等学校课程结构发展与变革的根本依据。

教学方法改革是高校教学改革的重要内容，高校应该把教学方法的改革作为全面推行教学改革的重要突破口和切入点。教师是教学的执行者，在教学中处于主导地位，教学方法的创新关键在于教师的作用是否得到充分发挥，教师的现代教学理念是否真正树立起来。尽管一些教师对教学方法创新有一定的认识，但真正付诸实践的为数不多。虽然教师选择教学方法的首要考虑因素是课程内容及学生的发展水平；但在组织教学内容、组织教学活动时，在传授知识与培养能力的时间分配上更加注重知识的传授。大多数高校的教师在主观上注重学生能力的培养，但在实际教学过程中还是以课程内容为主导。传统的教学方法依然是高校教师的首要选择。我们知道传统的教学方法具有本身的优点，但同时也存在着一些弊端，不利于促进学生能力的培养。这些都反映出高校教学方法的创新具有必要性。

第二节 高校教学方法研究的重要意义

教学方法是课堂教学中活跃而重要的因素。它既是体现教师主导作用的重要渠道，又是影响学生发挥主体作用的关键因素。教学方法是否得当，关系到教学质量的高低和教学效果的好坏，影响到人才培养的质量。教学方法对完成教学任务实现教学目的具有重大意义。当确定了教学目的，并有了相应的教学内容之后，就必须有富有成效的教学方法。否则，完成教学任务、实现教学目的就要落空。由此可见，教学方法，就一定意义来说是关系着教学成败的重要问题。

方法名称是对教师或学生的工作形式及学习特征的高度概括。根据教学方法的名称，可以判断教学过程参加者的活动方式。教学的成败在很大程度上取决于教师是否能妥善地选择教学方法。知识的明确性、具体性、根据性、有效性、可信性有赖于对教学方法的有效利用。乌申斯基从教学方法能影响思维过程，影响学生求知主动性的观点出发对之做了详细的研究。教学方法对于学习技能和技巧，特别是学习实际应用知识的技能起着重要的作用。洛克早就肯定地说过，任何东西都不能像良好的方法那样，给学生指明道路，帮助他前进。

当前科技的进步，生产的发展，社会主义祖国的富强，都要求各项工作，讲求效益，提高效率。教学工作，同样要求讲求效益，提高效率，但不能简单地依靠增大教师劳动强度和增加学生课业负担来提高教学质量。研究和改进教学方法，这对工作中少走弯路，用较少的时间、精力和物力取得最佳的教学效果，是具有重要意义的一环。

用什么样的教学方法教学生，对于把学生培养成为什么样的人，也具有重要作用。教师的教法制约着学生的学法，同时对学生智力的发展、人格的形成具有重要作用。教师的教学，经常采用注入式的教学方法，课上教师念笔记，学生必然要采取死记硬背的学习方法。课上教师讲授，学生听受，不给学生以独立思考与独立活动的机会，学生就会缺乏主动性、独立性和创造性，就很难培养出一批勇于思考，勇于探索，勇于创新的人才。列宁在《青年团的任务》中谈到怎样学习时，就一再痛斥"死记硬背"书本，脱离实际的学习方式，认为这样只能造成"书呆子"，提出了共产主义者，就应"理论联系实际"，使学生所获得的知识要经过"深思熟虑，融会贯通"。可见是否用科学的教学方法，是关系到能否使学生成为具有聪明才智、科学头脑的合格人才的重要问题之一。

一、高校教学方法的研究有助于高校教师加深对教学方法创新重要性的认识

教学方法的创新既是时代发展的要求，也是高校培养创新型人才的要求，还是提高教学效果的必要途径。高校教学内容的广博性、高深性以及不确定性，对高校教师运用教学方法提出了更高的要求：怎样教才能既保证把抽象、间接的基础理论系统性地传授给学生，同时又保证有效地启发、激励学生主动地去思考、发现和创新，这是高校教师在高校教学过程中始终必须关注的问题。本研究通过对高校教师教学方法创新研究，加深了高校教师对教学方法创新重要性的认识。

二、高校教学方法的研究有助于丰富高校教师教学方法的相关理论

随着我国高等教育大众化的发展，教育质量问题越来越受到人们的广泛关注。目前国内关于高校教学方法的专门论著还比较少，研究者对高校教学方法的研究所涉及的面比较广。诸如：高校教学方法改革的必要性研究、高校教学方法改革趋势的研究、高校教学方法的国际比较研究、具体教学方法的应用研究，等等。本研究针对目前我国高校教师教学方法的现状，进而探寻我国高校教师教学方法创新的途径。

三、高校教学方法的研究有助于高校教学领导者引导教师进行教学方法创新

研究高校教师教学方法的目的，最主要的是引导高校教师进行教学方法创新。通过本研究，高校教学领导者能够比较清楚地了解到目前教师教学方法创新中存在的一系列问题，这样有利于他们从宏观的层面上把握本校教师教学方法创新的现状，通过结合本校教学的特点，更好地引导教师进行教学方法的创新，提高教学质量。

四、高校教学方法研究对高校教师在教学方法方面创新具有重要的现实意义

采用理论与实践相结合的方式，有理论有例证，更是列举了多种的教学方法方便教师在课堂教学中根据自己的风格和需要选择使用。从教师自身出发了解教学方法的现状，具有现实的可操作性，能够比较真实地了解目前我国普通本科教学方法及其创新的现状，激

发广大学者以及教育工作者进一步厘清影响教学方法创新之因素，激发他们提出我国普通高校教学方法创新的相关措施。

因此教学方法的改革，既是教学思想观念的问题，又是重要的实践问题。如果教学方法的改革不能有突破性进展，培养创造性人才的目标是难以实现的。特别是在扩招后，教师任务重，要想保证教育质量，研究教学方法是非常必要的。能否培养出具有创新能力、能够迎接新时代挑战的人才，关键在于对传统僵化的教学方法的改革。只有进行教学方法的研究和改革，才能使我国的高等教育真正步入国际化的行列，才能更好地培养出创新型人才进而迎接知识经济时代的挑战。

第三节　高校教学方法改革的三大转变

高等学校的首要社会职能和根本的社会价值体现在于培养人才。为国家培养大批创新人才是高等学校的根本任务。高等学校要培养创新人才，必须进行人才培养模式的改革，包括培养目标、课程体系与教学内容、教学方法与手段、教学评价等方面的改革，其中教学方法的改革是人才培养模式改革的一个重要方面。教学方法的改革不只是简单的教学手段、技艺的改革，它涉及教育教学观念、管理体制、政策环境等一系列与人才培养相关的问题，高校教学方法改革是人才培养模式改革的一个重要内容。

教学方法改革是一个系统工程，教学方法影响着学生知识的获得及合理的智能结构的形成，对学生思维多样方式的培养起着至关重要的作用。改变教学方法的理念、方式和主体是教学方法改革的重点。创新型人才的培养需要从教学方法的理念、方式和主体上进行根本的转变。

一、在理念上，从"教给学生知识"向"教会学生学习"转变

教学方法是受教育目标制约并为实现教育目标服务的。传统的教学注重知识的传授，主要是教给学生知识，所谓的"授之以鱼，非授之以渔"形象地描述了这一教学方式。创新型人才的培养在知识保障系统方面，需要更多具有迁移价值的方法论知识（"如何捕鱼的知识"），在思维系统方面也需要学生具备多样的思维。因此，从"教给学生知识"转变为"教会学生学习"是创新人才培养的基本要求。"教会学生学习"指教师在教学过程中不仅要教会学生掌握系统的知识，而且要教给学生获得独立的学习与更新知识的方法与

能力。我国著名教育家叶圣陶先生早就提出的"教是为了不教"的教育思想，实现课堂教学方法的这一转变，才能符合叶圣陶先生的这一教育思想。

二、在方式上，从注入式教学方式向启发式教学方式的转变

注入式与启发式不是两种具体的教学方式，有着根本的不同。注入式教学，在教育目标上重知识教学忽视能力培养。在教与学的关系上，将教师权威绝对化，而将学生视为被动接受知识灌输的知识仓库和存储器。在教学方法的运用上采用单向的"填鸭式"强制灌输，忽视学生积极性的调动及学生独立学习活动的组织和学习方法的指导。在这种思想与方法下，只能教会学生模仿和记忆，而压抑学生学习主动性、积极性的发挥，使学生学习的独立性、创造性难以得到发展。

启发式教学，在教育目标上强调在传授知识的同时重视能力的培养及非智力因素的发展。在教与学的关系上，在肯定教师主导作用的同时，强调学生既是受教育者或教育的对象，又是具有主观能动性的认识主体。因而在教学方法的运用上，首先，着眼于调动学生学习的积极性与主动性，使学生处于积极的状态；其二，将教学活动的重点放在组织与指导学生的独立学习活动上，并不断提高学生学习的独立性程度与水平；其三，注重学习方法与研究方法的指导；其四，注意教学方法的多样性与灵活性及各种教学方法的相互配合，发挥教学方法的综合效应。

由于历史形成的习惯势力及现实的基础，注入式教学广泛存在于我国的高等学校课堂，要"教会学生学习"，必须转变注入式教学为启发式教学。

三、在主体选择上，从以教师讲授为主向在教师指导下以学生独立学习为主转变

从"教会学生学习"与启发式教学出发，在教学方法的主体选择上要实现从以教师讲授为主向在教师指导下的以学生独立的学习与研究为主转变。

在教师指导下的以学生独立的学习与研究为主的教学方式是指在课程教学过程中由教师创设一种类似科学研究的情境和途径，指导学生通过类似科学研究的方式主动地获取知识，应用知识并解决问题，从而完成相关的课程学习。在教师指导下的以学生独立的学习与研究为主是以认知活动为线索，以分析、综合、抽象、概括、推理及判断等思维活动为核心，贯穿于教学活动的各环节和各方面的一种教学方式。它是把科研引入教学过程的做

法，促进学生由学会学习到进入科研，独立地进行思考、分析、判断和解决问题，由自学达到治学。它有助于培养学生具有主体性的认知、表达、操作和创造能力，能体现出学生的主体性、能动性和创造性。

在教师指导下的以学生独立的学习与研究为主的教学方式，通过教师和学生两个维度实现，包括教师的指导和学生的研究性学习。教师指导学生围绕一些专题提出问题、分析问题和解决问题，在获取知识的过程中贯穿科学研究的方法，如布置专题讨论题、组织模拟辩论赛、写调查报告、查阅资料、归纳总结等。学生主要进行自主性学习，在教师的指导下，选择课题进行研究，在完成课程教学要求的过程中感受和体验科学发现和创造的全过程。这一教学方式，能较充分地体现教师的主导作用和学生的主体地位。

在教师指导下的以学生独立的学习与研究为主的教学方式，教师本着研究性学习的理念对课程的教学目标、教学内容、教学方式、教学过程和评估以及非教学环节的学生活动等进行全面设计，然后是激发学生去思考、设计、总结和报告。教师的角色从传统教学模式中的"传道、受业、解惑者"向"设计师、引路人、推进者"转化，教师不再是课堂的操纵者、控制者，而是学生学习的促进者、推进者和辅导者。教师由知识的输出者逐渐转变为学生自主学习的指导者，由独立的劳动者逐渐转变为合作者。学生由被动的学习者变成主动的学习者，由被动的接受知识变成主动学习。师生间的交流与合作使师生关系从正式的、刻板的、权威性的转变为非正式的、平等的关系。

在教师指导下的以学生独立的学习和研究为主的教学方式是师生共同探索知识的求知过程，也是师生围绕问题共同展开对内容的确定、方法的选择以及为解决问题而相互合作与交流的实践过程。其教学过程具有教学组织的开放性、教学方式的自主性、教学内容的综合性和教学活动的实践性等特点。

在教师指导下的以学生独立的学习和研究为主的教学方式，教师原有的知识权威优势不复存在。在教学中要设计教学情境，在学习过程中给予学生适当的指导，尤其是要把握指导团队工作的技巧，对教师来说是新的挑战。它对教师的知识结构、工作经验和工作能力都提出了比传统教学方法更高的要求。要求教师不仅要有扎实的专业功底，广泛的认知范围、全面的知识结构，还需要有最新的教学理念，较强的课堂组织能力和课程驾驭能力；学生在学习过程中，需要在课外查阅大量的资料，在课程的学习中不仅要学习知识，还要掌握学习知识的能力，同时还要学会分析问题的思路和解决问题的方法。这对习惯于被动接受知识的学生来说，也是一个巨大的变化，需要跨越心理界限，转变学习心理与学习习惯，才能真正地参与到整个学习和教学的过程中来。

从"教给学生知识"向"教会学生学习"转变，从注入式教学方式向启发式教学方式的转变，以教师讲授为主向在教师指导下的以学生独立的学习与研究为主转变，既是一种教学方法理念、方式以及课堂主体的转变，更重要的是高等教育教学提高培养质量的理念与方法的改革，这些转变和实施，对高等学校培养创新人才将具有重要的意义和作用。

第四节　高校教学方法改革的保障措施

教学方法的创新是一个系统工程，不可能一蹴而就，必须坚持与之配套的改革措施。教学方法的创新不可能依照一张现成的"蓝图"去进行，犹如一项"游程"，它只是一个总的目标与方向而没有一个硬性"规定"，需要多方面综合。高校教学方法改革的成功必须有一套科学合理的配套措施。在一定保障措施的基础上，按照新世纪建设创新型国家的要求，构建与创新型人才培养体系相适应的教学方法。

一、要从根本上树立"以学生为中心"的教育理念

教育人本化既是知识经济时代的需要，也是高等学校实现可持续发展的前提和保障。高校中为"本"的"人"应该是学生，培养学生是高校存在和发展的基础。特别是在市场经济条件下，高等学校成为"教育消费"产品的生产者、提供者和经营者，高等学校必须重新认识到，学生的发展与教育的关系在于：学校教育不再是发展的手段或作为生产性的手段，在学校教育中，教育应看作学生发展的一个基本内容和目标。学生不再是课程教学的工具，而是课程教学的主人。课程改革本身的目的就在于关注每个学生的个性特点，使每个学生在课程教学中能够充分学习、学会学习与发展，促进个体社会化。

二、确立与高等教育大众化质量观相适应的高校课程教学方法

改革目标高等教育提供两种产品：一是提供"课程"供学生消费；二是提供毕业生供社会消费。所以课程和毕业生质量及信誉就是高校经营追求的主要目标，与经济社会发展，特别是与高等教育大众化相适应，形成高校的品牌。

（一）课程教学方法改革目标适应高等教育大众化的质量观

大众化阶段的高等教育质量观是社会活动主体素质提高的必要途径，是相对的。因此，

它并不受限于某一固定的或绝对的知识水准，而是着眼于每一个人在原有的基础上知识结构、文化价值观、理解和解决问题的能力的提高。而这种提高本身就是一种质量；大众化阶段的高等教育质量观是多元质量观，要求用一种开放式的、灵活的教育体系保护和发展学生的差异和个性。只有这样，才能使理论型的、思辨型的、学术型的、设计型的、应用型的、管理型的、经营型的等各类学生都充分发挥自己的天性，成为具有特色、特长的创造型人才。高校课程改革应适应高等教育大众化的质量观，为学生全程提供优质课程，尊重学生的差异性、多样性和创造性，最大限度地满足学生发展的需求。

（二）确立培养学生"学会学习、学会创造"的课程教学方法改革目标

培养学生学会学习、学会创造是知识经济时代的要求所致。课程教学是终身学习的基础，学校课程教学不仅是为了增进知识，还要使学生通过学校的课程教学过程学会学习，为将来终身学习打下基础。但是，学会学习不等于学会创造。学会学习是在强调基础知识和基本技能基础上的方法论延伸。在知识经济时代，知识除了书本上的基础知识，更需要包括收集、分析和使用信息等较高的思维能力。课程教学的使命是使每个学生发展自己的才能和创造性潜力。由此，课程内容的变化，在掌握书本知识的基础上，提高学生综合运用知识解决问题及创新发展的精神与能力应成为重点。

（三）满足学生个性化发展的需求，建立"课程超市"

课程的内容、活动、安排应注重学生的不同认知方式和个性特征，由此从适应学生的不同认知方式和个性特征来调整教师自己的教学策略，将正确的知识和观念内化为学生自己的知识系统和观念系统。通过推进教师和学生的关系方式变革，联结教师与知识、学生与知识的关系，调整教学策略，提高教师对学生不同认知理解能力的理解程度，以及教师对于学生批判性思维和创造性思维的能力培养，实现以学生发展为本的课程观。建立"课程超市"是满足学生个性化发展需求的有效途径。建立"课程超市"的理念是：学生是顾客，学生交了学费是来消费学习资源的，而课程是他们的最主要的消费品。顾客在消费品面前有权利挑选理想的物品，店家应该提供丰富的商品以供消费者消费。

三、建设高水平的教师队伍

推进高校教学方法改革、科学合理的教学方法的实施，必须依赖教师知识水平、教学

才能和教师的素质。新技术的发展改变了知识的传播方式，要求教师具备利用先进技术的能力，要求教师以平等的、谦虚的态度来组织教学活动，要求教师具备教育学和心理学的知识，具备引导和启发学生提问题的能力以及穿针引线的支持能力。为了适应新形势下教学的需要，每个教师必须努力提高和加强人文素质修养，掌握创造性思维方法，提高管理能力。教师应该拓宽专业知识面，具有高水平的学识。教师要认真学习教育理论和心理学，提高教育理论素养。同时，教师要不断学习新的知识技能并运用于教学实践中。面临教学困难时，教师要运用自我归纳概括能力并参考有益的信息进行分析判断，做出冷静、正确的处理，以谋求教学理论的发展。这才是一个符合时代要求的合格教育工作者，才可以担负起培养创新型人才的重要任务。

教学方法的改革是社会变革与教育教学发展所提出的客观要求，当代教师要深刻感知社会发展、科学发展给教育带来的影响，具有强烈的改革意识。教师要本着责任心和使命感，大胆探索，勇于创新。学习国际上先进的教育思想和方法，运用于自己的教育工作中，而且还要研究当代教育的新问题，创造性地丰富当前教育的新观念、新内容、新方法。要以发展个性、培养人才为目标，在教学中探索对学生创新意识和创新能力的培养。总之，要把社会对教育改革的紧迫要求，转变为教师内心的强烈意愿，再把这种意愿贯彻到创新型人才的培养中去。

四、加强教学管理，完善教学制度

高校教学方法的改革和创新仅靠教师群体的自发自觉是远远不够的，它需要学校、教师、学生等各方面通力合作。高校教育行政部门应制订创新型人才培养的战略计划及其实施方案，采取切实可行的政策措施，充分地调动教师和学生的积极性，推进教学方法改革，进一步优化教学方法。

（一）建立科学合理的教学管理

教学方法的创新是与良好的创新环境离不开的。如何营造良好的创新环境，极大地调动教师的创新积极性，显得十分重要。营造高校教师教学方法创新研究所需要的良好环境，需要合理的教学管理，需要高校教学管理层的努力。

第一，要转变观念，发挥领导的作用。高校领导、教学管理部门要从培养创新型人才的战略高度重视教学方法改革，进一步转变教育教学观念，把"以教学为中心""以学生为主体""教学质量是学校的生命线"等观念落到实处，改变重科研轻教学、重规范管理轻方法创新的工具主义的做法，制定有利于调动一线教师进行教学方法创新积极性的政策、大力营造提倡教学方法改革的氛围，加大力度，全力推进教学方法的改革与创新。这要求各高校有关领导要亲自抓教学方法的探索、实践和创新工作，并把它当作一项重要任务来落实。在公开教学、观摩教学和教学效果评比活动中，要把教学方法的创新当作一项主要指标。要想方设法调动广大教师从事教学方法创新的积极性和主动性，并在经费上给予必要的资助，同时也要深入广大的学生群体中，了解他们对教学方法的认识，鼓励他们参与到教学方法创新活动中。

第二，处理好教学与科研的关系。高校教学管理中存在的问题，以教学与科研难以协调的问题尤为突出。就教学与科研而言，高校的教学领导者应处理好两者的关系。大学教学应体现教学与科研相结合的原则。教而不研则浅，研而不教则空，高质量的教学离不开高质量的学术研究；同样地，高质量的学术研究也离不开高质量的教学。教师的情况有异，在对待教学与科研的关系上应该有所区别。在进行职称、业绩评定时，应处理好教学指标与科研指标之间的关系。这样才能有效地促进高校教师教学方法的创新。

教学管理中还存在着其他的问题，主要表现在：岗位津贴与课时酬金分配的问题；高校教师教学方法创新的风险问题；教学方法创新的资金支持问题；高校基层教研组织及活动不健全的问题；等等。创建科学合理的教学管理，有助于教师教学方法的改革与创新。

（二）建立和完善学校管理制度

教学管理制度的健全是促进高校教学改革、实现其最终目标的必要保障。学校要采取根本性的鼓励政策与措施，真正树立起重教风气，围绕"教学方法改革"这个核心，完善管理机制和配套措施，特别在教师考核、职务评聘、晋级、奖励等方面，更要体现"教学方法改革"这个核心。要针对教师的教学改革工作，完善教学评价体系，在学生考试与成绩评定、教师质量评估等方面，都应从适应、支持和促进教学改革的角度重新考虑，加大改革力度，采取一套新举措，尽快完善与教学改革相配套、行之有效的管理机制，为教学改革充分创造有利条件。

（三）增强教学设施建设

教学方法的创新，必然涉及方法创新的物质技术条件和创新方法的应用环境问题。必须结合教学的长远发展规划，配备必要的教学方法创新的硬件，以及新教学方法使用的环境。还有教学设施建设要合理设计，保障新教学方法的有效实施。随着教学方法的创新，随之而来的是应用环境的问题。如何对方法的应用环境进行设计，充分发挥设施功能。在条件许可的情况下，可以组织教师进行教学软件的独立或联合开发。

因此完善管理制度和配套措施，是保障高校教师教学方法创新的有效措施，直接影响到广大师生主动参与教学改革的积极性和持久性。

五、改善教学环境

改善教学环境，必须重视现代教学技术的完整配套。现代教学技术的应用是现代教学发展和教学方法改革的方向和重要标志。通过现代教学技术的应用，教师应该真正实行以讲授为主向以辅导为主转变，从全体学生学习相同内容的教学方式向每个学生都可以自主选择学习材料和学习方式转变，最大可能地扩大教学内容的传递方式，并切实沟通课堂与外界环境的联系。信息时代的教学方法和教学手段已经有了突破性的发展。远程教学、多媒体教学等现代化的教学方法和手段使教学更加生动活泼，更具直观性。高校教师必须善于运用各种现代的、有效的教学手段，创造性地掌握教育理论和技巧，完成教育任务。此外，加强教师以及相关教学管理领导的教育科学理论知识尤其是高校教学方法的培训力度，做好定期或不定期的培训工作，改革与完善相关的教学管理体制，加强教师师德的建设工作，增加教育投入，改善教学环境，等等。这些是高校教师方法创新的有效途径。

六、建立激励机制

教学是高校教师的首要任务。在影响教师教学方法创新的诸多因素中，开展教学研究的回报率低是首要的因素，因而，要充分调动教师的积极性，需要建立促进教学方法创新的激励机制。

激励是以人本理论为基础、以人为中心的管理活动，它追求管理活动的人性化。机制是以对系统各要素内在关系的认识为基础、强调人的行为的理性层面，它追求管理活动的制度化。激励机制定义如下：在组织系统中，激励主体与客体之间通过激励因素相互作用的方式。激励机制理论就是以制度化为基础，以人为中心的人力资源管理理论。激励的基本任务就是调动下属的积极性，激发他们的创造性和主动性。我国高校应建立起以科学发展观为指导的教师激励机制。教师激励机制必须坚持以教师为本，采取各种相应的激励机制，充分调动广大教师的积极性、主动性和创造性，最大限度挖掘其潜能。以教师为本的激励机制实质就是指学校的一切工作要以教师的生存、自尊、发展、享受等需要为出发点和归宿点。从教师需要出发，尊重知识、尊重人才、尊重教师的劳动和成果。

只有以教师为本，建立行之有效的激励机制，才能实现教师内在价值向外在价值的转化，达到内外价值的高度统一，才能激发教师催人奋进的工作动力，创造性地进行工作。激励是动力之源。建立健全令人心动的教学激励机制，是调动教师积极性和创造性，大面积提高课堂教学质量的必要措施。

七、科学的课程教学效果评价

（一）建立动态的高校课程评估指标体系

在以往高校整个办学过程中除了由于科类性质不同而导致高校之间在教学内容与教学方法上的某些差异外，各高校的教学管理以及运行机制等方面基本上是相似的。相同专业课程设置比较相近，对这种形态相近的评估对象，教育行政部门可以从宏观上用比较统一的评估指标体系去评估高校的课程，在当时这样获得的评估结果也能比较客观地反映高校课程的真实情况，有关部门由此而提出对高校课程改革措施也有较强的通用性，并易为大多数高校所接受。但是，在初现端倪的知识经济时代，高等教育发展对高等学校提出了新的要求，为了适应社会和经济发展的需要，高校的发展也呈现办学模式多样化趋势，特别是随着高校办学自主权加大，各高校加大了专业结构调整，教学内容和课程体系的改革，由此而产生的学校教学管理和运作方式也必然呈多样化趋势。教育主管部门就很难再用统一的评估指标体系去评估如此纷繁的学校课程了。不仅不同科类的学校不好用统一的指标体系，即使同一类型的学校，也有国家办、集体办、民办的区别，恐怕也不能用统一的指标体系去评估了。否则，评估结果失真的情况可能比较严重，评估意见也会缺乏普遍的指导意义。因此，应尽快建立动态的适应各类学校的评估指标体系，以满足不同时期、不同科类、不同办学形式高校课程评估工作的需要。

另外，学校的课程是一个连续变量。随着时间的推移，这个变量前后可能会有很大的差异，甚至连反映课程水平状态的表征也有很大的变化。如，就高等学校来说，以前评估学校的课程，主要从教学条件、教师队伍建设、教学效果和教学实施过程等方面去衡量。现在人们的教育观、质量观、人才观和知识观发生了变化，必须增设相应的评估指标，才能比较真实地反映高校课程质量和课程水平。

（二）确立公认化的高校课程评估标准

　　长期以来，受计划经济体制的影响，对学校如何适应市场的需求缺乏研究。这种状况在课程评估的理论与方法体系中也有反映，不少学校的课程评估结果与社会各界反映相悖便是明证。出现这种现象的原因，表面看是因培养单位与用人单位人才观的不一致而导致评估指标及指标权重分配的分歧，如学校比较重视学生的基础理论，用人单位比较看重学生的实际技能；学校比较强调课程设置的稳定性，而用人单位则更需要课程设置的灵活性；等等，实质是课程评估标准缺乏公认性造成的。以往课程评估的标准有两种确定办法：其一是对硬指标，主要依据教育主管部门（教育部）的有关规定确定，如教育目标、人才规格等；其二是对软指标，主要由评估组织者根据课程教学要求确定，如教学内容、教学态度、科研水平、学生学业成绩等。无论哪一种确定形式，都还属于教育系统内部自我认定的范畴。这种自我认定标准的评估结果往往难以得到市场的认同，常常出现教育部门和学校认为办得好的专业和课程，却很少有人选学。至于这种标准的国际化程度更不理想，高校的课程质量、专业水平、学位资格往往得不到国外的承认，严重影响我国教育与国际的接轨。要提高课程评估标准的公认性，就必须彻底冲破目前评估标准自定型的封闭状态，建立一种真正反映教育活动社会价值开放的标准构建模式。

（三）突现多元化的高校课程评估主体

　　高校课程评估中，评估主体的组成至关重要。从评估目的的确定、评估指标的选择、指标权重的分配、评估信息的收集、评估标准的确定、评估结果的获得，直到评估结论的处理和解释，每个环节都反映和体现在评估主体的价值观念和行为取向中。以往高校课程评估的主体构成是单一的，即教育管理部门，有时即使邀请少数专家参与评估活动，也是在教育主管部门制订好了评估方案之后，请他们画画圈、打打勾，其实，在整个评估活动中，他们难以起到主体作用。所以，目前高校课程评估的指标体系单一化倾向和评估标准的自定型倾向，从根本上说是由于评估指标体系单一性造成的。如果说，这种主体单一性在高度集中的计划体制下还有其合理的地方，那么，在社会主义市场经济体制逐步完善，知识经济初现端倪的信息时代，就显得很不合理了。要改变这种状况，就必须重新界定政府的角色，并对评估的主体进行结构性调整，变单一的官方机构为政府参与、市场主导、教师和学生代表参加的多元化评估主体。只有这样，才能使高校课程评估突破传统模式，获得新的生机。

（四）转变单一的高校课程评估模式

从过去的鉴定性评估转向发展性评估。发展性课程评估是以课程的主体性发展为目的的评估，课程的主体性包括课程理论和实施课程教学的教师。因此，发展性课程评估是指评估者和评估对象彼此建立互信关系。这种课程评估，能充分使课程和教师自我发展、自我完善和自我提高。教师也能及时纠正自己在课程改革和教学工作中的缺点，发扬自身的优点，促进自身的不断发展；这种课程评估还是一种注意课程和教师内在价值的评估，它可使教师通过内心的体验调整自己的工作方向和目标，效率化地开展通向成功的教育教学活动，减少对评估工作带来各种不必要的压力。

第五节　高职教学方法改革的实证研究
——CBE 视角下高职报关与国际货运专业教学模式改革与实证研究

一、CBE 教学模式简介

CBE（Competency Based Education）原文含义是"以能力培养为中心的教学体系"。作为与德国的双元制、澳大利亚的 TAFE、英国的 BTEC 并称世界现代四大职教模式，CBE 教学模式强调的是在教学实施过程中，要根据胜任职业或者岗位所需的能力为核心进行课程体系设计、教学模块选择。该模式强调在教学活动开展之前，首先要结合职业岗位进行分析，先确定实际工作岗位的工作内容，然后将业务知识进行整合，根据工作人员工作的现状整理出适用该岗位所需要的基本能力、通用能力和综合能力。CBE 教学模式中的能力不仅包括适应岗位基本的工作技能，更重要的是综合的业务素质和可持续发展的职业能力。因此，CBE 教学模式的实施过程强调课程体系、专业设置都将职业分析、工作分析以及能力分析放在首要位置，整个教学实施过程中以能力为基本出发点，根据专项能力设置学习模块，凸显课程安排的层次化与模块化。

二、基于 DACUM 法的高职报关与国际货运专业学生职业能力分析

在 CBE 教学模式中，将开发一个项目的课程过程称之为 DACUM，即 Developing A

Curriculum（教学计划开发）。使用 DACUM，对报关与国际货运专业学生就业的岗位群进行分析，最后确定报关与国际货运专业学生毕业后主要在报关企业、国际货运企业、国际物流企业从事报关、货代操作、单证、仓储物流等工作岗位，经过分析企业的人才需求，最后确定上述岗位所需人才的职业（岗位）能力图表。具体分析步骤如下：

（一）确定专业就业工作岗位

结合企业调研确定本专业群对接的职业类别：报关专业人员、运输代理服务员、物流专员，结合职业类别对学生就业的主要工作岗位进行讨论，确定本专业学生就业的工作岗位群：报关、关务咨询、国际货运代理、仓储配送，最后结合各岗位群实际的工作开展讨论并确定本专业学生就业的具体工作岗位：报关报检岗、单证处理岗、国际货运代理岗、船代岗、外贸岗、堆场操作岗、仓储管理岗、运输调度岗。

（二）确定本专业学生的职业能力领域

运用"头脑风暴法"对各工作岗位开展工作时所需要的学生能力进行分析，确定学生在职业发展过程中，所必备的基础能力、发展能力、专业能力以及求职能力四大能力。

1. 专业基础能力

属于学生就业能力培养中的通用性职业能力，主要从学生的沟通能力培养、人际交往能力培养、团队协作能力培养、自我管理能力以及执行力等综合素养的角度进行分析。

2. 专业发展能力

主要从职业规划能力、持续学习能力、创新创造能力、自主创业能力四个层面进行分析，然后按照培养内容设置、培养时间安排和培养组织举措三个维度开展研究。

3. 专业能力培养

主要从专业知识结构、专业技能两个层面分析如何培养毕业生核心竞争力，并分别从按照培养内容设置、培养时间安排和培养组织举措三个维度开展研究。

4. 学生求职能力培养

主要从学生的职业化素养、职业精神、爱岗敬业精神、爱国主义情怀等方面对学生进行职业化塑造，在实际的实践教学过程中潜移默化、润物细无声地将学生的职业能力培养与专业教学结合起来。

三、CBE 视角下高职报关与国际货运专业教学模式改革思路

（一）以学生职业能力培养为导向，构建"三课堂"联动的协同育人平台

以学生职业能力培养为导向，突破报关与国际货运专业在学生职业能力培养中知识和素养培养相脱节的现状，构建"三课堂"联动的协同育人平台，实质性推进教育教学改革。第一课堂：立足课堂教学，以通识教育课程和专业基础课程教学为主，重点讲解专业基础知识，通过教师的传道授业解惑，达到育人的目的。第二课堂：立足丰富多彩的校园文化活动、社团活动、社会实践等，让学生在增长知识的过程中提高沟通协调能力、团队合作能力，突出"以能力培养为主，以知识学习为辅"。第三课堂：立足学生职业能力培养，以提高专业能力为主要内容，通过开展跟岗实习、认知实习、顶岗实习等专业实践活动，全面提高学生的岗位适应力及职业发展力。同时强调知识要宽度，能力要深度，素质要高度。通过第一课堂实现学生知识培养；通过第二课堂实现学生素质能力培养；通过第三课堂，实现学生素养培养。

（二）"校企协同培养、分层分类实施"，构建大学生职业能力培养路径

结合当前报关与国际货运专业学生就业形势与就业能力需求，以订单班和非订单班学生为分析样本，围绕学生就业能力的职业性、专业性、可塑性三个维度对学生进行分层分类培养，进而全面提高了学生的职业能力。

非订单班学生：在教学中，聚焦立德树人，将学生的素质教育贯穿教育教学全过程，重视学生的爱岗敬业、责任担当等职业能力培养。教学过程中，按照"专业基础知识、专业核心知识、专业拓展知识"三个层面设置教学内容，利用校内实训资源开展教学，做好大学生职业规划，通过专业技能大赛、创新创业实践提高学生实践能力，以达到学生职业能力提升的目的。

订单班学生：产教融合背景下，校企双方深入合作共同开发课程，进行教学设计和教学模式改革，基于学生的职业发展规律，按照"岗位基础能力—专业核心能力—综合应用能力"的要求开发校企合作实践课程体系。通过合理设计在专业课程中融入企业因素，通过开展将核心专业课程的实践教学环节搬进企业，校企联合培养，全面提高学生的动手操

作能力和岗位适应能力；通过开展企业文化进校园系列活动，提高学生的职业意识，增强学生的职业素养；通过开展企业认知实习、跟岗实习等实践教学活动，增强学生的岗位认知。同时在人才培养过程中，基于学生职业成长规律、将教学内容与生产过程相对接，合理选择教学内容，并按照企业实际工作岗位需求，设置教学内容。在人才培养过程中，注重学生工匠精神、劳模精神的培养，推动思政教育、双创教育、专业教育协同育人。

（三）将素质教育落到课堂教学，"四聚焦"实现技能与职业素养共成长

聚焦立德树人、将学生的思想政治教育、理论知识学习、职业技能提升、职业素养养成有效地融入教学全过程；聚焦大学生动手操作能力培养、将教学内容与货运企业实际业务内容结合起来，注重学生职业能力养成，夯实学生的实践操作水平；聚焦课证融通、赛训结合，将专业职业资格取证、专业技能大赛与教学内容结合起来，提高学生的综合应用能力；聚焦教学方法改革，在教学过程中，充分利用网络课程资源，将线上教学与线下实训结合起来，以任务驱动为引领、以信息技术为依托展开教学，突出以学生为中心，注重培养学生的自主学习能力。遵循学生认知规律，教学过程涵盖"课前—课中—课后"三个阶段，以学生课前自主学习，课上交流，教师课前跟踪，课上总结、引导，实现课前学习知识、课中内化知识、课后转化知识的目的。整个过程以学习任务为主线，知识与技能培养为暗线开展教学，在关注学生的职业精神、劳动精神和工匠精神培养的同时，将学生的思想政治教育、德育、职业技能提升、职业素养养成有效地融入教学全过程。

四、CBE 视角下报关与国际货运专业教学模式改革实证研究

第一，依据职业岗位特点，以专业职业资格、职业技能大赛抓手，构建了课、证、岗、赛深度融合的"模块化"的课程体系。

聚焦国际物流行业的进出境通关人员、国际货运代理服务人员、物流专员等职业群核心岗位职业能力要求，以专业职业资格取证、关务技能大赛、国际货运代理大赛为抓手，以"职业资格证书标准课程化"核心，对接货运企业中心岗位群工作过程，按照"确定行业企业典型的工作岗位→分析岗位对职业能力的需求→归纳核心能力→分解和分析实际工作过程→提炼典型工作任务→转化为职业资格取证、专业技能大赛对应的专业核心课程、取证课程→整合专业基础课程和订单班培训课程→形成适应校企合作模式下的课程体系"的流程，全面构建依托产教融合背景下的课、证、岗、赛融合的"模块化"课程体系，并

将素质教育、职业资格取证、双创元素、职业岗位能力培养有机融合。即构建了以"国际货运（对应国际货运代理岗位证书、国际货运代理赛项）"系列课程为主轴、以通关类（对应报关水平测试证书、关务技能大赛）和物流类（对应物流 1+x 证书）课程为两条辅线的一体两翼的专业课程群，突出货运核心岗位特色，确保学生知识、能力和素质方面全面发展。

第二，遵循学生专业认知规律和职业成长规律，构建了以四级职业能力培养为核心的"组合式、板块式"课程教学内容。

聚焦学生专业认知规律和职业成长规律，以货运企业核心岗位职业能力为本位，构建"专业基础知识模块→专业核心知识模块→专业拓展知识模块"三个板块的课程教学内容。

专业基础知识模块主要围绕国际贸易基本知识、运输代理基本知识、报关操作基本知识等专业基础知识设置教学内容。通过学习培养了学生适应国际关务、货运代理、物流操作等岗位群所需的扎实的理论基础，具备岗位基本专业能力。

专业核心知识模块主要围绕国际贸易单证操作、货运代理业务操作、关务业务操作、仓储物流操作等核心业务的开展设置教学内容。通过学习培养了学生适应岗位工作群所需的过硬专业技能、熟练的实践操作水平等专业核心能力。

专业拓展知识模块主要围绕专业发展前沿知识、行业发展最新动态、创新创业能力培养开设相关课程，旨在培养学生持续学习、开拓思维、创新创造等综合应用能力和专业拓展能力。

第三，采用"一平台、两环境、三阶段、四结合"的创新教学方式，打造"三控六环节"的高效课堂。

将学生职业素养养成和岗位技能积累贯穿教学始终，创新教学方式，改进教学模式，打造守初心、铸匠魂、强技能的高效课堂。

一平台：将智慧职教 App 平台的应用贯穿课前、课中、课后全过程，实现线上线下无缝对接。

两环境：利用虚拟仿真软件和真实工作场景虚实两个环境进行教学，软硬结合、虚实结合，大幅提高学习者的学习效果。

三阶段：涵盖了"课前—课中—课后"三个阶段。以学生课前自主学习，课上交流，教师课前跟踪，课上总结、引导，实现课前学习知识，课中内化知识，课后转化知识，整个过程以学习任务为主线，知识与技能培养为暗线开展教学，同时，结合过程性和总结性评价，教师评价、学生自评、小组互评多主体评价的多元评价方式，有效检测教学目标的达成，实现对学生学习效果的监控与督促。

四结合：将学生自主学习和教师导学结合起来，将学生个人学习和小组协作相结合，将典型工作任务和企业项目结合起来，将学生职业素养与知识技能结合起来。

三控六环节：改进教师传统"填鸭式"教学模式，以学生为中心，对接企业岗位需要，采取任务驱动、启发式、体验式等教学方法。校企共建教学案例库，共设学习情境，教师按照控制教学难度、控制教学时间、控制课堂结构"三控模式"进行教学改革，致力打造高效课程。在教学过程中，结合学情特点，合理进行教学设计，突出以学生为中心，按照"引任务、思问题、学知识、练技能、完任务、评成果"六大环节进行教学设计，真正体现教师主导（精讲、精练），学生主体（以学生亲历的游戏或活动为载体，在活动中学习）。

第一，"校企合作"双赢效果明显，人才培养质量逐年提升。

通过开展"订单培养"，真正实现"教学、实践、研发"三位一体的校企合作模式。近五年，报关与国际货运专业生源稳定，学生就业创业能力得以提高，学生就业对口率和企业满意度逐年提升，毕业生得到社会认可。

第二，打造出一支产教融合，集教学、科研、对外服务三位一体的专兼结合师资队伍。

通过订单培养模式改革，教师的专业能力得到长足进步，企业专家教学能力也逐步提升，一支产教融合的专兼职教师队伍在 2019 年获得全国职业院校教学能力大赛全国一等奖（财经商贸大类第一名），在全国享有良好声誉。第三，教学方法和教学模式改革经验在全国进行分享，具有一定示范作用。

教学团队在教学过程中，积极探索和应用的"三课堂、四聚焦"教学模式改革、先后两次通过现代职教网、艾米直播台在全国范围进行全国职业院校教学能力大赛经验分享，关注度达 4.7 万人次，对推动我国的职业教育改革和教师教学能力培养方面具有一定的示范作用。

第四，学生的专业技能水平、综合素质、职业素养显著提升。

通过模拟实际生产流程和岗位分工，提高货运核心岗位的操作技能，拓展职业发展空间，学生的职业素养显著提升，在全国国际货运代理大赛、全国关于技能职业竞赛、创新创业大赛中成绩斐然，分获 2019 年获得全国职业院校技能竞赛关务技能赛项三等奖，2020 年全国职业院校技能竞赛改革试点赛国际货运代理赛项二等奖。

第四章 高职行动导向教学教学模式构建

第一节 行动导向教学模式的内涵分析

一、行动导向教学法的内涵与本质

有人认为行动导向教学法是案例教学法、项目教学法等教学方法的统称。也有人认为它是一种教学原则，即通过行动来开展和组织教学。还有一种说法，即它是指学生从行动开始，到学会行动结束，以技能教学为出发点和归宿。还有人认为它是以行为或工作任务为主导方向的职业教育教学改革策略。

行动导向教学法不仅是一种教育教学的方法论，更代表一种教育教学的理念，同时它还涉及教学内容和教学目标、教学环境和教学设施、教学质量评估和过程监控、教学评价和教学反馈等一系列教学过程的开展，以及教师和学生角色的定位等。尤其要强调的是教学后反思，要双向反思——学生的、教师的，通过反思来总结整个学习的过程，从而促进下一次行动导向教学课程的改进。

行动导向教学法以培养人的综合职业能力为目标，以职业实践活动为导向，强调理论与实践的统一，为学生提供一个体验完整工作过程的学习机会。

分析其本质，从角色上说，"行动导向"强调学生是学习过程的中心，教师的作用发生了变化，从知识的传授者转变为一个咨询者、指导者和主持人，从教学过程的主要讲授者转变为学生的学习伙伴；从教学理念和教学内容上说，"行动导向"强调培养学生形成解决特定工作岗位实际问题的技术应用能力，以特定工作岗位的职业活动为依据，综合各科的知识和技能，根据教学目标分类要求，形成以培养职业能力为目标的教学内容；从教学方法上说，"行动导向"立足于引导学生，启发学生，调动学生的学习积极性，使学生在学习过程中由被动学习变为主动学习，在教学手段上强调多种教学媒体的综合运用，让学生在形象、仿真的环境中，主动思维和探索，评价和检查学生分析和解决问题的能力；

从教学组织形式上说，"行动导向"强调让学生在真实或接近真实的工作情境中进行职业活动的实践，在教与学的过程中，在老师的引导下，由学生共同参与，共同讨论，共同承担不同角色，在互相交流的学习过程中使问题最终获得解决。

因此行动导向教学法是贯穿于教学全过程，融入教学各要素，体现在教学各环节中的一种指导思想，是在整个教学过程中创设一种教与学、教师与学生平等互动的交往情景，通过教学目标、教学内容、教学方法、教学设备设施、教学评价体系等方面的重新组合，引导学生在其专业对应的职业情境中、在动手的实践中自主学习，从而掌握知识和技能，不断构建自己的经验、知识和能力体系的一种教学方法。

二、行动导向教学法的特征

我国科学家、中国工程院院士胡启恒女士在《培养科学思维的一代新人》中提出，"智慧的本质是学习，人之初、性向学。只有会学习，才是智能本质的特征，学习不但是人类智慧的根本特征、人类本能，也是天赋予人的权利，是人获得知识、力量、快乐和满足的途径"。

教育的本质是启迪智慧。受过良好教育的人，一般具有更强的学习能力。我们从教育中获得宝贵的、终身受益的东西，正是正确、科学及高效率地进行学习的能力。人的智慧正是在掌握知识的过程中受到锻炼和研磨，从钢坯变成宝剑。教育应是一个启迪心智、诱发创造愿望的探索过程。对于教与学的双方，都充满着迎接挑战的乐趣。

"真正的良师，好比火种，他创造的效果远远超出他自己的亮度。被他点亮的青年智慧之灯在某个不可预料的时刻可能会大放异彩。启发、开拓人的智慧是最高艺术，因而教师才不愧被尊称为人类灵魂的工程师。"

科学家的一段话使我们感到教师身上责任的重大，所以教师的自我完善尤为重要。在教学中不是忙于把学生的脑袋装满答案，而是引导学生对知识产生兴趣，引导他们在探索的过程中学习新的知识。

行动导向教学是让学生在学习小组的讨论实践中通过努力学习解决问题，这样就教会了学生为了解决问题去寻找和运用他们所需要的知识，促使他们主动地、创造性地在实践中学习。同时学生在学习小组中讨论争执，提高了语言交流能力，语言是交流的主要工具，而交流能激发人的思维和创造。善于表达自己、善于与别人交流是获得知识、启迪智慧的重要途径，也是教育体系应该具备的重要特性。教师在实施行动导向教学法的过程中，通过亲身尝试而提高自身的专业综合能力、组织教学能力，加强师生感情的沟通，产生良好的教学效果。

行动导向教学法在教学内容、组织形式、教学方式、教师、学生等方面呈现如下特征：

（一）教学内容

可以是一个章节或者一个复习单元，多为结构较复杂的综合性问题；与职业实践或日常生活有关；具有工作过程系统性；有一定的实际应用价值；可促进跨学科学习。

（二）组织形式

学生自行组织学习过程，多以小组进行，把更多的思考留给学生，让学生自己去尝试新的行为方式和实践空间。

（三）教学方式

根据教学内容可以采用多种教学方式交替使用。

（四）教师

是学生学习过程的组织者、咨询者和专业知识的对话伙伴，应促进并习惯让学生独立学习的工作方式。

（五）学生

照顾学生的兴趣和经验；通过知识迁移应用使理论与实践相联系；积极调动学生之间的合作与交流。

教师在实施行动导向教学法过程中，根据所教的专业和学生学习实际情况，不是通过讲述灌输给学生，而是巧妙地根据教学内容设计思考题，通过思考题来引导学生通过以往学习的知识和书本的新知识以及学习讨论来解决问题。教师可将一个个引导性的思考问题分配给学生，把学生分成8～12人的学习小组，在学习小组中完成学习任务。

学习小组首先要培养带头人。每个学习小组可以选择两名学习小组长，引导大家完成思考题。小组长也是学习主持人，他要具备的条件是：熟悉同学学习情况、学习成绩好于一般学生；具有讲授一般知识的技巧；具有理解他人和与人沟通的能力；善于在学习中对学习者进行激励和鼓励。教师应事先对学习小组长进行培训指导，并交给他们技巧和方法。

教师应培养一批骨干学生带动全体。

三、行动导向教学法的教学理念

行动导向教学法强调以学生为本的教学理念。其教学模式就是以教会学生"学会学习"为目的，使职业教育从注重"教法"转变为注重"学法"，将学生学习与学生发展结合起来，采用师生互动、小组互动、"以学为本"、因学施教的教学准则。"学"在人的活动中占主体地位，"学"不仅让学生学习知识，而且要"学会学习"，还要"学会做事""学会生存""学会与他人交往"；而"教"则是因人因时施以不同的"教"，对人的成长和发展起着辅助和促进作用。

在此理念下，行动导向教学法在职业教育教学中突出学生的学习主体地位，即学习目的不是教师教给学生，而是在小组学习讨论活动中分析操作，解决问题，形成以培养职业能力为目标的新课程结构——新的学习领域。

职业教育中的行动导向教学模式，是以塑造学生的关键能力、培养学生的职业行为能力为目的的教学模式。这里的关键能力是指学生获得为完成今后不断发展变化的工作任务而获得的跨专业、多功能和不受时间限制的能力以及不断克服知识的老化而终身不断学习的能力。也就是说，行动导向教学强调学生作为学习的行动主体，以职业情境中的行为能力为目标，强调学习中学生自我构建的行动过程，以专业能力、方法能力、社会能力整合后形成的行为能力为评价标准。

职业能力包括专业能力、方法能力和社会能力。

①专业能力是指从事专业工作所需要的技能与相应的知识，是学生毕业后胜任专业工作的能力和走向社会赖以生存的核心本领。②方法能力是指掌握从事职业工作所需要的工作方法和学习方法，包括制订工作计划、协调计划以及对自己的工作成果进行评价，在工作中努力学习新知识，具有技术创新能力。③社会能力是指在工作中的学习积极性、独立性和与他人交往的能力，以及职业道德、社会责任感、组织表达、勇于承担责任和社会参与的能力。

特别强调的是，在行动导向教学模式的实施过程中，教师对教学目标的追求，不是把现成的知识技能传递给学生，而是学生在教师的指导下去寻找要达到这个目标的途径，最终通过自身的努力学习达到理想的结果，在此学习过程中培养学生的各种能力。这里所指的能力已不仅是知识能力或者是专业能力的狭隘含义，还有获取新知的学习方法能力，同时还涵盖了与人合作、交流、表达以及发现职业机会、设计实现人生计划的社会能力。这三个维度的能力相互联系、相互作用，共同构建起全方位的行为能力。

四、行动导向教学法的功能

行动导向教学法所体现的先进理念，展示了现代教学方法发展的重要趋势，它是提高职业教育教学质量的一种有效途径，其功能表现在：

（一）促进学生全过程参与

行动导向教学法让学生参与学习全过程，即手、脑、心共同参与学习。行动导向学习强调学生学习动机和学习兴趣的培养，在学生小组团队中完成学习任务，同学之间互相探讨，没有拘谨，使学生对学习内容感到好奇，并能提出新的问题。

行动导向教学法通过创造某种特定的"学习环境"或"学习情境"，或者通过教师设计的学习思考题，使学生在教师所设计的学习环境中进行学习，使每个学生都有施展个人能力的机会和舞台。这种教和学通常是围绕某一课题、问题或项目开展教学活动，重视学习过程的体验。

（二）利于同学之间合作学习

行动导向教学法采用以学生为中心的教学模式，让学生以团队形式进行学习，引导学生自主学习和探索；强调在团队学习中发挥每个学生的主体作用。在学习探讨中同学们互相合作，相互促进，增强了对知识的理解程度，从而加深师生感情和同学友情。

（三）学习中养成"行动习惯"

行动导向教学法的整个教学过程，是完成老师分配的思考题，或者某项工作任务，它包括收取信息、制订计划、做出决定、实施学习计划、学习质量评估等各个环节，都是完整的行动导向模式，培养锻炼了学生自己组织学习的能力，并养成"行动学习"习惯。

（四）提高教学效率，知识内化为能力

行动导向教学法针对性强，教学效率高。教学以学习任务为载体，采用以培养学生能力为本位的教学模式组织教学，有利于学生综合能力的培养。在学习中通过展示的方式（展示学生自己的学习成果和风格）来培养学生的语言表达能力和工作能力，同时也锻炼了学生在学习小组中与同学合作的能力，从而不断使其所学习的知识内化为能力。

（五）培养学生自学能力

行动导向教学法充分尊重学生的个性，注重培养学生从个人学习的实际出发，扬长避短，形成适应自己特点的比较科学的学习方法，培养学生善于自学、学有其法，从而增强自信心和自尊心，产生学习积极性。

行动导向教学模式不要求教师和学生是一个完美的人，而是能从错误中努力找出正确答案的人。教学中教师应鼓励和表扬、激发学生去自学，自学是最好的学习方法。一个人知识的积累和更新主要依靠自学，自学是学会学习的基本途径，也是成才的必由之路。教师要努力去指导学生学会自学，通过努力掌握自己学习的方法和技能。具备了自学能力，学习就能很快地由必然王国走向自由王国。

五、行动导向教学法的优势

常言道："好学者不如善学者，善学者不如乐学者。"爱因斯坦曾说：兴趣是最好的老师。有了兴趣，就有了探索知识、掌握知识的动力。教学生"乐学"，要充分调动学生的学习兴趣，在课堂上要善于"吊胃口"。老师上课应该像介绍一桌大餐，告诉学生每道菜多么好吃，营养多么丰富，对身体多么有益，使学生垂涎三尺，食欲顿起；然后再引导他们去寻找菜的原料是什么，如何制作，如何搭配，使他们摩拳擦掌，跃跃欲试；他们就会迫不及待地拿着教师设计的思考题，一头扎进图书馆和实验室或者与同学进行探讨，为自己准备这顿"大餐"。这就是行动导向教学法的优势所在，它的具体优势体现在：①人人参与学习全过程，每个学生都是学习的主角，在真理面前人人平等，甚至可以提出与教材不同的公式推算方法。敢于在公众面前发表见解是一种自信和自尊的表现。②在学习小组中根据教师给的思考题，学生积极讨论引起争论，激发学生的思维，在交换意见和学习探讨中相互启发、相互质疑，取长补短，加深对知识的理解，增强学习的记忆。③在学习探讨中，有利于学生自己改正学习思维错误，并可以改正某些教师在平时教学中无法发现的错误，其效果远远大于教师在学生学习中帮他们改正错误。这种改错过程渗透着学生自己的思维和辛勤劳动的汗水，因此记忆加深，不易重犯。④行动导向式的学习有利于在学习中留下深刻印象，加深记忆，因为口头表述是要经过大脑第二次加工的。⑤团队小组的讨论学习，有利于增强竞争力，从而促使优生更优，而差生通过学习活动也会积极跟上来，有利于培养合作精神及交流能力的提高。学生中"英雄所见略同"者之间容易建立友谊。⑥有利于训练学生的语言表述能力、学习归纳能力、学习总结能力、逻辑思维能力和判断能力。⑦

有利于激发学生对学科的学习兴趣，培养学生诚实、踏实、刻苦学习的道德品质。⑧有利于促进学生在学习中相互激发想象力、创作力。通过信息交换、知识互补，在学习中增进友谊，有所收获。信息的交换、智慧的碰撞在某些时候就可以走向创造。⑨有利于教师发现学生的特长与优势，鼓励帮助学生发展优势，克服不足之处，有效地培养学生健康的人生态度。⑩行动导向教学法这一形式是一种学术交流的雏形，过去的"独学而无友""孤陋寡闻"的做学问方式早已被淘汰。学术交流是当今获取情报的首选手段，是一个学者或技术工作者的必要基本功。这些基本功同时要在职业教育教学中显露出来。

当然，行动导向教学法并非尽善尽美，尤其对于差生，在小组学习讨论中常常会力不从心，这样就需要教师和同学多给以予鼓励和表扬，激励每个同学不掉队。另外，行动导向教学法有时掌握不好容易走偏方向，教师在运用时应注意克服困难，防止走偏，把准方向性的引导。

六、行成导向教学法与职业教育教学改革

职业教育教学应实施教学法改革，应采用各种行动导向方法的教学模式。因为行动导向教学模式主要目的是引导学生在学习过程中"学会学习"，学会在学习中遇到问题时去寻求所需要的知识，通过知识的积累和技术能力的增强使自己变得更聪明、更智慧。只有在整个行动导向教学模式的实施中，我们的教师才能率先示范"学会学习"，学会尝试。行动导向教学是我们职业教育提高教学改革的有效方法。在教学过程中尝试了这种方法就会有更多收获，增强自学能力和自信心。学校应当在每个学期让教师做几次行动导向教学课程，创造机会让教师参与实施行动导向教学法的尝试，这样就能迅速地体会出它的乐趣所在，就会由必然王国走向自由王国。记住高尔基说过的话："如果不想在世界上虚度一生，那就要学习一辈子。"第一步艰难，迈出去就是又一片天空。

（一）行动导向教学法的现实推广

教育的历程告诉人们，教育是随着生产力的发展而发展的，教育的内容是科学技术发展水平的反映，同时教育手段和教育方法也是由社会生产力发展水平所决定的，因此与教育内容、教育手段和教育方法相适应的学习方法也必然具有时代特点。我们要研究探索适应新时代的新技术要求，就要去寻求新的教学方法。要努力克服困难，积极探索，敢于迈出第一步，锻炼自己去尝试，在尝试中去摸索改进，使之最后成为自己的东西，只有这样

才能跟上时代的潮流。

教育教学本应该是快乐的，这样的快乐不仅属于学生，更应该属于我们从事职业教育的教师，我们应该充分享受教育带来的快乐。教育不仅是一项工作、一种谋生手段，还是一门艺术，是人世间一门宏伟的"塑造人的艺术"。对桃李满天下的教师来说，那是一种人生最大的享受。

随着现代社会各个职业岗位工作要求的相同点越来越多，掌握共同能力点成为职业教育和企业人力开发的重心，人力开发的重点转向了对人的全面能力的培养。在这些基本能力中，最重要的是人的"关键能力"，过去是针对性强的岗位培训，但如今已成为历史。社会的进步、先进的生产方式要求的是全面发展的、灵活而富有创造精神的高素质的员工。

在现实的职业教育教学中（如教师对教改的认识与能力的提升，创新人才的培养及学生智慧的培养），行动导向教学法是一种值得推广的教育方法。

（二）职业院校需引入行动导向教学法

受社会认识和经济发展水平以及法律法规执行情况等多方面因素的影响，我国企业参与职业教育的程度有待提高，职业院校是职业教育的主要乃至唯一承担者。虽然近年来"顶岗实习"从组织上为实现"行动导向教学"提供了必要的前提条件，但是，绝大多数实习企业缺乏必要的培训师资和相应的技术条件，职业学校又难以跟进开展教学活动，所以在很多情况下，"实习"成为简单的就业，没有人指导学生反思工作经验，逐步形成职业行为能力。

由于这几年经济形势良好，职业院校学生就业率达 90% 以上，但是，教学与实践的脱节只能造成"就业低水平"。如以对口而稳定的就业率来衡量职业教育质量水平，我国现行的职业教育就暴露了很多亟待改进之处。虽然国家不断增加对职业教育的投入，包括职业学校的学生补贴，同时加强限制未成年人就业，但职业院校招生仍然存在困难，可见学生及其家长对职业教育的认可度不高。不少职业院校的毕业生与没有经过任何系统化培训的人员同等就业，职业教育的优势显示不出来。

为实现"对口而稳定的就业"，一方面需要采取多种手段激励和吸引企业（最好是本地的企业）参加职业教育培训；另一方面职业学校需要"以职业实践中典型行动为导向"来组织教与学，培养学生的职业行动能力。职业行动能力包括很多学生必须必备的综合能力，这些综合能力可通过行动导向教学法使学生得以锻炼。所以说，职业院校需要进行行动导向教学法的教学改革。

（三）实践中提升教师"学与教"的能力

行动导向教学中的项目教学法、案例教学法、头脑风暴法，以及其他多种形式的教学模式和方法对职业教师的自身成长是很有价值的。

在行动导向各种方法模式的教学实施中，根据教学内容通常可以选择不同的方法来实施教学活动。以项目教学法为例，它涉及的学习内容远远超出了教师的专业领域，这就要求各科专业教师之间的有力合作，大家共同努力来实现由教学的学科化向教学的综合化转变，这种工作方式的改革有助于教师团队精神和合作精神的形成。同时，项目教学的学习内容来源于典型的职业工作任务，这就要求教师了解企业的生产实际，熟悉工作过程。长期以来，职业学校的教师缺乏对实践工作的了解，不能跟踪生产工艺的变革，这已经成为制约职业教育教学质量的瓶颈。项目教学法把教师推到了"典型的职业工作任务"面前，促使教师从学校走向生产实际，通过各种方式跟踪技术和工艺的发展水平，这有利于双师型教师专业素质的形成与提高。项目教学为教师综合运用知识，扩展自己的专业能力提供了有效途径。近年来，职教师资的知识"陈旧""狭窄"已成为影响职业教育教学改革的主要因素，但传统的以"教师为中心、教材为中心、课堂为中心"的教学模式在一定程度上又掩盖了这种"陈旧""狭窄"。项目教学使教师面对的是综合的教学任务，实质上是对教师知识的丰富性、价值性的一次检验，教师在这样的检验中将反思自己的知识储备进而不断地学习、充实、更新乃至重构自己的知识结构，以适应时代的发展。

行动导向教学法中的各种教学技术对学生发展有很大的价值，并行之有效。在传统的教学中，教师是知识技能的传授者，学生往往处于被动接受的状态，缺乏积极主动的探索精神。在行动导向教学中，教师与学生是共同主体，在教师的引导下，学生主动地去探索、尝试，最终解决问题。在这个学习过程中，学生手脑共用，同学之间团队合作，有助于学生动手、动脑能力和创新能力的培养。另外，行动导向教学法把教师由知识的传授者转变成学生学习的指导者、咨询者，在教学过程中，教师与学生成为伙伴。教师与学生一起探索、一起研究，在这一过程中教师所表现出来的积极探索的精神、求真务实的态度、严谨的工作作风等心理品质都会对学生产生潜移默化的影响，有助于学生良好心理品质的形成，从而在学习过程中建立师生感情。

七、"行动导向教学"是培养学生智慧的有效途径

近年来，高职院校的教师为培养学生适应社会发展的需要，进行了多方面的高职教育

教学改革，诸如课程体系改革、教学模式改革、课程整合、模块化教学、"双证书"制度等，主要强调培养学生的动手能力。

然而这还远远不够。知识可以转化为技能，但将知识转化为技能的能力更重要。作为高职学生最重要的是如何发挥一技之长，将获取的知识转化为技能，这就需要智慧。所以在引用行动导向教学过程中，我们的教师要时刻注重对学生的智力引导，只有开发学生的智慧，才能使我们行动导向教学模式的教学改革落到实处。

（一）"知识"和"智慧"的联系

在《中国大百科全书·教育卷》中对知识的表述是这样的："所谓知识，就它反映的内容而言，是客观世界在人们头脑中的主观印象。就它反映的活动形式而言，有时表现为主体对事物的感性知觉或表象，属于感性认识；有时表现为关于事物的概念或规律，属于理性认识。"在《教育大辞典》中："知识属于认识范畴，是人类的认识成果。经验是知识的初级形态；系统的科学理论是比较完备的知识形态。"知识是"对事物属性与联系的认识，表现为对事物的知觉、表象、概念、法则等心理形式。可通过书籍和其他人造物独立于个体之外"。

知识的基本特征主要包括：第一，从知识的发生与演变上看，知识是动态的、社会的和历史的。知识总是一定时代的产物，各个时代都有不同的知识形态。知识是一定历史阶段人的主观能动性与现实客观性相互作用的结果。第二，从知识产生的过程上看，知识是人的思想活动与实践活动的统一。其中，思想活动占主导地位，实践活动总是在思想活动的支配下进行的。第三，从知识产生的结果上看，知识是精神产品与物质产品的统一。其中，精神产品占主导地位，物质产品是精神产品的物化形态。第四，从知识的存在方式上看，知识主要是一种独立于个人世界和自然世界的外部存在，正如波普尔所说的那样，知识是人类自我构造出来的却又独立于人类主体与自然客体的"第三世界"。由于知识主要是以语言、文字、数字、图像等信息符号系统为载体的，故知识还具有系统性、普遍性、抽象性、逻辑性等特征。第五，从知识发展的趋势上看，在量的方面，知识愈来愈呈现出加速、裂变、飞跃的发展态势。在质的方面，知识愈来愈呈现出信息化、智能化、综合化的发展态势。

（二）行动导向教学能培养学生的智慧

拥有知识和智慧都非常重要，但两者还是有很大的区别。"知识"强调了人所知道的、拥有的学问，是人们对事物的共同认知。所谓驾驭能力就是对知识的学习能力、再加工能力（创新）和运用能力。怀特海说过："尽管知识是智育的一个主要目标，但知识的价值还有一个更模糊、但更伟大、更居支配地位的成分，古人把它称为'智慧'。"没有某些知识基础，你不可能聪明，但是你也许轻而易举地获得了知识，却仍然缺乏"智慧"。可见，智慧不是简单的知识。如果一个人通过学习记忆了一些东西，只会重复别人的思想，却不善于独立思考，更不会主动探究与创造，那就不能说拥有"智慧"。如果把知识比喻成电脑中的应用软件，那么智慧就是系统软件。应用软件要发挥为用户服务的作用，就必须由系统软件对其进行有效的控制和支持，否则，拥有再多应用软件的电脑也是一台废机。相反，一台电脑即使没有应用软件，但如果拥有强大的系统软件，用户也能很方便地装上自己需要的应用软件，也不失为一台好的电脑。

人也一样，一个人即使学富五车，但如果他对知识的驾驭能力不强，不但不能成为知识的主人，反而可能成为知识的奴隶和俘虏。相反，一个人尽管对知识的掌握不是很多，但对知识有很强的驾驭能力，那么，他就有可能把有限的知识发挥得淋漓尽致，从而为社会做出巨大的贡献。

对高职学生来说，他们学习最直接的目的是能够顺利就业，并能更好地适应社会和工作岗位。学生在校学习包括知识和技能两方面，而智慧则是这两者连接的纽带。

智慧的内容是多方面的，而高职学生所应具备的智慧主要为：具有正确的世界观、人生观和价值观；思维具有创造性，能够解决工作中的具体问题，并具有继续提高自己各方面能力的潜力；生活中明白事理，行为符合社会规范等。

目前，高职院校对学生知识和技能的培养都非常重视，而如果只为学习知识而学习知识，为培养技能而培养技能，割裂两者之间的联系，忽视把两者联系起来的能力——智慧的培养，最终必然会使学生的技能大打折扣。我们的社会不仅需要技能型、知识型人才，更加需要智慧型人才，所以培养具有一定智慧的高技能型人才应该成为高职教育的目的之一。

要培养有智慧的高技能型人才，就必须改变我们现有教学模式，将灌输式的教育转变为探索式教育。因为长时间的灌输只会造成学生对知识的"味觉"丧失和"吞咽"能力的退化，即学生完全失去兴趣和自我学习能力，使学生在学习上形成严重的依赖心理，一旦离开学校，离开老师，就完全丧失学习能力。现在，我们的高职毕业生到工作岗位后面对新的知识显得无所适从，手足无措，给人一种"低能"的感觉。而探索式教育并不以学习大量的知识和技能为目的，而是要学生在学习过程中掌握学习知识的技巧。因为在当今知识爆炸的时代，必须终身学习才能适应社会发展的需要，即离开学校后的学习显得更为重要。因此，对高职在校生而言，学习能力（即智慧）的培养比学习知识本身更为重要。

行动导向教学方法就是在教师的引导下让学生能更好地发挥自己的想象力，在潜移默化中通过行动导向课程的教学模式训练，逐步培养学生获得智慧。

（三）在教学过程中师生共获智慧

智慧在哪里？就在我们每个人自己的"兜里"。日本山林子先生所著的《山林子智慧学》一书的核心就是：发现自我智慧，掌握自我智慧，运用自我智慧，在学习、工作和生活实践中真正成为智慧之人。从这个意义上说，智慧的学习和实践、学做智慧人是现代人终生的必修课。这种思想体现在教学过程中就是：在设计行动导向教学课程的过程中，教师的智慧逐步形成，从而把这种智慧引入教学。

1. 在学习过程中培养意志力

马克思说："生活就像海洋，只有意志坚强的人，才能到达彼岸。"心理学表明，一个人的成就与一个人的智能并不成正比，智能高的人不一定成就高，成就高的人不一定智能过人。但意志力的强弱差异与人的成就大小就有着明显关系。所以要想获取智慧，必须有良好的心态和百折不挠的坚强意志。这种思想要在行动导向课程中加以体现。教师要在学生的学习过程中渗透对学生意志力的培养，同时自己也在提升智慧。

2. 在学习过程中培养学习兴趣和观察、思考能力

（1）培养学习兴趣

胡启恒曾说过："教育的本质是启迪智慧，智慧的本质是学习。"高等职业院校应当教会学生为了解决问题去寻找和运用他所需要的知识，使他们的主动性、创造性在实践中得到发展。学习是怀疑、思考、提高智慧的过程。知识是为了磨炼智慧而存在的，学习是磨炼人的智慧和思维的过程，只有不断学习，才会让人处于一种不断更新、完善的状态中，所以学习是索取智慧的第一条件。人不能为了学习而学习，学习是为了丰富自己，让自己变得更灵活、机智、善于洞察。学习到的东西只能给人以表面的感觉，而学习更是为了锤炼"智慧"，使自己的"智慧"更加敏锐。敏锐的"智慧"可以抓住瞬间的机会，预见未来的趋势，洞悉细微处的微妙变化，把握宏观而抽象和无形的东西。

（2）培养观察能力

对于知识的系统积累，正规的教育也许是不可或缺的，但智慧的酝酿远远不该止于书

本和课堂。因为，如一个人必须通过学习来掌握知识，则他要通过观察才能拥有智慧。知识是死的东西，只有应用知识来观察社会，分析问题，才能让知识"活"起来。知识通过人的感官和思维与实践发生联系时其价值才得以体现。所以观察是学会运用知识来索取智慧的重要方法。

（3）培养思考能力

所谓"思考"不是单指对知识的理解、咀嚼，更是指对环境变化的一种反应。人每天都在经历着变化，可是很少有人能够洞悉变化的规律，预见变化的趋势。应该说，学会思考是人的智慧的最高境界，他必须对知识的掌握融会贯通、举一反三才行。同时还要有敏锐的直觉能力、开阔的视野和胸怀。

3. 在行动导向课程的组织教学中引导学生获得智慧

（1）引导学生发现自己的智慧

智慧学理论指出："每个人都有自己的智慧，人人都有优势智慧。"而教师，正是帮助学生发现自己智慧的那座桥梁、那条纽带。教师能否善于引导，对学生发现自己的智慧起着重要的作用，这是培养学生智慧的第一步，也是至关重要的一步。教师在实施行动导向课的过程中，应多多给予学生鼓励和善意的引导，帮助学生开发想象空间，引导学生发现自己的智慧。

（2）引导学生发展自己的智慧

在进行行动导向教学课程设计时，教师设计的思考题要具有智慧引导性，学生的智慧一旦被发现，就会源源不绝，但这也需要教师的协助配合。有时候，教师一个理解的眼神、一句鼓励的话语、一个赞许的微笑都可以让学生豁然开朗，然后信心十足地思考学习。这时候，教育的魅力就真正体现出来了。

（3）引导学生应用自己的智慧

教师要让行动导向课堂成为学生智慧的加工厂，让每个学生能从中获得求知的乐趣和欲望，能应用自己的智慧进行学习、及时反思，找到自己所需的知识，并有能力创新自己的知识。而教师应做好导航员的角色，帮助并指导学生适时地、灵活地应用自己的智慧，如在问题具有发散性时指导其应用自己的智慧；在学生受思维定式干扰时指导其应用自己的智慧。原有的思维定式妨碍学习新知识时，要及时指导学生摆脱第一印象的左右，提高学生思维的灵活性。

（4）培养学生创造自己的智慧

苏霍姆林斯基指出："人的心灵深处，都有一种根深蒂固的需要，就是希望感到自己是一个发现者、研究者、探索者。"因此，教师应该更多地激发学生的好奇心，激发学生的创造欲，从而不断地创造出自己与众不同的智慧来。

第二节　行动导向教学模式下几种基本的教学方法

一、项目教学法

项目教学是行动导向学习的基本教学方法。著名教学论学者科拉夫基（W.Klafki）认为，项目教学法与教程法、课题法和实践练习法是四种最基本的教学方法。杜威（J·Dewey）曾经把项目教学与整个学校教育制度的改革结合起来，发展出其民主教育思想。项目教学法目前在中国也常被看作一种课程模式。

（一）项目教学法的概念

项目教学法，是师生通过共同实施一个完整的"项目"工作而进行的教学行动。一般地，项目是指计划好的有固定开始时间和结束时间的工作，原则上项目结束后应有一件可以看到的产品。在职业教育中，项目是指以生产一件具体的、具有实际应用价值的产品为目的的工作任务，它应该满足下面的条件：

①该项工作具有一个轮廓清晰的任务说明，工作成果具有一定的应用价值，工作过程可学习一定的教学内容。②能将某一教学课题的理论知识和实践技能结合在一起。③与企业实际生产过程或商业经营行动有直接关系。④学生有独立进行计划工作的机会，在一定的时间范围内可以自行组织、安排自己的学习行为。⑤有明确而具体的成果展示。⑥学生自己克服处理在项目工作中出现的困难和问题。⑦有一定难度，不仅是已有知识、技能的应用，而且还要求学生运用已有知识，在一定范围内学习新的知识技能，解决过去从未遇到过的实际问题。⑧学习结束时，师生共同评价项目工作成果和学习方法。

以上所列标准是理想的教学项目应具备的条件。事实上在教育实践中，很难找到完全满足这八项标准的教学活动，特别是学生完全独立制订工作计划和自由安排工作形式。但当一个教学活动基本满足大部分要求时，仍可把它作为一个教学项目对待。况且，满足全部条件的教学项目并不一定就能保证教学成功，如学生在制订工作计划时，若目的表述得不够明确或学生犯了错误教师没有有效地进行干涉，都会影响最终效果。我国传统的课程设计教学是项目教学的特例，而且多是不完整的项目教学。

在项目教学中，一般有一个由学生组成的学习小组，有一项目标明确的特定的工作，他们自己计划并且完成工作，结束时有一个明确的结果。在形式化（formal）的行动结构中，学生学习"解决问题的能力"是首要的教学目标，其突出特点是"学生是项目的发起者和规划者"。项目学习的内容一般是跨学科的问题，也应当是学生感兴趣的问题。项目教学可以把理论与实践教学有机地结合起来，发掘学生的潜能，提高学生解决实际问题的综合能力。为达到这一目标，需要使用不同的辅助工具、媒体和学习形式，学生以不同形式演示其学习成果。作为一种全面学习的方法，杜威认为项目给参与者提供了多种多样行动和体验的可能性；教学就是安排，在这个过程中，学生可以学习与现实生活相关的知识，从而实现全面的学习。

在传统的教学中，学生多需要独立完成任务。但是随着小组生产方式的推广，企业对员工的合作能力的要求越来越高，人们开始采用项目教学培养学生的社会能力等关键能力，即学生通过共同制订计划、共同或分工完成整个项目。有时参加项目教学学习的学生来自不同的专业和工种，甚至不同的职业领域，目的是发展学生在实际工作中与不同专业、部门合作的能力。目前，教学项目或项目课程在多地得到了推广。中国台湾有学者曾为项目教学总结出以下特征：①学生在规定的框架内做决定。②拥有事先没有规定解决办法的问题情境。③学生自己设计解决问题的过程。④学生负责评估与管理他们自己所收集的信息。⑤评估在整个过程中一直发挥作用。⑥学生规则有序地反思他们所做的事情。⑦得出最后的产品（产品不一定是物质形态的）并进行质量评估。⑧课堂形成了包容错误与变化的氛围。

在项目教学中，参与项目学习的学生有较大的选择权，这表现在他们可以：决定将要从事的工作内容，规划自己所选择的项目，参与项目评价的规则与标准的定义与制定，独立解决在项目实施过程中所遇到的问题并做某种形式的项目成果展示。项目教学的关键是创设一个设计导向的学习环境，学生通过自我组织、自我管理与自我学习的主动性，建构自己的经验性知识并发展综合职业能力。为了保证这一目标的实现，项目教学需要遵循团队合作的一般原则，如以下几项：①在设计和分析工作过程时遵循团队工作的规律。②拟定小组或团队工作进程。③批判地分析所在小组的工作进程，并将其记录在案。④了解和改变小组或团队中的阻力和冲突。

实践表明，通过项目教学，学生可以在小组工作中获得有价值的经验，通过与教师和同学的积极互动，积极探索与所学主题之相关的知识，并发展"主人翁"意识、行动意识，并提高自主学习的能力。

（二）项目教学法的步骤

对于项目教学法的教学过程，克伯渠（W.Kilpatrick）和杜威曾经归纳成了六个基本步骤。①教学开始时，找到一个与参与者有关的、显而易见的问题情境。②精确地描述与界定问题。以问题的形式提出总的教学目标，以问题、计划与实验的形式提出与教学相关的行动。③制订行动计划并确定工作方法。通过制订解决问题的计划，使目标表述得更加精确具体。④模拟阶段（simulation phase）。在理智上检测所定策略的可行性，或者通过小型实验检查计划的可实施性。⑤项目计划的实施。按照工作共享原则（principle of jobsharing）实施计划并解决问题，或者生产出实现的产品。⑥结果的实现与利用。按照这种表述，有人把职业教育教学实践中的项目教学分为五个教学阶段。

第一阶段：确定项目任务。通常由教师提出一个或几个项目任务设想，然后同学生一起讨论，最终确定项目的目标和任务。

第二阶段：制订计划。由学生制订项目工作计划，确定工作步骤和程序，并最终得到教师的认可。

第三阶段：实施计划。学生确定各自在小组中的分工并以小组成员合作的形式，按照已确立的工作步骤和程序工作。

第四阶段：检查评估。先由学生对自己的工作结果进行自我评估，再由教师进行检查评分。师生共同讨论、评判项目工作中出现的问题、学生解决问题的方法以及学习行动的特征。通过对比师生评价结果，找出造成结果差异的原因。

第五阶段：归档或结果应用。项目工作结果应该归档或应用到企业、学校的生产教学实践中。例如，作为项目的维修工作应记入维修保养记录，作为项目的工具制作、软件开发可应用到生产部门或日常生活和学习中。

（三）采用项目教学法的条件

要想有效地进行项目教学，学生、教师、教学环境和教学组织等都需要满足一系列的要求。

1. 学生

学生应该具有一定的独立学习能力，具备团队工作的意愿和基本经验。在此，学生的学习习惯、学习方式（学生的自主权、参与程度等）、自我管理能力起着重要的作用。学生学习小组的内部结构、团队分工与协作方式也会影响学习效果。

2. 教师

教师应具备相应的教学理念以及专业能力和教学能力，如教学项目的设计能力和项目学习的组织能力。教师应适应自己的角色转变，即从传统的知识传授转变为学习顾问。教师应主动放弃教学过程中的"垄断地位"，善于退居到幕后为学生提供帮助，有时甚至要"忍住"不对学生的学习活动进行过多干预。在项目学习中，知识结构松散，活动偶发因素较多，这对教师的教学方法、应变能力和项目管理水平均提出了更高的要求。

3. 教学条件

项目教学需要在设施设备条件、班级容量和指导教师配备等方面进行合理的考量。在传统的班级教室中一般很难开展项目教学，因为不管学生的学习动机和行动意识有多么强烈，它为学生提供的物理空间总是按照"以教师为中心"的逻辑建立的，学生的行动受到很大限制。研究表明，学习行为受（室内）空间设计的影响很大，而开放的教学环境最有利于非正式学习的发生（Frey 2002）。项目教学需要理论实践一体化的教学场所，即按照职业的典型工作任务的要求建立的（尽量）真实工作环境。在此，学生使用专业化的工具，通过合作与沟通完成具体的工作任务，取得特定的工作成果，并学习到相应的专业知识和技能，获得必要的工作经验。

4. 外部社会因素

有些项目教学的教学过程需要学生有接触实际工作或社会的机会，这需要学校与企业进行合作教学。

要想开展成功的项目教学，教师在进行教学设计时应仔细考虑以下问题：①为什么要进行这次项目教学？它与实现课程总目标有什么关系？它特别能够促进哪些能力的发展？②如何编写引导问题，从而激发学生的兴趣并以此减少学生的学习困难。③制定项目评价标准。要考虑评价标准与国家的相关标准是否一致。项目评价不仅要关注知识技能的获得，还要关注关键能力的提高；不仅关注学习的结果，而且关注学习的过程。④教学设计。包括学情分析和学习内容的分析设计，如分析项目实施过程中的教学和辅导需求、特别的学习支持活动、教学资源和学习辅助手段的设计和提供。⑤项目学习的组织与管理。考虑到项目实施过程中的诸多挑战性问题，应制定相应的应对策略和行动策略。在第一次开展项目教学之前，教师应在主持技术和项目管理方面接受一些专门培训，或者至少要有一些亲身体验。

在项目教学中，由于经验缺乏等原因，教学效果有时会不太理想，如教学内容偏离教学目标；或者学生只是做了项目中的一部分，无法达到全部教学目标的要求；或者课堂教学看起来很热闹，但是距课程的核心内容很远；等等。要想解决这些问题，需要教师长期的探索、经验积累和交流。

二、引导课文教学法

（一）引导课文教学法的概念

引导课文教学法是诞生于德国的一种系统化的项目教学方法，它借助一种专门的教学文件即"引导课文"，通过工作计划和自行控制工作过程等手段，引导学生独立学习和工作，并最终完成项目学习任务。

"引导课文"是为学生编写的，针对一个复杂工作过程的系统化信息框架，它常常以引导问题的形式出现。"引导问题"是用于引导和控制工作与学习过程的结构化工具。通过引导课文，学生可以建立起工作任务和完成它所需要的知识技能间的关系，清楚完成任务应该通晓什么知识、应具备哪些技能，从而获得对工作任务和工作过程的整体化认识。

作为一种特殊的项目教学法，引导课文教学法为学生提供一个相对复杂的学习任务，学生需要独立，或者通过团队合作以项目方式解决问题。学生借助现有材料和辅助手段，在很大程度上自行学习处理问题所需的理论和实践知识。

通过引导课文的设计，教师可以确定不同的教学组织形式、提供不同形式的教学资源。学生在引导课文帮助下自行计划、实施和控制复杂的工作与学习过程，在学习速度控制、教材使用、学习内容选择和排序等方面有更大的自主决策空间，这不仅可以发展独立性和自我控制的学习能力，而且也可以提高学生的学习动机。

在职业教育实践中，不同职业领域、不同专业采用的引导课文不尽相同。一般来说，引导课文由以下几部分构成：

1. 任务描述

多数情况下，任务描述是一个项目的工作任务书，可用文字或者图表等形式表达。

2. 引导问题

引导课文常以问题形式出现。按照这些问题，学生可以想象出最终工作成果和完成工作的全过程，能够获取必要的信息，制订工作计划并实施。

3. 学习目的描述

学生应知道在什么情况下达成了目标。

4. 学习质量监控单

可以帮助学生避免工作的盲目性，保证每一步工作顺利进行。

5. 工作计划

学习内容与时间安排。

6. 专业信息

为更好地促进学生学习能力的发展，最好不提供现成的信息，而只提供获取信息的渠道。信息的主要来源为专业杂志、文献、技术资料、劳动安全规程、互联网、操作说明书等。

7. 辅导性说明

即在专业文献中找不到有关具体工作过程、质量要求等企业内部经验的说明。

（二）采用引导课文教学法的意义

采用和推广引导课文教学法既有技术和社会发展的现实意义，又有职业教育学的理论价值。

在现代技术和生产组织条件下，很多生产和服务的重大决策是在生产与服务一线的工作过程中做出的，专业技术人员必须具备解决工作中复杂问题的能力，以及计划和决策等关键能力，这仅靠书本知识学习和基本技能训练是不够的，而引导课文教学法可以系统培养这些能力。引导课文教学法的核心是：引导学生从专业手册等学习资源中独立获取和处理专业信息并完成任务，从而获得解决新的、未知问题的能力。

引导课文是促进学生进行自我控制学习的一种途径。在由引导课文建构起来的学习环境中，学习者进行自我控制的学习不但可行，甚至是必需的。在这种开放性的学习环境中，不同的学习者对相同的学习内容会产生不同的理解和答案，并获得不同的经验。从这个意义来讲，引导课文法本身对学习内容并没有"引导性"，而是对学习过程的引导。

在学习过程中强调完整的行动模式，是引导课文教学法的另一个重要特征。在引导课文引导下的学习，学习者学习对自己的学习和工作负责，正确评估工作的过程和节奏、正确评价自己的技能和知识、合理制订工作计划、执行计划好的工作、独立解决在计划和执行中出现的问题、检查和控制工作结果、评估自己的成功和失败。通过自我开发和研究式的学习，学习者掌握解决实际问题所需的知识技能，从书本抽象描述中建构自己的知识体系，实现了具体的理论与实践的对应和统一。

（三）引导课文教学法的步骤

作为一种特殊的项目教学法，引导课文教学法的步骤与一般的项目教学没有太大区别。按照德国联邦职业教育研究所（BIBB，以下简称德国联邦职教所）和西门子公司合作开发的"以项目和迁移为导向的培训方案"（PETRA），引导课文教学分为六个阶段，即明确任务/获取信息、制订计划、做出决策、实施、检查控制和评价反馈，这就是中国职教界所熟知的"六步法"的原型。

1. 明确任务/获取信息

明确任务/获取信息即明确工作任务和目标，告知学生其学习任务的状况和学习目标，提供（部分）与完成工作任务有直接联系的信息。本阶段的重点是明确问题情境（problem situation），即描绘出工作目标、弄清存在的困难以及为达到目标所需做的工作、条件和应当满足的要求。学生独自或以组为单位处理实施所需的信息，他们可以使用教师提供的教学辅助资源（如引导文、专业书、专业报纸、网络资源和视频等）。引导问题为信息/分析阶段提供支持。

2. 制订计划

根据已经明确的任务设想出工作行动的内容、程序、阶段划分和所需条件。一般情况下，完成任务有多种途径，可按照不同的步骤采用不同的工具和材料。计划阶段的首要任务是根据给定设备和组织条件列出多种可能性。这首先要在大脑中想象出具体的工作过程，这对学生工作经验和专业知识也提出了较高的要求。该阶段的主要任务是确定工作方法和工具，常需要一些教学辅助手段，如张贴板（pin-board）等。

3. 做出决策

做出决策即从计划阶段列出的多种可能性中确定最佳解决途径。这里需要具备科学和理性的决策能力和决策技术。决策往往通过小组的形式集体做出。

4. 实施计划

实施计划即按照所确定的"最佳"解决途径开展工作。在实践中，实施过程与上一步决策的结果常有一定偏差。产生这些偏差并不可怕，关键是应及时观察并记录这些偏差，并在实施过程中做出合理调整，在评价阶段分析产生这些偏差的原因。

5. 检查控制

在实施过程中采用适当的方式对工作过程进行质量控制，以保证得出所期望的结果。本阶段的主要功能在于检查任务是否完成。可通过引导问题检查控制所制成的工件或制订的方案。学生不仅要检验自己在哪些领域存在专业知识、技能和技巧方面的缺陷，而且要通过检查控制问题反思并检验工作中的行动步骤。只有这样，学生才会意识到，独立自主的检查控制对生产过程反思的重要性。值得一提的是：检查控制的评估要在公开、自由的环境中进行，否则学生会面临很大的成绩压力。

6. 评价反馈

评价反馈即从技术、经济、社会、道德和思维发展等多方面对工作过程和工作成果进行全面评价。评价的目的不仅是找到缺陷，更重要的是找到产生缺陷的原因，并做出相应的修正。教师根据学习成果和相应的评价表与学生进行对话，总结经验教训，提醒学生下次应注意的方面。评价的重点不是评定学生的成绩，而是帮助学生从中吸取教训，回答"下次应在哪些方面提高"的问题。

培养学生的独立工作能力是引导课文教学法的出发点。在此，教师的行动局限在准备和收尾阶段，而不是在整个教学过程中，学生可以团队合作，也可以独立行动。教师的角色转换，意味着教师不进行明显而直接的外部控制，这对教师的工作提出了更高的要求，也意味着对传统课堂教学的挑战。与传统的教学相比，引导课文法花费时间较多，但学习效果显著改善。重要的是，在传统教学中，学生往往不知道学习内容在实际工作中有什么作用，引导课文法可以很好地解决这一问题，从而调动学生的学习积极性。

三、角色扮演教学法

（一）角色扮演法的概念

角色扮演法是一种较早建立并得到普遍使用的教学方法，它广泛应用在社会学、管理学、心理学和教育学等领域。"角色"一词，本来指戏剧舞台上由演员扮演的剧中人物。

在职业教育中，角色扮演法通过模拟的情境活动，将学习者暂时置身于职业人的社会位置或社会角色，并按照这一位置或角色所要求的方式和态度行事，从而增强对职业角色和自身的理解，学会有效履行未来职业角色的心理与行动技术。角色扮演法的学习内容既可以针对"一般社会性问题"，也可以针对专门的"职业性问题"。典型的"一般社会性问题"如人际冲突（揭示人与人之间的冲突）、群际关系（群体间冲突的谈判、协商、妥协）、个人两难问题、历史或当代现实议题；典型的"职业性问题"如处理商业纠纷、服务接待中的突发事件等。

（二）角色扮演法的特点

角色扮演法有以下基本特点：

1.角色的模拟

模拟是对知识进行组织的重要工具。角色扮演法是对个人情境的模仿，它模仿一个角色所认可的观点、应有的态度以及可了解的知识，并因此成为组织知识的手段。在通过角色扮演建立的互动过程中，知识也获得了发展。换而言之，在角色扮演学习中，传统课堂教学中知识组织的最重要的对象"学科知识"被"角色"取代。在此，"角色"的选择不是随意的。通过角色扮演，不但可以完成特定的专业教学任务，而且可以帮助学习者建立起与职业（专业）相对应的社会角色、职业角色，或使其与未来可能承担的角色建立起紧密的联系。学习者通过对特定"角色"的模仿、扮演与观察，获得与职业相关的知识、情感、态度和技巧，因此，角色扮演中的"角色"具有丰富的内涵。

2.角色的灵活度与可建构建

在角色扮演中，行动的准则是一个在想象的情境中被以不同方式和程度定义的角色。角色扮演有两种方式，即"特定角色的角色扮演"和"开放的角色扮演"。在"特定角色的角色扮演"中，要事先精确而广泛地规定好行动方式，分配好角色；但在"开放的角色扮演"过程中，对所选择的行动并没有明确规定，这里更加关注灵活而⊥富有创造性和建设性地分配角色。

角色建构的创造性既依赖个体对角色内涵的理解和把握，也与团队合作与分工以及教学的需要相关。必要时，教师可以打断角色扮演过程，要求作为参与者与观察者的学生进行解释和反思，解释为什么用这种方式而不是其他方式进行模仿，从而反思角色所表达的内涵的合理性和适切性。

3.趣味性

引发学生对一个事物产生兴趣的最好办法，是通过表演或模仿。角色扮演可以激发学生参与学习过程的兴趣。角色扮演是一个练习过程，学生在这个过程中承担一定角色，并参与这些角色的活动。例如，学生扮演个体经营者（进城摆摊的农民或消费者）或企业家，出版自己的报纸，设计、制作和推销新产品，或者创立、经营一家茶馆等。相对于传统的课程，学生往往会对角色扮演表现出浓厚的兴趣，沉浸在小组或个人对真实职业活动的体验与建构中。有创造性的教师愿意从一个"知识传播者"变为一个"导演"，与学生一起构建对职业内涵的理解，乐于通过"角色"这一特定载体，帮助学生建构自己对专业知识和职业的认识，通过学生在扮演和模仿中发现一个个"惊喜"这样一种开放、自由和民主的方式，将学习的乐趣重新还给学生。

4.更高的认知和情感要求

和表演法（详见下文）一样，角色扮演法在认知和情感方面对学生提出了较高的要求，但两者有明显的差别。角色扮演法重视对具体职业角色的体验和深入挖掘；而表演法重视对事件过程或组织系统的模拟，即这里的"角色"是不同的。"角色"是角色扮演法的核心概念，是采用角色扮演教学法组织知识的主要原则。它将个人置身于特定的职业角色和社会地位中，要求学生按照这一位置所要求的方式和态度行事，从而增进学生对特定职业角色和社会地位的深入理解，掌握未来有效履行职业角色的心理技术。

（三）角色扮演法的形式

角色扮演法有多种表现形式，在此介绍两种按照不同职业角色进行的角色扮演形式。

1. 与客户进行专业交流

（1）从职业活动角度看待与客户进行专业交流的重要性

技术和社会发展对专业技术人员提出了越来越高的要求。为顾客提供个性化的专业技术服务，承担（部分）销售和客户咨询工作，成为很多专业技术人员的重要职责。在很多技术服务行业，"与客户进行深入和有效的专业交流和沟通"，成为高素质专业技术人员不可或缺的能力。例如，在设备维护维修领域，与客户交流通常是一场主题明确的专业谈话。技术人员或客户经理常常有一些专门的沟通指南。通过重点突出、符合客户要求的谈话，维修人员可以全面了解客户的想法和要求，并得到更多有关待维修设备的信息，从而保证维修工作的有效进行。对这些技术人员来说，专业知识和与客户交流积累的经验非常重要，他还必须把专业知识与方法能力和社会能力进行有效的结合。

（2）与客户进行专业交流的目标

开展与客户的专业交流的目的，是满足客户对产品和服务等多方面的要求，这并不是一件容易的事。有的客户甚至抱怨道，"那些所谓的客户专员总是给我们提供一些错误的信息或曲解我们的意思　　无论是脾气温和的、专业自信的，还是坚持视顾客为上帝的，都未必能做到使消费者对技术服务人员产生完全的信任感"。作为一种行动导向的学习方法，"与客户进行专业交流"让学生分别扮演客户和技术服务者的角色，培养学生的综合技术服务能力。在此，学生不仅可以获得大量在企业工作中所需要的专业知识，而且也可以促进学生跨专业能力的发展，如交流沟通能力和职业道德等，从而为将来灵活、高效地满足客户要求，全面解决客户的难题奠定基础。

（3）与客户专业交流的步骤

作为一种角色扮演方法，与客户进行专业交流的准备工作应当充分而灵活，教师可以有针对性地设计一些针对客户要求的问题，并给出不完整或者不充分的答案，形成《交流指南》，由此指导学生的交流，并降低学生的学习难度。

在与客户的对话交流过程中，学生应积极、妥善地利用"客户"（可以是学生扮演的，也可以是真的客户）的反映，获悉客户的具体要求和问题，按照客户要求提供专业化的建议。在此，应避免专业误导，或提供过量信息而"骚扰客户"，从而最终赢得客户的信任。与客户进行专业交流的过程分以下几个阶段：

①准备阶段

教师给学生设定一个工作情境，如要求学生针对一款新产品向一位潜在客户提供咨询，潜在客户（可以是真实的，也可以由其他学生扮演）表达自己的想法和意愿。收集学生对交流过程的不同想法。

②制订交流计划

通过小组工作方式，一起制订与客户进行专业交流的计划，计划的重点是确定以客户为导向的问题。交流的准备工作应充分而灵活，学生可以有针对性地设计符合客户要求的问题，给出不完整或不充分的答案形成《交流指南》。来自客户的信息非常重要，他们对产品的要求应在准备好的客户《交流指南》中体现出来。

③实施阶段

每组学生作为专业技术服务或咨询人员同客户进行技术谈话。在交流过程中，学生积极、妥当地利用客户的反映，获悉客户的具体要求和问题，按照客户的要求提供专业建议。

④比较与评估

将不同的交流活动进行比较。在比较中，学生需用到特定的技术或服务标准，这些标准可能是学习开始时教师提供的，也可以或最好是由学生在教师的指导下开发的。

⑤反思并利用交流结果。所有学生一起评价每个学生或小组的专业交流过程，并共同思考，如何把在专业交流中学到的技术知识和工作经验应用到今后的工作和生活情境中。评价的重心不是确定分数的高低，而是发现问题，从而今后能够避免再次出现。

（4）开展客户技术交流的要求

与客户进行技术交流对学生提出了较高的要求。交流顺利进行的前提是明确自己在交流活动中的角色。学生首先必须准确定位，理解角色扮演的内涵。在交流中，学生要学会通用的访谈技巧并积累初步的经验，如倾听、追问、给出专业建议和推销产品等。熟练开展专业交流不是一蹴而就的事情，需要学生不断实践与练习。此外，交流之后的反思也很重要，它能帮助学生较快提高个体的实践能力与服务水平。

教师在教学准备时和在交流过程中，应注意不要对学生提出过于苛刻的要求，应采取合适的方式，针对学生的现有专业能力提供适时的帮助，引导学生逐步提高能力。学生实践能力的提高是一个渐进而缓慢的过程，这不像简单地记忆一个知识点那么容易，教师应对其有足够的理解，有足够的耐心等待学生的发展。教师在教学中还要同时关注学生的专业能力和跨专业能力的协同发展。与客户技术交流的准备工作相对较少，需要的硬件条件也不多，常常只是一个简单的空间。教师的工作重点是选择适合学生进行交流的情境，并引导学生交流的顺利进行。

2. 模拟毕业考试中的口试

（1）基本概念

口试是常用的考试方法。在职业教育的各类考试中，人们越来越多采用专业口试作为面试或笔试的附加部分。通过专业口试，可以进一步了解考生是否掌握了职业情境中所必备的行动能力。在口试中，考生口头报告其工作经历和实践经验。除了专业知识外，通过专业性的对话，考官可以更加深入了解考生对生产过程、重要的专业问题及其解决方法的认知水平。

作为角色扮演教学法的一种类型，"模拟口试"不针对传统的课堂或学期（末）考试。模拟口试主要是用来复习和深化特定的或与职业资格考试内容相关的学习内容。值得注意的是，模拟口试可以为准备资格考试提供帮助，但也有可能引发一些学生的恐慌和反感，特别是对那些测试成绩一向不好的学生。在模拟口试中，学生应在有限的时间内尽可能全面展示其专业能力，演示并示范与工作相关的行为，还要独立回答问题。

作为一种教学方法，模拟口试的魅力在于能把专业学习和角色扮演进行特别的整合。一方面，"考生"和"考官"之间的关系是不平等的，这更加突出了角色间的关系；另一方面，通过"考生"的恐惧，突出了角色扮演的效果。在模拟口试中，学生既展示了专业能力，也可以通过模拟考试情境，为将来的真实考试做准备。这不仅为学生提供了主动参与学习过程的机会，也能提高学生的学习兴趣和意愿。

事实上，模拟的对象即可以是笔试，也可以是口试。在教学过程中让学生在学校里体会（企业）考试的情境，具有一定的实际意义。模拟企业考试情境，能让学生熟悉陌生的职业角色、了解并充分利用给定的行动空间体验极限，并获得必要的知识和能力。通过模拟考试，可以使专业知识与社会能力和情感态度紧密联系在一起。模拟考试是一种直接的体验式学习。学生不仅是谈论和思考考试，他们本身也是模拟的一部分，从而体验自身的行为、评判和决策带来的后果。

（2）模拟考试的步骤

①准备阶段

针对技术工人资格考试中的口试，（师生共同）确定考试题目，复习与考试有关的内容，从而引起学生的兴趣。为了能对专业口试过程进行很好的把握，学生可以对口试对话过程的设计提出建议。

②实施阶段

在此阶段，教师的任务是为学生提供合适的学习辅助资料（专业书籍、仪器、模型和网络资源等），准备合适的空间，营造合适的氛围，控制时间，并为个别（较弱的）小组提供帮助，特别是在小组活动离题时。

③评价阶段

a. 教师依次请"考官""考生"和"观察员"对模拟口试过程进行评价。根据专业的适宜性和正确性，"考官"对自己所提的问题进行评价，"考生"对自己的回答进行评价。b. 评价社会行为：学生根据事先制定的有关专业能力、方法能力和社会能力的标准，对此次模拟口试进行评价。c. "考官"审阅记录表上的记录并给每一项评分，告知"考生"结果。

④反思与应用

模拟口试的优点是能激发学生参与学习过程的积极性。如果教师能成功地组织学生开展一次模拟资格考试，让学生经历一次特殊的学习情境和行动过程，学生不仅会在认知领域，而且在社会和情感层面也会得到有效的发展。通过对考试情境的模拟，学生对考试不再觉得那么神秘，就不会在真实的考试中怯场。学生在模拟口试中还可以获得其他的经验和知识，由此评估自己的优势和劣势，认识自己在专业、社会交往和情感方面的缺陷。

（3）开展模拟考试教学的要求

在模拟口试教学中，学生共同准备口试（专业对话）的题目和过程，他们要研究以往的考试题目、查阅相关资料、探讨专业问题，要把自己置身于一个专业人员的专业工作状态中，要承担执行、反思并评价"考官"和"考生"的双重角色。学生在确定考试日程安排等事务性的工作中，也能够经历和反思专业之外的社会交往和沟通过程，对不同角色的扮演，也使得学习的效率更高。

为了使模拟口试能够按照专业标准、在尽量真实的考试条件下进行，学生必须具备足够的专业能力和实践经验，因此模拟口试主要在高年级中进行。在角色扮演教学中，有两个因素有可能影响学习的效果：①一些玩世不恭的（常常是较大年龄的）学生很难或不愿意进入角色；②学生的学习氛围过于松散，不严肃认真对待模拟过程。

模拟口试对教师方面最重要的要求是，教师必须完全置身于模拟口试过程之外。一旦教师参与到口试过程中，就变成了由教师带领的复习，其性质就发生了根本性的变化。在组织方面，教师应当从过去的考试题目中为学生挑选合适的题目，形成符合学生水平的模拟口试题目。

四、表演教学法

（一）表演教学法概述

作为一种教学方法，表演法又被称为"企业表演法"或者"模拟表演法"，它是对典型的真实的工作过程或工作系统的复制。典型的表演法是：几个学习小组根据预先确定的规则，通过合作或者相互竞争的方式完成一个工作（表演）过程。在表演过程中，一般只考虑重要的变量和关系，而不过多考虑复杂现实中的非重要因素。在经济学和组织心理学的教学中，人们常用"企业表演法"来模拟市场行为，如市场行销、行业竞争和企业经营管理等，参与的学习小组之间根据所确定的"经济目标"或竞争或合作，通过自己的努力达到这一目标，并对整个过程进行反思。

表演法构建了一个模拟的"真实组织和工作过程"。为了达到系统的效果，参与者需要多次完成（表演）收集信息、分析问题和解决问题的过程，表演法是一种"经验导向和认知学习相结合的对知识进行有效组织的学习方式"。

表演法与角色扮演法很相近，但是又有一些不同。如果说角色扮演法是一种重要的模拟导向的知识建构工具的话，那么表演法就是第二种模拟导向的知识建构工具。两者都是模仿从真实工作中获得的具有范式意义的工作情境，都对学生提出了较高的认知要求和情感要求，尽管有人认为角色扮演法对认知和情感的要求更高，但是由于表演法中也存在着各式各样的"角色"，甚至可以说是一个集各种角色之大成。不同的是，由于表演法集合了多种角色，学习者很难深陷于某个具体的角色并对此进行深入的理解和把握，而这在角色扮演法中却是最重要的。在表演法教学中，学生从全局出发，塑造和评价各个角色的关系，体验其互动过程，从而解决某一特定的职业问题。换而言之，每个具体的角色对表演法来说都是必不可少的，但是表演法的重点不在于此，其重点是呈现复杂的角色关系网，或者体验包含各种角色的组织系统中的典型行动方式。

（二）表演法的步骤

表演法的教学过程由一个或多个主持人主持，一般分为三个阶段，即获取信息和准备阶段、表演阶段、情况汇报与评估。

1. 获取信息和准备阶段

获取信息和准备阶段的任务是描述情境与角色分工。作为主持人，教师确定并描述一个需要表演的情境。参与表演的学生得到相关基本信息，教师或被选作主持人的学生领导所有的学生一起确定表演规则，明确表演的目标和过程，确定每个参与者的角色及其职责范围。认可并遵守共同确立的表演规则是确保表演成功的前提，在此，主持人扮演着十分重要的角色。在组织小组和确定角色分工时，应遵循以下原则：学生自由组队，不要强加于学生某一特定角色。一般学习小组以 2～4 人为一组。不同小组可以从教师那里得到不同的资料。

2. 表演阶段

表演阶段由几个环节组成：第一，参与者分析给定的情境，确定试图实现的目标，选择用于决策的方法和手段，并确定行动方案；第二，按照所确定的行动方案进行表演；第三，按照所定规则得到特定的结果并展示（Holling，Liepmann 2004）。在表演阶段，主持人的任务是促进表演小组之间的联系。表演小组根据其目标、所确定的策略进行表演，在表演过程中可以修正所确定的目标和实施方案，但要做好相关记录，以便最终得到共同的解决方案。

3. 评估阶段

最后，学生在主持人的指导下对整个表演过程进行总结和反思，对参与者的所有策略和行为给予不同的评价。汇报阶段一般也分为三个环节，主要回答三个问题："你感觉怎样？""发生了什么？""你学到了什么？"汇报可采用无主持人汇报、有主持人汇报、视频汇报、调查问卷书面汇报、在整个大组汇报等方法。

（三）表演法的目标

作为一种基于现实世界的表演，表演法教学可以实践和印证不同的观点和策略，以及不同交互方式和技术的结果，通过一次甚至反复多次表演，实现系统化的学习。它能帮助学生对工作世界中的社会、经济、政策、技术和组织结构等复杂关系形成问题意识，培养做出决策的责任感，提高其决策和计划能力，扩大学生获得信息的途径与方法，并促进其合作能力的提高。

然而值得一提的是，也不要高估表演法在开发学生学习潜力方面的作用。尽管实践证明表演法是一种不错的主动式学习方法，学生一般会有较高的学习兴趣并积极参与，但方法本身并不能保证绝对良好的学习效果。表演法教学是否成功，取决于能在多大程度上废除学生头脑中的旧有思维结构的束缚。现实世界的复杂性和掌握海量知识难度，也带来很多问题，具备足够的知识基础是成功表演的前提。

（四）表演法的要求

表演法教学对学生的专业知识、团队合作以及表演能力提出了较高的要求。首先，学生必须有足够的专业知识，才可能理解和参与真实职业事件的表演、模仿或评判，从而保障所表演的与职业现实的相似性或一致性。其次，表演法对学生的参与、鉴定和表演能力提出了较高的要求，如在给定时间内完成任务的执行能力、快速反应能力、对行动后果的责任心和承受力等。无论是在表演之前、表演中还是表演之后，所有行动都不是一个人就能完成的事情，学生必须愿意并有能力进行团队合作。角色的分配没有优劣主次，更多的是一种涉及多角色、多种互动方式的集体事件。

尽管表演法是对现实世界的模拟，但它并没有办法考虑复杂现实中的所有因素，因此教师应该具备对复杂情境进行简化和限制的能力。换而言之，教师要从复杂的现实世界中提取重要的关系和变量。无关紧要的琐碎细节不仅影响表演法的教学效果与效率，而且不利于学生的理解和模仿，更不便学生日后在现实条件下应用。教师在整个表演中担任"咨询者"的角色，但是在某些特殊情况下，教师也应和学生一起进行表演。通过表演，教师少了说教，多了通过实际行动的引导。这里的关键是：第一，如何剔除事件或系统中的不重要因素；第二，集中解决关键问题。

表演法教学的准备和实施需要教师投入大量时间和精力，如必须准备大量的、形式多样的资料。表演法对教学场所也提出了较高要求，例如，如果模拟生产车间或不同部门的生产或经营组织，就必须给学生提供一个足够大的、复杂而真实的（模拟）空间。

第三节 行动导向教学模式在高职人才培养中的应用

一、用行动导向教学法提高高职院校学生学习的动力和兴趣

（一）高等职业教育特点及对学生的要求

1.高等职业教育特点及对学生的要求

高等职业教育，是指以培养适应生产、管理、服务第一线需要的高等技术应用型人才为根本目的的专门教育，是面向具体职业的，是让学生掌握从事某个或某类职业或行业所需的实际技能和知识，培养的是"高等技术应用型专门人才"，即培养在生产、建设、管理、服务等一线工作的人才，不同于普通高等教育的研究型人才和设计型人才。所以，高等职业教育培养的人才要既不同于中等职业教育，又要不同于普通高等教育，应具备自己独特的模式，培养的是特色人才。对学生的要求如下：①掌握必要的专业的理论知识，能用学过的理论知识来指导实践工作；②动手能力强，能运用所学专业技能解决企业生产中出现的具体问题和现场突发性问题；③掌握当前已经发展成熟的、关键的技术及相关的技术规范，及时了解当前的前沿技术、高新技术，并能应用到实际工作中；④具备较好的综合素质，包括智力素质、社会素质、知识素质、道德素质等。尤其是敬业精神和协作能力。

2.现有教学方式存在的问题及模具专业教学特点

高等职业教育就是要培养大批高级技能人才，高等职业教育由于起步较晚，不同程度地存在这样或那样的问题。

①名为职业教育，实际上仍沿袭普通高校的教学方式和教材，以考试为中心，完全与职业要求不发生任何关系。②开办专业和课程时脱离职业教育行业性和地方性的特点，是从自身条件出发，有什么设备和哪方面的老师就开哪一类型的课程，学生不能学到真正的

本领，走上岗位后体现不了职业教育的优势，不能达到行业"零距离"上岗的要求。③课程评价原则遵循知识目标、问答习题、教师主体。教学方法仍采用灌输式、学科式教学，培养出的学生无法满足企业对技能应用人才的要求。④模具是一种特殊的机械产品，加工精度高，形状复杂，模具设计很依赖经验，模具装配还要经过试冲。模具专业课程实践性非常强，讲授的理论往往要和模具实践相结合。对于模具的结构，学生靠书上的结构图去抽象地想象模具的结构，教学内容往往比较枯燥，尤其是对于一些识图能力差的学生，根本就想不出来模具的具体结构形式，老师抱怨学生难教，学生抱怨老师讲的理论知识枯燥乏味，什么都没听懂，从而一些学生对模具专业知识的学习失去兴趣。

因此，迫切需要改变教学方法，在教学中要以学生为主体，以能力目标确定课程评价体系。教师要以企业职业需求为导向，加强课程体系建设，并不断改革创新，找出适合高职教育的人才培养模式，使学生所掌握的技能应用知识与企业的岗位要求相一致，突显出高技能应用能力的培养，进入企业后会迅速成为生产实践的骨干力量。

（二）行动导向教学法的理论和实践意义

行为导向教学法理论意义在于以职业岗位能力的培养为教学导向，使学生在学习过程中由被动学习变为主动学习，教学方法上，立足于引导学生、启发学生、调动学生的学习积极性，促进学生独立思考与操作，鼓励学生提出问题、解决问题，鼓励合作以及独立进行工作。

行为导向教学法实践意义在于通过项目教学培养学生独立与协作工作的能力；通过一些案例分析培养和发展学生决策的能力、语言表达的能力；课堂中让学生扮演一些角色，亲身体验角色的心理、态度、情境等，从而使学生了解学习的要求；通过模拟教学使学生能够在模拟真实的职业氛围中学习职业必需的知识、技能和能力。

目前国家示范性高职院校建设中提出的课程评价标准"6+2"基本原则：

"6"是指工学结合、职业活动导向；突出能力目标；项目任务载体；能力训练；学生主体；理论实践一体化的课程教学。

"2"是指德育内容、外语内容等"渗透"所有课程中；自学能力、与人交流能力、与人合作能力、解决问题能力、信息处理能力等"渗透"所有课程中。

行动为导向的教学方法也符合国家示范性高职院校建设中提出的课程目标要求。行动为导向的教学方法已经成为现代职业教育的主流，世界职业教育中出现的一种新的思潮。

因此，必须转变现有的教学模式，在模具专业技能培养中采用行动导向教学法。

（三）行动导向教学法的应用

行动导向教学法是建立以学生学习为中心，教师处于辅助地位，突出学生学习活动的教学模式，以企业职业行动领域分析为基础，以企业职业活动、工作过程为依据，综合所需知识点和技能，根据教学目标分类要求，形成以培养职业能力为目标的新课程结构。

教学方法上，可以采用案例教学法，以企业实际应用的案例为载体，将教、学、做一体化贯穿于教学中，训练学生的职业能力。

在教学过程中，教师把要讨论的课题内容分给各个小组，由小组长带领全组同学来完成学习任务，再选出代表在课堂上做总结讲课。在这个时候老师是导演、主持人，而学生是演员。让学生主动去思维和探索，教师在下面听并及时给予指导，体现了教师和学生的学习伙伴关系。同时要评价和检查学生分析和解决实际问题的能力。

采用项目教学法，将以往的毕业设计仅停留在纸面上，变成加工、组装成完整的模具实物。包括项目的制定、项目实施、项目评价。其中项目的制定由学生提出模具的结构并设计出来；项目实施包括在教师的引导和帮助下，学生按照设计图纸要求将机床上加工出的模具零件，组装成一套完整的模具；项目评价包括通过模具试模对零件的加工质量、模具的组装进行评价，让学生拿着自己的产品找出不足，老师再点评。

二、高职院校行动导向教学中教师应具备的素质

行动导向教学法是高职院校在实践中探索、引进的一种实效性极强的教学方法。这种教学方法在课堂中利用多种活动形式，引起学生的关注，同时吸引学生主动参与，使学生成为课堂的中心和主体。在高职院校实际教学中从项目或案例入手，将学生分成小组进行有针对性的小组训练，在培养学生动手能力、创新思维及团队协作意识方面都有明显效果。

但是，要想发挥这种教学方法最大的优势，就要求每一位教师除了具备高职院校教师必须具备的各种专业知识和教学素质外，还应具备一些有效素质，比如主持和掌控课堂的能力、比普通教学更完善的启发诱导能力以及全面、公正的综合评价能力。在这里将大学语文课为例与大家探讨以上几种素质的意义与生成。

（一）掌控课堂的能力

细节决定成败，一节课往往都是在一些细节之处出现疏漏才导致教学效果不理想。行动导向教学法与以往传统教学法最大的不同在于传统的课堂以教师为主，教师作为"演员"

而学生作为"观众";而行动导向教学法课堂以学生为主,学生作为演员而教师做"主持人",这就要求教师要更加注意课堂的各种细节和学生的情绪动向。

行动导向教学法的课堂往往不像以往课堂那样"安静""一言堂"。因此经验不足的教师看到学生热烈讨论往往会陷入两个误区:一是以为每个学生都参与到了讨论;二是觉得课堂吵闹很难控制。尤其到发言和小组互评阶段,学生往往会因意见分歧而发生争执,教师如果没有很好的掌控课堂的能力,学生必然进入一种无序混乱的状态中。

因此较强的课堂掌控能力是行动导向教学中教师应具备的前提素质。欲增强教师在课堂的掌控能力应做到以下几点:

1. 课前预测

教师应在课前做足准备,预测到学生可能在哪几个环节出现问题,并做出解决预案。学生在行动导向教学法实施的课堂上一般会在以下几个环节出现"混乱"局面:①分组阶段;②讨论阶段;③小组发言和互评阶段。

三个阶段的对策如下:①为节省时间同时避免上课分组造成的混乱,教师应在课前将组分好。以上课的多媒体班为例,该班在前一节课就已经决定以寝室为单位形成小组。②讨论阶段的"混乱"在所难免,教师可提前提示每个人在小组中的表现将计入平时成绩,教师将在课后对每个人本节课的表现计入期末成绩,这样可以在一定程度上避免混乱。同时教师应在学生讨论过程中随时走动,随时发现情况,以防有些学生在讨论项目时不履行职责。③在小组发言和互评阶段,教师应注意公正公平,在学生发生争执时及时做出评判或转移话题。

2. 定督导、定规矩

为防止学生在课堂上的混乱,教师可在课前邀请班级中较有威望的学生作为"督导"以独立身份出现。督导的职责相当于课堂的警察,对过于喧哗、违反课堂原则的学生予以制止。这种学生"督导"要比教师直接进行课堂掌控的效果好得多。另外课前应将游戏规则或项目要求以板书等书面形式明确展示给学生,让学生有矩可循并随时可查。

3. 分工明确

行动导向教学法中很重要的一项就是将学生分组进行小型团队合作。这对于培养学生的团队意识和协作能力很有帮助。因此,教师在学生讨论前不但要对项目背景等元素进行全面介绍，而且应用相当篇幅讲解团队合作的重要性、方法和注意事项。同时要注意分组时每组人员不要多，以 4～6 个为最佳，太少则团队精神无法展示，太多则会出现有些学生无所事事，失去应有的教学效果。在分组以后应由教师给每个组员明确应完成的任务、须达到的标准以及审核方法。这一点在教学中至关重要。

4. 项目不能单一

行动导向教学法中，教师给学生提供要求他们完成的案例或项目不能是唯一的，应以 2～3 个为佳。这样做的原因主要是考虑学生的全方位兴趣。如果学生对你所抛出的唯一的话题不感兴趣，就往往会出现消极的情绪。一旦有两三个可以选择，即使都不是他们喜欢的，学生也会选择其中一个不太讨厌的话题。同时教师应注意选项不宜过多，否则学生将会在不同选项中捉摸不定，耽误学习时间。

（二）启发、诱导的能力

作为教师如果不能启发学生，让学生自己思考问题所在，学生不会对学习内容有深刻认识，教学效果势必不佳。行动导向教学法的目的之一就是培养学生具有较强的动手能力和独立解决问题的能力。这就要求教师必须掌握十分有效的诱导手段才能将行动导向教学法的优势催生出来。为达到有效地启发、诱导，教师可在以下几方面进行加强：

1. 充分发挥教师的示范作用

以大学语文课为例，我们在做行动导向教学时主要侧重的是学生语言表达能力是否完善、体态礼仪是否到位以及方案是否有创新意识等方面。而高职院校一年级的学生由于社会阅历相对较少、知识水准相对较低，在以上几方面往往不够完善，同时对于新的教学方式不很适应，因而课堂上会感到无所适应。这就要求教师在学生自由发挥或谈论之前给学生做一个完善、标准的示范。

2. 热身游戏要与主题贴切

进行行动导向教学法正式项目之前，为了课堂气氛的预热，教师都会搞一些热身活动。这个热身活动绝不能是单纯为了热烈气氛的与课堂无关的游戏，而应是贴近本课项目主题并直接对项目有启发的活动。选定大学语文课思维创新一章进行了行动导向教学。在预热环节，我选取了"测试你的想象力""如何以最快的速度调查市场"等互动游戏，每一个热身活动都围绕两个主题：①创新能力的提升；②团队合作意识的培养。由于热身活动的目标明确对学生启发有力，因此在接下来的正式项目环节，学生已经有了创新的意愿和团队协作的意愿。

（三）综合评价与总结的能力

在传统语文课堂上，教师仅需要在提问环节对学生进行评价和总结，而且由于学生的答案大部分是可预测，因此评价和总结的套路往往是可以准备的，传统课堂对于教师评价和总结的能力要求并不太高。而行动导向教学课堂则完全不同。学生在经过团队合作后形成的方案是较缜密、完善且很难预测的，这就要求教师必须具备较强的临场发挥能力。同时由于学生对于评价和总结环节的期待也要求教师在进行综合评价时语言必须谨慎而全面。

教师要想在最后的评价环节很好地对学生的方案进行准确的评价和总结，首先应具备的就是知识全面、备课充分，除此之外教师还应注意以下两点：

1. 语言中性，不带个人好恶

在小组发言和互评阶段，最忌发生的就是学生之间的不友好性质的攻击和争执。所以教师应在互评之前反复向学生讲明，互评的目的不是为了驳倒对方而是互相完善各自的方案。学生的有些方案可能会是教师不喜欢或反对的，但在这种时候仍应捍卫学生说话的权利，不能对方案进行打压，而仍应以欣赏的态度、中性的角度给学生的方案以客观的评价，让学生有被重视的感觉，给学生营造言论自由的宽松环境。

2. 总结抓住重点，随时记录

综合评价最忌漫无边际，因此教师要注意不要过于关注学生发言时的细节和内容上的缺失，而应简单扼要地表扬学生方案中的创新之处和思想上的闪光点。在进行行动导向教学时，一个班往往被分成了 6～8 组，教师应注意应在全部小组发言之后再进行一一评价或总评。但我们又不可能将每组学生的言论记得十分详细，而一旦在评价中对学生的言论记忆有所偏差势必造成对学生心理上的压力，认为教师对自己的发言不够重视。因此教师应在每组学生发言的同时随时将发言重点记录在黑板上，总结的时候就以黑板上的板书记录为基础。学生会有被重视的感觉，积极性会更高。

总之，行动导向教学法给我们每位高职教师提出了更高的要求，需要我们每位教师具备更全面的素质才能将它更好地运用到教学实践中。而这些素质不是靠理论学习而来的，而是靠在教学实践中不断总结经验而来的。

三、行为导向教学法中教师个人博客运用

行为导向教学法不是一种具体的教学方法，而是以行为或工作任务为导向的一种职业教育教学指导思想与策略，是由一系列的以学生为主体的教学方式和方法所构成，如项目教学、模拟教学、案例教学和角色扮演等。行为导向教学以培养学生的关键能力、职业行为能力为目标，日益为世界各国职业教育人士接受和推崇。探讨行为导向教学法中教师个人博客运用，加强学生自主学习，有助于推进职业教育的教学改革和教育质量的提高。

行为导向教学法的教育思想，主要源于人们对现实及未来社会对职业人才新要求的思考以及对教育和学习概念的重新认识。过去，对学习过程最传统的认识是：动机、接受、理解、记忆。而今人们无论对"教育"还是对"学习"都有了新的认识，更强调"交流"的作用。联合国教科文组织对"教育"进行了重新定义，将"教育是有组织地和持续不断地传授知识的工作"改为"教育被认为是导致学习的、有组织的及持续的交流。"在此，学习是指个人在行为、信息、知识、理解力、态度、价值观或技能方面的任何进步与提高。"交流"是涉及两个或更多人之间的信息（包括消息、思想、知识、策略等）转移关系。

在行为导向教学中，学生是学习的主体，教师只起到指导或者说引导的作用。教师将个人博客应用于教学，使教师的思维方式、学生的学习方式、师生之间的交流方式发生新的改变，必然成为一种新的趋势。它为学生提供了一个全新的学习空间，也使传统的教学方式得以优化更新，更促进了教师与教师，教师与学生之间的协作与交流。下面笔者从五方面来讨论博客教学在行为导向教学中的影响。

（一）师生间利用博客交流，促进教学方式的转变，提高学生学习的自觉性

传统教学多以事实为学习起点，学习已被组织好的信息，学习内容狭窄，教师在学生的面前是主导者、传授者；而基于 Blog 的教学方式以问题为学习起点，以学习探索为主，教师成为辅导者、帮助者，学生可以通过博客向教师学习知识，也可以向知识系统、专家系统学习，还可以与教师、同学共同探讨问题。它强调交互式和创新式学习，强调学习的过程，这种教学方式有利于激发学生的学习兴趣，提高教学效率，最终达到教师教得轻松，学生学得愉快。

（二）促进传统学习方式的转变，提高学生在学习过程中的积极性和主动性

在传统社会，人们的学习更多地在于继承，传承先辈创造的文明成果；而在网络社会，信息的剧增，使学习不能也不可能仅仅局限于继承，更多是对原有知识的创新。博客的出现为学习提供了全新的载体，也为人类学习提供了无限的可能性。它所提供的学习资源使传统识记型的学习模式向资源型转变，使单向传播式的学习方式向双向互动式的学习方式转变。双向互动式学习使学习者成为学习的主体，学习者按自己的意愿分组学习，自主探索和发现问题、解决问题，并在意义建构的过程中获得知识，培养能力，为其终身学习创造了必要条件。

Blog 在教育中的应用，为学生提供了丰富的网络学习资源，包括数字化图书馆、电子阅览室、网上报刊和数据库、多媒体电子书等，只要掌握了一定的信息处理技能，就可以通过网上的检索机制，方便快捷地获取自己所需要的知识，进行高效的学习。在 Blog T 的自主学习中，改变了以往教师将现成的知识、经验及其形成过程直接呈示给学生，学生通过聆听、观察与思考进行接受式的学习方式，使学生能利用网络资源主动探索、积极自学。从明确学习目标，制定学习策略，搜集学习资源，形成学习报告到展示学习成果的全过程，都是学生自主决断的过程。在整个自主学习过程中，学生始终拥有高度的积极性和主动性，对学习内容、学习任务、学习方法及学习资源有着控制权和选择权，而教师只是起着促进与帮助作用。学生体现的是创造性学习、自主性发展和积极性思维。

（三）博客教学改变传统师生关系的模式

在传统教学中，面对面的，教师处于"较高地位"的空间安排方式增加了学生在心理上对教师的"畏惧"，在师生之间的沟通上造成了一定的心理负担。相对而言，基于博客的教学提供了一个较为宽松的教学环境，教师不再以高高在上的灌输式教学方式，而是以一种隐性的方式引导学生学习；学生不再直接面对教师，消除了传统教学中教师与学生面对面的隔阂和心理压力，减轻了学生的心理负担，提高了学生对教学过程的参与性，使师生之间的沟通与合作处于平等交往状态。

（四）博客教学提高了学生判别、评价信息的能力和创新思维能力

在互动的学习模式下，博客可以给学生提供一个平等、自由、自主的学习氛围，这种环境有利于学生对问题的发散及全方位思考。对于教师或书本上的观点，学生会调动自己

的判断力和语言文字能力通过博客发表对于这些问题的理解，这个过程锻炼了学习者的批判性思维，使其掌握了一些在学术上或专业环境中必需的技能，也提高了他们的评价能力。基于 Blog 的教学使学习不再是单向的过程，而是双向互动的甚至多向的知识探讨、辩论及总结的过程。它使学习和创新可同步进行，使知识的传播和更新能一起发生，从而促进了学生的学习和思维的创新。

（五）博客教学有利于发展学生的自主学习能力

行为导向法要求培养学生的自主学习和合作学习的能力，为其终身学习打下基础。在师生互动的 Blog 平台上，学生可以记录当天的学习情况，对内容的掌握程度和体会，上课的感受，是否对学习感兴趣，是否愿意完成作业等内容。而教师可以将课程教案和参考资料提前放到自己的教学博客中，让学生提前预习。学生通过教师博客配合 QQ 进行网络提问，教师利用博客的短信功能和回复功能为学生进行辅导答疑，还可以对学生在博客里记录的情况给出评价，在学法上给予指导，指出通向答案的某些可行的思考途径。

总之，博客在行为导向教学法中的应用，对教师而言，主要是整理自己知识体系的过程，对于学习者来讲，主要是学习者个人建构自己的知识体系的过程。当然，在应用博客的教学过程中，教师也在不断地重新建构自己的知识体系，而学生也在不断地整理自己获得的知识，这对于提高学生学习的积极性和自主性，是一种积极的途径。

四、行动导向教学法在职业教育校企合作中的应用

面对传统的教学方式已明显不能满足现代职业能力培养的要求，需要创造开发一些适应社会、技术和生产发展的新的职业教学方法和教学模式，其中以培养关键能力为核心的"行动导向"教学模式被广泛推广，这正是当前职业技术院校教学改革的切入点。行动导向教学法是以培养人的综合职业能力为目标，以职业实践活动为导向，强调理论与实践的统一，尊重学生的价值，引导学生主动学习，联系实际问题学习的教学方法的总称。目前，很多职业院校师资及设备与社会要求有一定距离，真正使行动导向教学法得到实施和推广，还需要学校之外的企业、政府协同实施。因此，本文提出在校企合作项目中完成行动导向教学法。

（一）行动导向教学法与校企合作

1. 行动导向教学法的含义

"行动导向教学法"，原名为"行为引导型教学法"。它又称为实践导向、行为导向、活动导向、行为引导型等，代表了当今世界上的一种先进的职业教学理念。"行为导向"一词频频出现在职教文献，特别是欧美职教教学论著作中，一时成为追求和提高职教教学质量、改革教学的代名词。

行动导向教学法起源于德国行动导向的教学理念，是建立在"多元智能理论"和现代大生产对劳动力资源的需要基础之上的。多元智能理论告诉我们，人类的智能是一个多元的。对那些传统的、逻辑的智能知识适合于传统的方法来教学。而那些具体的、技能型的知识则需要通过有别于传统的教学方法去"习得"。现代生产力的发展，对高技能型人才提出了新的需求，而这些人才所必需的"高技能"不是通过抽象的理论教育所能掌握的，它必须通过实践操作才能得到。

这种教学理念是对传统的以教师为中心、教室为中心、教材为中心的"三中心"教学理念进行的一种颠覆性的革命；这种教学理念还要求我们打破传统的教学理论体系，而按照职业教育的规律和职业岗位的要求，始终把"做"与"教"和"学"联结在一起。

2. 校企合作是贯彻行动导向教学法的有效途径

行动导向教学法在校企合作的办学模式中能够达到理想的效果，校企合作有以下几点优势：

（1）共同确定培养目标

职业院校的人才培养具有很强的针对性，因此在专业培养目标的制定上，企业有很大的发言权。职业院校在国家职业教育专业指导委员会制定的专业培养目标的基础上，针对市场的需求，企业的需求，会同企业专家共同确定更为具体翔实的培养目标，即学生应达到的知识、能力与素质标准，使行动导向教学法具有针对性和实用性。

（2）共同制订教学计划

教学计划的设置直接影响到人才培养的规格与质量。职业院校在落实行动导向教学实施方案时，要多听取来自企业专家的意见和建议，由校企双方共同来确定课程体系、实验实训安排、毕业设计与毕业考试等。

（3）共同参与教学过程

校企互动是校企合作的一种比较理想的境界，校企双方应共同参与到教学过程中来。在这一过程中，学校提供生源、师资、校舍等教学资源，并负责学生的日常管理和文化理论课、专业基础课的教学；企业则提供实验实训场所，并负责专业课的教学。与此同时，校方可以经常组织相关老师随堂听企业专家讲课，学习专家的专业经验，企业专家也可以经常听学校老师讲课，借鉴学校老师的授课方法与技巧，从而实现校企双方教学的共同提高。

（4）共同负责师资培训

"双师型"教师队伍是校企合作人才培养的可靠保证。然而，学校教师往往存在理论功底扎实而实践能力不足的问题，这就需要更多的实践锻炼，通过与企业的零距离接触，及时地学习和掌握最新的生产工艺与技能；对企业来说，既得到了学校的智力支持，又减少了用人成本，也是一种实惠。

校企合作，依靠企业发展是高职教育的一种理想办学模式，校企合作办学具有得天独厚的优势。学校与企业零距离对接的新模式给学校的发展带来新的机遇，学校地位得到逐步提高，办学质量得到企业的肯定、社会欢迎和学生、家长的认同，展示了极为广阔的发展前景。

校企合作办学激活了职业教育人才培养机制，具有得天独厚的优势，学校与企业零距离对接的新模式给学校的发展带来新的机遇，学校地位得到逐步提高，办学质量得到提高。

（二）行动导向教学法在校企合作应用中的具体措施

1. 建立校企联合办学的运行机制

校企联办不仅是学校人才培养的必由之路，也是企业生存发展的需要，更是国家、社会经济发展的要求，因此政府、企业、学校都有责任建立强有力的运行保障机制来调节、规范和推动校企联办的发展。首先要由政府牵头，建立有效的运行体系、评价体系、服务体系为一体的校企运行保障机制，确保校企联办顺畅进行。

（1）建立校企联办的运行体系

坚持政府统筹领导下的校企联办。运行体系主要分为四级：一是由国家组织相关部门单位（教育部、发改委、财政部、人事部、农业农村部、劳动和社会保障部、扶贫办和中国企联等）的代表组成"国家校企联办教育管理委员会"，指导、调控、推进校企联办教育的进程及工作，出台有利于校企联办快速发展的法规、政策，以使联合办学在政府的宏观指导下健康持续发展。

二是各省、市两级政府成立由地方政府教育、劳动、人事、社保、企联等部门代表组成地方"校企联办教育管理委员会"，在"国家校企联办教育管理委员会"的指导下，统领地方的校企联办工作，指导、调控、推进地方校企合作进程，制定地方性法规、政策，促进校企联办的有效开展。

三是校企双方成立"校企联办教育委员会"，由学校和企业（行业）主要领导和专业、行业代表组成。主要任务：确定目标，制订计划，建立制度，定期交流，促进合作教育的紧密度，确保可持续发展。

四是成立"专业建设指导委员会"，具体实施合作计划：参与制订中等职业教育人才培养计划，制定和优化专业教学计划及课程开发，进行专业设置的论证，开展教育教学的改革，制订和实施实习计划，制定专业考核标准等，将联办教育落实到每个培养的环节，输送行业急需人才。

（2）建立校企联办的评价体系

目前，中等职业教育校企联合办学处在发展初期，校企联办持续、健康发展还需要建立一套科学合理的评价体系，成熟的校企联办评价应该是由市场规则来评价与检验的，政府、校企联合办学双方以及社会都要参与这项工作，全面了解综合检验与评估的结果。而校企联合办学的内涵与外延极其复杂，有"软"的指标，包括人才培养的质量、管理的科学化程度等；也有"硬"的指标，如人才培养的数量、效益，合作企业的成本、产值等，只有通过有效地评价机制，才能够检验校企合作办学形式的正确与否、效率快慢、效果好坏、效益高低及成熟度等。评价体系主要包括政府与中职校、企业三方面，政府方面应建立对校企合作办学工作的评估中介机构，评价的内容如：每一个企业实践岗位都是经学校认定是一个合适的学习场所；联办学生的实践是带薪的顶岗实习；学生的实践不少于一学年；校企对实习学生的管理措施得当等。评价的目的是促进校企合作办学工作的规范开展，同时教育部门在对中职校的评估工作中加大对开展校企联办方面的评价权重，政府及行业协会对先进企业等评选中把校企联办作为硬指标。中等职业学校与企业也应制定各自开展校企合作办学工作的具体评价指标，纳入各自的质量保障体系中，以不断检验、改进校企联合办学工作。

2. 加强校企联办的自身建设

（1）更新办学理念

校企联办是职业学校培养实用型人才的必由之路，要以社会经济和受教育者的需求作为联办的基本出发点，积极宣传校企合作办学的成功案例，人才培养的创新模式，更新校企双方办学理念。企业方面，要树立正确的人才观，人力资源观，以人力资源储备和软环境建设为着眼点长远考虑校企合作的利害得失，把自己不仅看作学校技能型人才的"消费者"，而且看作人才培养教育者的一部分，进而将校企联办作为营造"最具潜力的学习型企业"的重要组成部分对待。学校方面，要充分认识到企业的深层次参与是学校培养社会急需人才不可或缺的条件，要把合作伙伴的兴衰看作自己的事，面向市场办学，以服务为宗旨，积极主动参与到企业的各项生产和管理中去，同企业共担风险共渡难关，做到资源共享，产学一体。因此，学校和企业要通过更新理念，发动和吸引更多的学校和企业参与联办，实现合作共赢。

（2）总结办学经验，指导人才培养实践

校企联合办学中的"工"主要是指学生作为员工的角色在企业顶岗实践的工作，"学"相对"工"而言是指学生在校学习的角色和行为。因此，在校企人才培养的实施过程中，要不断总结经验，逐步做到：一是合理安排工与学的时间，原则上在校学习不能少于一年，既要满足企业需求，又必须保证学生的学习时间和学习质量；二是顺利转换工、学角色，要重视学生随着学习方式和学习环境的变化对身心的影响，做好从"学"入"工"的心理辅导和技能准备；三是在"工与学"的内容上，尽可能使学生所学专业与企业实践相吻合，提高实践教学的针对性和时效性，让学生的技能学习和顶岗实践最终无缝衔接；四是要坚持学生"学"的利益和企业"工"的效益并重的原则，不能侵害学生的利益开展"工"的活动，要遵照国家有关规定，妥善安排学生顶岗实习的内容、场合、方式，避免学生受到身心伤害，在"工"中还要结合"学"，校企共同组织好学生的相关专业理论教学和技能实训工作，使"工""学"互相促进。

经济的提升呼唤着职业教育的大发展，校企合作是职业教育人才培养的最优模式，我们只有不断深化校企合作内涵，提升校企合作层次，才能真正培养出符合新时代要求的能工巧匠。

五、行动导向教学法在学科领域中的应用

（一）行动导向教学法在高职教育中的作用

1.行动导向教学法的思考

（1）行动导向教学法的理解

行动导向教学法以学习理论为基础，寻求学习的最佳效果，它所追求的教学目标以学生的行为表现为标志，其倡导者认为教学的结果是学生的学习，而不是教师的教导，学习的成效在于学生行为的改变，包括由内化而至外显的行为，每个单项学习的积累与各个部分的结合可以成为整体，任何事物都是以某种量的形式存在的，因此都可以测量。

（2）行动导向教学法的分类

①项目教学

这是行动导向教学法中一种代表性的理想方式。它的基本模式包括：①作为出发点的项目创意，②为研究项目创意而产生的方案，③确定行为步骤的计划，④实施，⑤项目结束等。

②模拟教学

通常在一种人造的环境里，如在模拟施工现场、模拟设计项目里学习从事职业需要的知识。它可以给人一种身临其境的感觉，可以进行重复教学，并随时进行学习评价和指导。

③表演

它是一种更高层次的模拟，要求学生根据给定的条件和模拟的情境做出判断和选择。

④案例研究

学习者利用个人的亲身经验和知识的获得，通过对案例的分析和研究来进行学习，达到为实践行为做准备的目的。通常教师所提供的案例并不难以解决。

⑤角色扮演

即让学生通过对各种角色的扮演和比较分析来学习，借此培养其社会能力和交际能力。

（3）行动导向教学法的特点

①体现了现代教育观的特征

现代教育观的基本特征在于教育要促进人的全面发展，即促进人的品德、智能、情感等方面的全面发展。而行动导向教学法在重视学生知识掌握的同时，追求学生求知的兴趣

及建立在兴趣之上的诸如探索精神、审美体验和个性潜能等方面的健康发展。即以愉快为手段来实现品德的构建、能力的提高、情感的和谐等人的智力因素和非智力因素的协同发展。

②遵循了教学的认知规律

教学过程和课堂组织的目的，就是要有效地控制学生的学习心理状态，以使教学顺利进行，从认知规律和学习心理来看，一切有意识的学习活动无不需要注意的参加。课堂教学成功与否，很大程度上取决于师生双方。为此，要懂得通过各种愉快的手段，调动学生有意注意。而值得一提的是，兴趣是注意的内因，是学生学习活动最积极的心理因素。人的行为活动一般遵从着快乐原则。就注意力而言，学生总是把它首先集中于所感兴趣的目标上。行动导向教学正是基于这一基本功能，而使课堂紧紧抓住学生的有意注意，促成教学的良好效果。

③符合当前素质教育的基本思想

素质教育的基本特征在于面向全体学生，促进学生综合素质（诸如知识结构、智能结构、个性品质结构等）全面和谐的发展。行动导向教学的出发点就在于把课程设置和学生的个性特点结合起来，让学生在思维启发中学，在活动实践中学，真正寓教于乐，让学生体验学习的乐趣。特别对天性热情好动的青少年来说，能够使他们对所学的内容产生兴趣，学习就不再是负担，而是一大乐事。一旦乐于学习，记忆、思维等心理活动就会处于激活状态，学习效率就会大大提高。行动导向教学做到乐中启智、趣中养德，提高了学生求知的主动性，使学生学得轻松，学得高效，不但获得了知识，而且也带动能力的提高和个性心理品质的发展。

2. 行动导向教学的实践

要真正做好行动导向教学，应注意以下几个环节：

（1）课前导言调动情绪

教师上课应尽量避免一开始就讲理性问题或沉重的话题，应从"轻松""愉快"入手，设法创造讲授的良好意境，调动学生"想听"的渴望。至于导言的设计，方法多样，常见的有：演示解说，导入情境，巧设悬念，扣人心弦，切入热点，引入课题。

（2）创设教学情境

情境创设的方法多种多样，一般可以采用：①应用实验创设情境；②运用故事讲述创设情境；③结合生活经验创设情境。教师可以根据行动导向教学法的类型、教学的内容和学生的实际情况进行选择和应用，并提倡学生有效地使用。

六、行动导向教学法在高职"两课"教学中的应用

在高职教学中，人们普遍认为基于工作过程的行动导向教学方法能够更大限度地发挥受教育者的主观能动性，并且在最大限度上加速教学目标的实现。作为马克思主义理论课和思想道德修养课的"两课"，能否结合行动导向教学法进行教学改革，以增强政治理论课的针对性、实效性，我们在教学过程中，进行了一定的探索，下面做一具体剖析，以飨读者：

（一）"两课"教学的目标

《中共中央国务院关于进一步加强和改进大学生思想政治教育的意见》（以下简称《意见》）指出，加强和改进大学生思想政治教育的指导思想是：坚持以马克思列宁主义、毛泽东思想、邓小平理论和"三个代表"重要思想为指导，全面落实党的教育方针，紧密结合全面建成小康社会的实际，以理想信念教育为核心，以爱国主义教育为重点，以思想道德建设为基础，以大学生全面发展为目标，解放思想、实事求是、与时俱进，坚持以人为本，贴近实际、贴近生活、贴近学生，努力提高思想政治教育的针对性、实效性和吸引力、感染力，培养德智体美全面发展的社会主义合格建设者和可靠接班人。加强和改进大学生思想政治教育的基本原则是：坚持教书与育人相结合；坚持教育与自我教育相结合；坚持政治理论教育与社会实践相结合；坚持解决思想问题与解决实际问题相结合；坚持教育与管理相结合；坚持继承优良传统与改进创新相结合。《意见》指出，加强和改进大学生思想政治教育的主要任务，一是以理想信念教育为核心，深入进行树立正确的世界观、人生观和价值观教育。二是以爱国主义教育为重点，深入进行弘扬和培育民族精神教育。三是以基本道德规范为基础，深入进行公民道德教育。四是以大学生全面发展为目标，深入进行素质教育，促进大学生思想道德素质、科学文化素质和身心健康素质协调发展，引导大学生勤于学习、善于创造、甘于奉献，成为有理想、有道德、有文化、有纪律的社会主义新人。

由此可见，通过"两课"教学对大学生进行思想政治教育，引导大学生树立正确的世界观、人生观、价值观和社会主义荣辱观，使社会主义核心价值体系深入人心，培养有理想、有道德、有文化、有纪律的"四有"新人，是"两课"教学的本质要求，也是"两课"教学的总体目标。具体来看，在"两课"教学目标体系建设中，要突出高职院校学生人文

素质的培养，应重点关注学生思想政治素养的提高、情商的健康发展、择业观和创业观的树立、职业道德的培养和职业素养的形成以及继续学习能力和创新能力的增强等，以实现"两课"教学的针对性和实效性。

（二）目前"两课"教学方法存在的误区

从现实的教学情况看，"两课"教学内容是符合党和国家人才培养要求的，但是由于教学方式、考核方法等都存在着较大的问题，影响了"两课"教学目标的实现。如与大学生的思想实际联系得不够紧密，教学方式没有摆脱传统的模式，缺乏应有的实效性。一些教师单纯讲理论观点，单纯交代知识，不注重联系实际；不少学生把"两课"当作纯理论知识来学习，为应付考试被动接受，不能和提高自己的思想觉悟，解决思想认识问题结合起来。存在这些问题的主要原因是：一方面，我们在主导思想上还未能充分认识"两课"教学要对大学生进行思想政治教育这一根本性要求，没有进行深入的研究探索，没有完全做到教书与育人的统一；另一方面，"两课"教学还没有完全坚持以人为本、以学生为本的思想，没有把理论教学和学生的切身利益、成才的愿望、存在的困惑、模糊的认识有机地联系起来，即没有完全做到传道、受业、解惑三者的统一。

要想取得"两课"教学改革的突破性进展，必须大胆冲破传统教学模式的禁锢，彻底改变单纯讲理论知识，单纯引导学生对理论知识的理解这种教学模式，把关心学生的成长成才和帮助学生解决实际问题作为自己的神圣职责，把理论教学和学生切身的利益、成才的愿望、存在的困惑、模糊的认识有机地联系起来。只有按照以人为本思想的要求，在教育教学改革中大胆探索和实践，才能开创"两课"教学改革的新天地，才能真正发挥"两课"思想政治工作的主渠道作用，纠正现实中"两课"教学的误区，而行动导向教学法为我们解决"两课"教学的误区，提供了值得借鉴的尝试。

（三）行动导向教学法的基本特点

行动导向教学法强调：学生作为学习的行动主体，要以职业情境中的行动能力为目标，以基于职业情境的学习为途径，以独立的计划、独立的实施与独立的评估即自我调节的行动为方法，以师生及学生之间互动的合作行动为方式，以强调学习中学生自我建构的行动过程为学习过程，以专业能力、方法能力、社会能力整合后形成的行动能力为评价标准。

行动导向教学法是通过教学活动基本规律的理性分析来确定行动导向教学法对教育目标的适应性，其主要内容包括：大脑风暴法、卡片展示法、项目引导法、文本引导法、模拟教学法、角色扮演法、案例教学法等。其教学方法实施的基础 = 用心 + 用手 + 用脑（职业活动）。

（四）贯彻行动导向教学法对实现"两课"教学目标的意义

1. 贯彻行动导向教学法有利于提高学生的学习积极性

行动导向教学法是在教学过程中，以行动为导向，打破传统的教学模式，改变教师和学生在教学过程中的主次关系，形成以学生为学习主体，教师在教学过程中起到一个引导、指导、交流、讨论、总结等辅助性作用，形成师生共同参与教学的教学模式，使学生积极参与教学，在亲身体验中学习，在动手、动脑的过程中获得创作的快乐，在自我价值得以体现的过程中得到满足，提高了学生学习的积极性、主动性和创造性。

2. 贯彻行动导向教学法有利于增强"两课"教学的实效性

运用多媒体教学和网络等载体，进行行动导向教学法的实施，发挥电子网络的作用，构建"两课"教育网上平台。这既适应了我们的教育对象——21 世纪的大学生习惯网络形式的信息交流的特点，又发挥了网络交流比课堂交流更有个性化、私密性的优势，增进了师生感情，提高了思想教育的感染力、说服力，增强了"两课"教学的实效性。

3. 贯彻行动导向教学法有利于培养学生的综合职业素养

"两课"教学的重点，不在于向学生传授多少知识，让学生背诵多少条条框框，而在于培养学生树立正确的世界观、人生观、价值观，帮助学生提高分析问题、解决问题的能力，提高学生的综合职业素养。而贯彻行动导向教学法，使学生在做中学、在活动中学、在交流中学、在自我创新设计中学，特别是注重过程考核、综合考核，必将提高学生的综合职业素养，为他们走向社会铺平道路。

第四节　行动导向教学模式的实证研究

一、《导游基础知识》课程项目教学法应用实证研究

（一）"项目教学法"简介

"项目教学法"的核心是"以学生为中心"，学生要在老师的指导下完成一个完整的项目。在项目实施过程中，学生要合理进行分工，并按照计划执行项目，教师对学生的学习过程进行综合点评。在整个项目实施过程中，学生可以自学全部或者部分教学内容，解决在处理项目过程中遇到的困难，以此提高学生的学习能动性和兴趣。项目教学法改变了老师的传统教学法，是一个以项目为主线、以学生为主体、老师辅助教学的一种教学方法，符合现代教育的人才培养教学模式的整体要求。

项目教学法有效地解决了理论与实践相结合的问题，增强了学生学习的主动性和创新能力，培养了学生的团队合作精神。

（二）项目教学法在《导游基础知识》课程教学中的应用

本文结合我院旅游管理专业学生的学习特点和全国导游人员资格证考试的考试大纲要求，选取课程中一个实训项目：天津导游基础知识之滨海旅游区，通过具体教学过程说明项目教学法的应用。

在教学设计流程中，项目教学法包含项目确定—任务分解—明确教学目标—学生分组、项目实施—成果展示、师生评价—巩固提高等环节。

1.项目确定

项目确定主要是根据专业职业资格取证考试大纲，结合教材及相关知识点确定教学内容，即以导游基础课程教材中涉及的内容为对象，同时增加一些趣味性、直观性的内容，以导游员岗位实际的工作内容，确定课证岗相对接的教学内容，使教学过程与生产过程相对接，实现教学相长。

2. 任务分解

根据导游资格人员考试大纲要求和教材内容，将此次项目分解为五个子项目：任务一：滨海新区概况；任务二：大沽口炮台简介；任务三：天津海洋馆、国家海洋博物馆；任务四：航母主题公园；任务五：东疆沙滩主题公园及其他。

3. 明确教学目标

在教学过程中，教师要向学生明确每一任务的教学目标和要求，列出每一任务的详细知识点及学生课后讨论的主题等。让学生有针对性地对项目进行准备和操作。以"滨海旅游区"项目为例，任课教师应指导学生从"滨海新区的地理位置及交通""滨海新区历史""滨海新区城市面貌""滨海新区旅游资源特色"等几方面去做课前准备，收集相关资料，明确本项目需要掌握的具体知识点。

4. 学生分组、项目实施

项目教学法是以小组为单位开展教学的一种教学模式，因此教师在开展教学前，要根据班级学生学习的整体情况对学生进行分组，一般小组规模4~5人，每组同学根据教师的任务分配，先进行组内分工，明确每个人的角色和学习任务，如1名同学做素材搜集、1名同学负责制作景区宣传使用的视频、1名同学负责撰写现场景区讲解词、1名同学负责制作景区介绍的PPT、1名同学负责现场汇报和导游词讲解，小组同学之间即独立又相互合作。在学生项目实施的过程中，教师参与指导并对各小组同学的实训进行监督管理。

5. 成果展示、师生评价

在课上，教师组织各小组同学对学习成果进行展示，教师结合过程性和总结性评价，采取教师评价、学生自评、小组互评、组内评价多主体评价的多元评价方式，对学生的学习成果进行检测，该评价方式能够有效检测教学目标的达成，实现对学生学习效果的监控与督促。大体操作流程如下：第一个环节是课前知识复习，根据学习平台课前学习任务安排，各小组同学选派一位组员代表上来汇报各小组实训项目的完成情况，此环节让同学们充分锻炼了语言表达能力；第二个环节各小组同学轮流选派一名代表上台扮演导游员进行导游词讲解，该环节通过角色扮演让学生体验岗位实际工作内容，让学习体验职场的工作要求，同时也有效激发学生的学习兴趣；第三个环节，教师对整节课内容进行小结、点评，并让学生进行自我评价，并通过网络课程平台完成小组互评、组内评价。

6. 教学反思

在项目实施过程中，学生能够将《导游实务》《全国导游基础知识》《地方导游基础知识》等知识融会贯通，在提高自身专业能力的同时也提升了自身的综合素质和职业技能。项目教学法能够有效地激发学生学习兴趣，改变学生的学习方式，让他们不再是只喜欢玩手机、睡觉、打游戏，经过合理分工，团队的每一位学生都能积极投入学习过程中，他们能够主动地去查阅资料，用心搜集素材、制作视频和PPT，每个人都参与到学习过程中，相互协作，合作完成项目任务。在整个教学过程中，教师要加强对学生的监督和管理，合理分配学习任务，合理安排教学环节，要实现对学生学习情况的全过程跟踪管理，以达到高素质人才培养的目的。

二、《现代礼仪》课程角色扮演法应用实证研究

《现代礼仪》课程是高职院校旅游管理专业的一门基础课程，通过系统的学习礼仪知识、运用礼仪规范，可以全面提高大学生的综合素质。当前，很多高职院校该门课程的教学多以传统讲授为主，虽有案例的分析和讲解，教师也将微课、视频等教学资源引入课堂，开展辅助教学，但因缺少实践训练，缺乏学生的参与，学习的效果不佳。角色扮演教学法能够有效发挥学生自主学习性，提高学生课堂的参与度，可以培养学生独立思维能力和团队合作精神。通过真实感受职场工作氛围，达到理论和实践相结合，将学生被动学习转变为主动学习，并取得良好的教学效果。

（一）对角色扮演教学法的理解和认识

角色扮演教学法属于体验式教学法的一种，这种方法强调教学环境的真实性，让学生直接面对贴近现实的情景，将课程知识与实践无缝对接，提升学习者学习的乐趣，强调"从做中学"。在模拟环境中，学生运用所学礼仪技巧完成一定实训任务，达到在情境中学习与实践的目的。教师在角色扮演中主要为引导作用，指引学生找到解决问题的最佳方法，达到教学目的。

角色扮演教学法主要包括准备、实施、评估、反馈四个基本阶段，具体分为以下七个步骤：提出问题→确定角色→布置场景→明确观察者任务→进行表演→分析评论→提升概括。

（二）教学设计思路

按照角色扮演法的七个步骤，以《现代礼仪》课程中"导游服务礼仪——迎接服务礼仪"任务为例，具体介绍角色扮演在教学过程中的实践。实训任务"导游服务礼仪——迎接服务礼仪"教学内容设计思路：

1. 提出问题

迎接服务礼仪的重要性？学生在课前在网上收集相关案例，课前分析案例中人物在迎接服务礼仪中接团、见面称呼、安排住宿以及相互介绍和介绍游程安排的接待礼仪，探讨迎接服务礼仪的重要性。

2. 确定角色

为了调动学生学习的积极性，可根据学生的个性特点和学生的兴趣，确定角色：一名学生扮演导游，一名学生扮演司机，一名学生扮演酒店工作人员，一名学生扮演顾客。

3. 布置场景

为了更好地创设迎接服务礼仪实训场景，让学生有身临其境的感觉，教师在课前要准备如下教具：桌椅、身份证件、手机、房卡、旅游胸牌、文件夹等。

4. 明确观察者任务

全班分为5组，每组派代表角色扮演，由于学生性格有差异，不爱表现没有参加表演的学生成为观察者，他们的任务是：认真观看表演，谈他们观看时的感受，对同学表演进行评价。明确观察者任务，目的是因材施教，体现分层次教学的教育理念。

5. 进行表演

①准备接团标志；②与旅行团领队接头；③清单人数，组织去酒店；④介绍沿途街景；⑤到达酒店安排住宿；⑥第二天行程安排。

设计的实训场景贴近学生所学专业，通过角色扮演，学会与人沟通协作的能力，学生体会、认识工作岗位的礼仪，培养责任感与使命。

6. 分析评论

教师制定项目考核形式，制作评分一览表，组织学生在每个项目结束后要开展学生自评、组内评价和小组互评等多元评价方式进行技能及理论考核，以了解完成任务的情况。

7. 提升概括

学生填写反馈表的最后一项，总结本次项目实训的收获。最后由老师运用视频、多媒体课件进行精讲点拨，并作总体评价。

（三）教学实施过程

1. 准备阶段

教师根据教学目标提前设定实训任务，设定案例情景，做好学生角色划分，根据《现代礼仪》课程的教学要求，结合学生的实际情况、旅游服务岗位需要，明确教学目的，设计出相应的角色和情境。同时，教师要引导学生在课前做好充分的学生收集接待和拜访礼仪的相关案例，以一个观察者的角色分析案例中导游员在迎接服务礼仪中的重要性和必须掌握的岗位技能。

2. 实施阶段

课上，教师组织学生根据课前发布的学习任务进行现场展示，各小组同学合理进行分工，创设实训环境，共同完成实训任务。学生以不同的角色进行展示，体验职场工作氛围，通过角色扮演获取新知，在体验中学习，在实训中提高。

3. 评价阶段

教师在任务安排时提前将实训项目的评价标准告知学生，整个项目分为学生自评、组内评价、小组互评及教师评价四个部分，通过多元评价方式实现对学生学习过程的全过程跟踪管理。在角色扮演结束后，教师根据学生现场表现对本环节涉及的知识点进行综合点评，引导学生进一步理解知识点，真正让学生学有所知、学以致用。

4.反馈阶段

每次课程结束后，教师要根据对学生的综合测评来判断教学内容学生的掌握程度，判定教学目标是否达成。教师会根据学生现场表现、网络学习平台测试、课堂讨论、课后作业等形式考核学生的学习成果，并针对学生学习过程中存在的问题调整教学策略，完善实训内容，改进教学评价方式，以期达到更好的教学效果。

（四）教学体会

1.教学模式的改革有效地提高了学生的学习兴趣

通过角色扮演法让学生在学习的过程中感受企业职场的魅力，同时通过实践工作场景的模拟让学生有效地掌握专业技能，同时也有效地锻炼了学生的沟通能力和协调能力。通过教学模式改革，教学过程不再枯燥、乏味，有效地提高了学生的学习兴趣。

2.有效掌握教学内容

在角色扮演教学中，学生成为课堂的，学生通过亲自带团、亲自参与，亲自完成教师布置的学习任务，进而加深对专业理论知识的理解和实际运用的目的，并较好地培养学生的专业素质，教学内容由理论转到学生的实践能力中，使学生学习的主动性与老师教学的创造性得到共同进步，体现教学相长的教学理念。

3.提高人际沟通能力

角色扮演教学作为教学活动中一种教学模式，能够激发学生的学习兴趣，活跃课堂气氛，同时，通过让学生扮演不同角色，增加了学生对理论知识的理解，强化学生职业岗位适应力，在增强学生的学习能力的同时，培养学生的职业素养和礼仪修养，使学生们在互相合作的基础上，提高人际沟通能力、团队协作精神，全面提高学生的综合素质。

三、《保税加工与保税物流实务》课程任务驱动教学法应用实证研究

与传统的教学方法相比，"任务驱动教学法"强调以工作任务为载体、以行动过程为导向、以解决完成任务中出现的问题主要学习方式，与传统的传授式教学方法相比，任务驱动教学法更强调以学生为主体，体现了互动式教学理念，教学不再只是教师一方的事情，

学生处于积极主动的状态之中也是任务教学的重要前提。因其突出的特点，任务驱动教学法在保税加工与保税物流实务课程的实践中体现了突出的教学优势与明显的效果。

《保税加工与保税物流实务》课程属于报关与国际货运专业的专业核心课，课程目标是要求学生在了解保税货物基本特征的基础上，掌握我国保税加工货物报关流程、我国加工货物核对清单的录入以及我国保税加工合同备案与核销流程，会基本的保税物流货物的业务操作及关务流程实训，通过学习了解本专业的前沿发展现状和趋势，具备扎实的报关员水平测试的专业知识能力，会办理保税加工和保税物流货物相应报关业务，具备操作人员的业务能力要求，并为后续课程和企业顶岗实习奠定相应的专业基础，此外，学生应具有一定的组织管理能力、表达能力和人际交往能力以及在团队中发挥作用的能力。

（一）"任务驱动教学法"在课堂中的应用

《保税加工与保税物流实务》课程共分为两个大的实训任务：任务一：保税加工货物关务操作流程模拟；任务二是保税物流货物关务操作流程模拟。分别按照引入任务情境（呈现学习任务）、任务分析（分解细化任务）、知识点链接（引导完成任务）、任务实施（主导评价任务）、归纳总结（总结升华任务）五个步骤来完成教学内容学习。

（二）任务驱动教学法运用的实效分析

1. 充分调动了学生的学习热情

在教学过程中，通过采用任务驱动教学法，能够有效地激发学生的学习热情，学生通过给定实训任务进行任务分析，任务实施，整个学习过程突出了以学生为中心的教育理念，培养了学生独立思考、积极探索的自主学习能力，同时在整个任务完成的过程中，能够有效激发学生的学习热情和课堂参与度，使学生从被动学变主动学，有效活跃了课堂气氛。

2. 学习内容更为开放

任务驱动教学法能更好地满足不同层次的学生的学习需要，引导学生由简到繁、由易到难、循序渐进地完成任务，在完成任务的过程中，培养独立思考、分析问题和解决问题的能力，建构真正属于自己的知识和技能。

3. 有利于提高学生的职业素质

任务驱动教学法是以完成一个具体的任务为线索，该教学法的核心是以学生为中心、以学生的自主活动为基础，通过学生亲自活动和实践，变被动学习为主动积极而又有创造性的学习，让学生自己提出问题，并经过思考和教师点拨，自己解决问题，充分体现了在实践中学习、主动学习、学会学习的教学目的。另外在能力培养上，着重培养学生的创新精神和团队合作意识，学生在完成学习任务的过程中，学会了独立思考、积极探索，进而全面提高学生的职业素养。

四、《通关综合实训》案例教学法应用实证研究

与传统的教学方法相比，案例教学法从提出伊始就具有鲜明的特点，强调案例分析的过程，通过课程内容以及学生的知识积累、生活经验为基础来选取设计案例，进而引导学生掌握知识、运用知识、研究问题、解决问题，充分调动学生的主观能动性，变被动接受知识为主动获取知识。在这一过程中对教师而言，有助于其深化理论教学效果，丰富教学手段；对学生而言，有助于其巩固理论知识，创新性地获取新知识，提高分析和解决问题的能力，激发学习积极性，全面提升创新意识与协作意识。

《通关综合实训》课程属于报关与国际货运专业的专业核心课，课程目标是要求学生了解海关监管货物的基本特征，通过学习了解本专业的前沿发展现状和趋势，具备扎实的专业知识能力，会办理货物的通关业务，具备操作人员的业务能力要求，并为后续课程和企业顶岗实习奠定相应的专业基础；此外，学生应具有一定的组织管理能力、表达能力和人际交往能力以及在团队中发挥作用的能力。

（一）"案例教学法"在课堂中的应用

以《通关综合实训》课程为例，谈谈案例教学法在课程中的实际应用。

1. 案例一

（1）案例题目

疫情防控期间由"口罩"引发的思考。

（2）主要的教学内容

海关监管货物的报关——捐赠物资的通关要求。

（3）教学设计思路

第一步：以疫情为切入点，通过"人肉背回口罩"是否需要纳税？引入本次课的主讲内容：捐赠物资的通关要求。

案例内容：

上海 15 岁的赵珺延从印度尼西亚带回 1.5 万只口罩，5 个 24 英寸行李箱，过上海浦东机场时好心人帮助出了关。心系祖国、勇于担当。

第二步：引发学生思考

①专业知识方面

进出口捐赠物资的种类及通关说明。

②思政元素引入

第一，结合案例中 15 岁孩子的行为点明企业捐款、捐物、捐服务正是履行其社会责任的体现，提升学生社会责任感，培养学生的正向价值观。

列举案例让学生意识到疫情之下，国难当头，人人皆可有所为，只要人人都愿出一份力国家定会拨云见日，春暖花开。

第二，引导学生独立思考"天价口罩"背后的道德问题

在武汉告急、全国告急，感染人数不断上升的时候，网上也频频爆出假口罩、天价口罩，发国难财，这背后不仅是一个巨大的利益链网络，更让我们在疫情这面照妖镜下看到了人性最大的恶。当然国家也在这个时候，发动执法部门和市场监督部门对上述情况进行严查和处理，用法律武器维护市场稳定。

通过案例分析以培养学生的法治意识公民道德教育，培养学生的规则意识，帮助学生形成正确的人生观、价值观。

2.案例二

（1）案例背景及主要授课内容

结合我国为韩国捐赠口罩等医疗物资案例，讲解捐赠物资的通关流程。

（2）案例选择

中国报关协会公众号发布的"韩国防疫物资进口捐赠说明及资料下载"一文。

（3）引发学生思考

①专业知识方面

进出口捐赠物资的通关流程及单证。

②思政元素引入

第一，通过中国援助韩国，适时结合时政，如播放塞尔维亚总统求助中国援助的视频、意大利罗马上空响起《义勇军进行曲》视频，西班牙外交大臣、菲律宾外长，伊朗、伊拉克等国领导人纷纷向中国政府发出求助。救助他国，也是人类自救的表现，作为大国，更应该负起大国责任，病毒没有国界，我国在关键时刻体现了大国担当和人类命运共同体意识，用关爱心来对他人。讲好中国故事，以培养学生的感恩教育、爱国主义精神和民族自豪感。

第二，通过讲解企业如何结合国家出台的系列政策完成捐赠物资快速通关，培养学生的专业自豪感使学生认识到具备与国家民族休戚与共的社会责任感、积极的开拓进取精神、优秀的职业素养是当代关务人不可或缺的修养。同时也使他们认识到在抗击疫情的战役中，不仅有白衣天使，关务人也可以为国家发展做出应有贡献。只有每个社会成员都增强社会责任感，才能更好树立起"每个人是自己健康第一责任人"的意识。

（三）任务驱动教学法运用的实效分析

1. 提高了教育教学质量

通过在《通关综合实训》课程中应用案例教学法，通过案例引入的形式引导学生学习相关知识点，启发学生独立思维方式，让学生以职业人的思维探讨货物通关业务流程和海关监管管理固定，培养学生职场人的工作思维和经验，不仅丰富了课堂教学内容，增加课堂的有趣性，而且还调动了课堂气氛。此外，教师通过运用案例进行教学，可以很好地了解当前企业发展动态，在自觉反思课堂教学的同时逐渐提高教学能力，全面提高教育教学质量。

2. 提高学生综合素养

伴随着我国进出口贸易的快速发展，通关一体化的制度改革，行业的知识更新速度极快。这要求教师要与时俱进不断更新专业知识，掌握行业发展动态，按照企业需求及时调整教学内容，并将企业最新管理政策以文字的方式提炼成真实案例呈现在课堂上，才能理论知识与企业实践的完美结合。在通关综合实训课堂上实施案例教学不仅帮助学生熟知海关监管货物通关的运作流程，应用理论知识解决通关业务操作中遇到的问题，还能通过学习案例分析与学习提高学生的综合素质和能力。另外，学生通过搜集和整理相关的案例材料，可以培养学生的创新意识，以及会用所学的理论知识解决企业实际运作过程中出现的问题，从而提高学生的实践创新能力。

3.有效激发学生学习兴趣

案例教学法不同于传统的教学方式，比较注重课程的可操作性和实践性。从企业真实具体案例入手，经过学生的相互讨论，用理论知识解决实际案例中的问题，在加深学生对理论知识理解的同时，做到用理论知识解决企业的实际问题，在提升学生独立思考问题能力同时，有效激发学生学习的兴趣。

第五章　高职体验式教学模式的构建

第一节　高职院校体验式教学模式的构建与实践

一、高等职业教育实践教学的现状

目前，我国高等职业教育实践教学，基本上都依据专业教学计划来组织教学工作，实践教学环节主要包括实验、课程实习和毕业实习三方面。实验大多是结合理论课程开设的，而实验课也只是在教学计划规定的时间内进行。实验方式大多是由教师先讲，学生按照教师的布置或者指导书上的步骤，按部就班。实验内容一致，结果唯一，学生虽然也参与了实验教学活动，但实质上是处于被动接受的状态，他们学习的主动性、积极性受到一定的限制，同时还为一些不能主动参与实验的学生提供了方便。在这种模式下，虽然也强调实验能力的培养，但这种实验能力是被当作技能并以"知识"的形式加以传授，从而导致学生缺乏"创造性"应用能力的培养。

二、高等职业教育实践教学中存在的问题

（一）实践教学内容欠缺

目前，很多高等职业学校，出于实验设备、师资、授课学时等原因的考虑，对实验或者实习课程的内容设置过于简单，很多的情况下，实践环节都是老师做，学生看，或者学生仅仅完成一些验证性的实验，让实践环节变成一种形式。学生在实验或者实习过程中收获不大，动手能力、适应能力、创新能力没有得到提高。

（二）对实践教学认识不够

对实践教学认识不够，主要是体现在两方面：一方面是学生，主观地认为实践教学是

课程学习的一个辅助部分，在思想上对实践环节的重视不够；另一方面是学校，尽管学校认识到实践环节对学生培养的重要性，但是基于现实考虑，没有根据实际教学需要，制定相关的实践制度文件，师资制度、实习基地等，使得实践教学滞后严重。

（三）对实践教学评价考核制度不够完善

而当前的实验或者实习环节的考核方面过于松懈，没有清晰的评价体系，学生普遍采用一种蒙混过关的方式，抄袭他人的实验数据，或者共用他人的设计方案等问题仍存在。

三、构建高等职业教育体验实践教学模式

高等职业学校必须根据实践教学的特点，积极探索以实践能力培养为导向的考试内容、考试形式的改革，要实行"体验式实践教学"模式。对所有的高职高专学生来说，这种"体验式实践教学"都是应该具备的，这种素质集中体现在综合性、系统性、实践性和一定的创新性，搭建新的工程教育平台，培养复合型、创新型人才，满足社会需求。构建"体验式"实践教学模式主要包括以下内容：实践教学方法、实习及实训基地建设、健全实践教学监控体系、实践师资队伍建设等方面的内容，将实践内容、设备、教师等构成一个统一的有机整体。即从一个整体的角度出发，制定出各方面的不同任务或者制度，并且使各方面的任务具体化，为高职高专院校的教育能从长远的、整体的、发展的角度培养学生。

（一）改变传统的教学模式

根据课程特点采用新的教学方法，如：项目教学法将知识点融于实验中，将学生的被动学习改变为主动学习，改变传统的教学模式，使理论与实践结合更加契合。使学习深入学生的生活中，体现更多的创新性。合作式教学模式将学生学习的目标性更加明确化，其工学结合，对于人才的培养更加直接，由企业和学校联合制订培养方案，让学习内容和授课内容更加贴近市场。

（二）加强实习及实训基地建设

实践教学效果的好坏在一定程度上取决于实践教学设施的优劣。提高实践教学效果，必须加大投入，加强实践教学设施建设。通过校企合作，厂校联合等形式，建立数量充足，专业对口，互利双赢的校内外实习基地，搞好实验室资源的综合利用，使实习基地成为学

生实践教学的重要平台。

（三）完善实践教学监控体系

实践教学的管理同课堂教学的管理一样，也应该坚持严格的质量标准。可以根据培养目标的要求，对主要实践教学环节管理出台一系列管理制度与配套措施。构建实践教学体系，包括实践教学文件和管理制度的建设。规范实践教学实践教学计划，实践教学课程大纲和教材、实习指导书等实践教学文件和管理制度。根据培养目标的要求，对主要实践教学环节，如实践课堂教学、实训、实践课程考核、生产实习、毕业设计（论文）等，都制定具体明确的质量标准，并通过文件形式使之制度化，严格管理，规范运行。

（四）实践师资队伍建设

实践教学要求老师有很强的实际操作能力，要让教师走出去，定期去企业培训、实习、挂职锻炼，不断提高老师的综合素质；要引进来，引进专门的实践课教学老师，适当聘请企业高级职称人才作为兼职老师参与实践教学，注入新的血液，提高实践教学的水平，让教学更加贴近实际生产，更加贴近社会需要。

总之，实践教学新模式，一定要彻底改变老师做学生看、随意敷衍的现有模式，创设一个自动、创新、轻松的气氛，建立相应的运行体系和长效机制。让学生从单纯性的实验验证、技能模仿向自主动手、独立完成方向转化，使学生在牢固、系统地掌握专业知识的同时发展他们的创新能力，为企业和社会输送合格人才。

四、灵活运用体验式教学方法

（一）生活体验法

生活是最好的教育。"社会即学校，生活即教育，教学做合一"，这是陶行知先生生活教育理论的精髓。真正把握不同学生的生活背景及驾驭知识的能力，是从学生近距离的日常生活背景中找出学习的切入点。在大学生职业生涯规划课程中，灵活运用这一方法，比如，讲授职业生涯规划步骤的时候，首先让学生制订一份旅游计划，旅游是大部分学生喜闻乐见的生活方式,以此入手启发学生联系两者之间有何相似之处,从而引出所要讲授的内容。

(二)情感体验法

借助于各种媒体,如电影、电视剧、音乐等多媒体手段,充分整合学校的各种教学资源,根据教学内容创设一种情景的气氛,感染学生的情绪。通过情绪的感染把课堂气氛烘托出来,由情绪上升为情感,进而升华为意志和行为。比如:介绍"兴趣"这个概念时,播放舒缓优美的钢琴曲,让同学们闭目回忆幸福时光,体验一种自然流动的情感,可以忘却时空、忘却自我、全身心投入,通过情感体验引出兴趣的基本概念。

(三)角色体验法

根据教学内容,事先让学生准备小品表演、情景剧、模拟招聘或即兴表演等,通过角色的扮演让学生体验角色的心理活动和行为内涵。把枯燥乏味的课本知识幻化成活生生的现实,不但表演者有了内心的体验,观看者也会产生共鸣。这种戏剧化的效果往往会使人产生真实的感受,进而变化为某种行为规范。通过角色的表演转换到现实中来,使人自觉或不自觉地知道做什么和不做什么,比空泛地讲解课本内容起到更好的教学效果。

(四)游戏体验法

寓教于乐应当是体验式学习教学的重要特征之一,是指教师把传授的知识融入能激发学生兴趣的教学活动中去。根据本课程的特点,任课教师设计了一些简单易行的体验游戏,进一步增强课程的趣味性,营造愉悦轻松的学习环境。比如,在认知自我职业价值观的课程中,设计了价值观拍卖游戏,让学生通过竞价拍卖,在权衡利弊的艰难抉择中,领悟价值观对职业选择的重要性,明白什么是自己最看重的,最重要的是明确在职业选择中如何判断取舍,有所为有所不为。

(五)项目体验法

项目体验法就是将教学任务设计为一个具体的项目,设有项目的目标、项目负责人、时间和质量等考核指标。学生们划分为一个个项目小组去完成任务、提交项目完成报告,从而锻炼学生集体协作、创造性完成工作任务的能力。比如,布置学生完成学生就业心理调研项目、优秀毕业生访谈项目、大学生简历制作成本费用调查项目、大学生创业项目等，启发学生发现问题，思考问题，解决问题的能力。

（六）竞争体验法

当代大学生都有一种激流勇进、力争上游的进取拼搏精神，可以根据学生的心理特征积极组织一些有益的竞赛活动，激发学生的学习热情。比如，可以组织辩论赛，通过新课的预习由教师确定辩题或学生自己确定辩题，分工好正方、反方、评委，让他们充分准备论据，在课堂上组织辩论会。

（七）现实体验法

可以通过社会实践把学生引入真实的现实社会环境中，让学生提前接触社会、了解社会、认识社会，而不能把他们关在"象牙塔"内。学院和任课教师要利用各种资源为学生提供更多的社会实践机会，鼓励学生积极参与实践，在现实社会中历练自己，在历练中不断成长。比如，组织学生参加各种人才招聘会，了解人才市场的需求变化；安排学生参加实习活动，完成职场初体验教学实践环节；邀请业内成功人士与学生交流，完成职场人物访谈的教学实践环节。

第二节　体验式教学模式在高职人才培养中的运用

高职课堂的教学现状与当今社会对人才的素质要求相脱节，与工作岗位要求相脱节，与教育改革发展趋势相脱节。现行的高职教学模式的劣势日益显现，故急需一套与之相适应的有效的教学模式。作为一线教师，我们深知开展实践教学的重要性和紧迫性，并为此投入了大量的精力进行探索和尝试。主要内容如下：

一、体验式教学特点概述

长期以来，我国的就业指导课程以知识的传播为主，较少职业体验，课堂教学中教师单向灌输的多，学生主动学习的少，教师与学生、学生与学生之间缺失积极的互动。由于职业能力与素质属于特殊能力，它的形成和发展是一个需要参与特定的职业活动或模拟的职业情境进行亲身体验的过程，也是通过对已获得的知识和技能进行迁移和整合的过程。

体验式教学，就是指在教学过程中根据学生的认知特点和规律，通过创造实际的或重复经历的情境和机会、呈现或再现、还原教学内容，使学生在亲历的过程中理解并建构知识、发展能力、产生情感、生成意义的教学观和教学形式。它关注的是与工作有关的知识、技能或态度，主要传授与实际工作联系密切、能够在特定环境中加以运用的各种知识和技能。在实施"体验式"学习过程中，除了进行工作所必需的知识、技能和行为的培训外，更多的是让学生通过各种体验方法对企业文化、职业道德、献身精神、人际沟通等技能素质进行培养，注重人的长远发展和综合素质的提高。

二、实施体验式实践教学模式的现实意义

首先，体验式实践教学模式固化实践教学的基本内容、实施流程和运行环节，构建了专业实践教学的基本框架，符合专业实践教学的规律，从而成就了专业特色，为探索应用型人才培养模式提供依据，为职业化教育改革提供参照路径。

其次，体验式实践教学模式符合现代教育规律，突现人本倾向。在施教过程中更多关注学生的个性差异、情感升华、参与程度、合作交流，让学生置身于动态营销的情境之中，强化其职业的体验与感受，从而达到专业素质的生成状态，为其步入社会谋职创业奠定基础。

再次，体验式实践教学模式将理论与实践紧密衔接，有效地将课堂理论教学演化为课外实践活动，促使学生在施教对象与职场人员之间不断进行角色转换，其结果有助于院校与职场的联结与互动，职场愈加关注院校专业研究动向和人才培养成果；院校的专业研究和人才培养愈加具有针对性和实用性。由此，"教""学""用"进入统一协调的状态，步入良性循环的轨道。

最后，体验式学习弥补了传统教学模式的缺陷与不足。传统教学模式以灌输为主，学生跟着老师指挥棒走。我们听得见声音，却得不到印象。我们听得见声响，却看不见行动。因为他们缺乏对内在生命的直觉，他们缺乏内容。学生主体性体验的缺失，意味着主体性的萎缩，他们缺乏独立思考、主动学习和自觉实践的观念，缺少创造性思维的能力。

传统教学忽视课程的人文性、生命性，舍弃了知识以外的精神追求和个性满足。人的丰富的精神世界被简约为计算的智能。因此，传统教学的"教"不一定导致"学"，更不一定产生"会"。而在体验式学习中，学习者通过具体情景中的活动获得体验，同时也体验到了学习的乐趣，有效促进了学习者高级认知能力的发展。体验式学习最终要实现这样

的目的：通过改变学习者的态度和观念来开启学习者的所有潜能，并让他们将这些潜能运用到实际工作中，带来最优的个人绩效，让学生提升智慧品质和创造精神，实现完美人生。

三、强化实践，构建体验式实践教学模式的核心内容

（一）学练并重，整合能力，加强教学的针对性

高职课程和教学内容的设置应按照突出应用性、实践性的原则，重组课程结构，更新教学内容，应突出基础理论知识的应用和专业技术能力的培养。既要突出人才培养的针对性和应用性，又要让学生具备一定的可持续发展能力。

在教学中，可以使用分层次教学目标，学练并重，整合能力，加强教学的针对性。

比如在求职与创业课中运用"体验式"教学模式，按照不同年级的学生根据其不同水平和需要分层次进行使"体验式"教学模式更具针对性。如：针对不同的学生设计不同的教学重点，一年级主要进行职业生涯规划的引导教育，二、三年注重各项职业素质的拓展，毕业班加强适应岗位的能力培养，贫困生增加自主创业意识教育等。

（二）采用有效的教学策略，提高教学的实效性

传统教学的课程呈现方式呆板，不能激发学生兴趣。呆板性一方面表现为各科教材形式单一，不够生动活泼，缺乏新颖性；另一方面表现为教学方式陈旧枯燥，教学方法落后，缺乏现代化教学手段和艺术。

在体验学习中可以充分使用游戏法、头脑风暴法、讨论法等适合年轻人的教育方法，能够吸引学生，提高兴趣，把培训与职业、理论与实践、学习与应用紧密结合起来，缩短"知识—能力—素质—运用"之间转化的时间；并且在教学中调动学生的参与性、自主性，将知识内化为学生能力与素质，大大提高了教学的实效性。

（三）注重个性化体验，提升学生的职业素质

教学过程是培育学生"知情意行"的过程，是学生个性彰显，能力拓展提升的过程。课程的意义在于过程，这是一个生活的过程，是一个知识的过程，是知识与生活共建的过程。把教学过程与学生的成长过程融合，注重学生的个性化体验，增强了教学的人文价值和生命价值，激发学生创造的热情和创造精神，从而提升学生的职业素质。

提倡小型团队进行自我探讨，引导其主动进行自我素质的完善，其中非常重视个体的个性及情绪。在"体验式"教学中鼓励学生将自己的疑惑及感受与他人分享，教师选择具代表性的问题进行讲解，做到有的放矢。

采用诸如"职业生涯工作坊"和团队游戏等方式，让学生更充分地表达自己的看法，教师从中引导学生在学习中去感悟、去体验，想方设法去营造学生尽情体验的环境，更好地顾及不同的个体，让每一个学生都能参与进来，使教育更具人性化。

（四）与时俱进，创新教育教学内容和方法

当社会经济出现改革与变化时，教学的内容、模式就会随之变化，出现许多新的形式和内容。教学内容必须根据社会经济和科学技术的变化发展而不断地调整、发展和创新。如今，"团队责任感培养""创业培训"等应运而生，教师应针对个体和形势要求设计适合被教育者的教学内容。在"体验式"教学中，可以相应的增加团队合作素质拓展、职业挫折感调节等适应新形势的内容。企业"体验式"培训中出色的企业文化、团队精神、跨文化沟通、献身精神等培训的理念、内容、模式、方法，都可以为课程注入新鲜血脉。

四、体验式学习的教学策略探索

（一）游戏法

例如教师在上创业课之前，可以不做生硬的、说教式的讲解，出人意料地提出这节课先来做个游戏。游戏的目的：从 A 地走到 B 地；游戏规则：自己一个人走，而且必须保证安全地从 A 地走到 B 地，绝不允许重复前人的走姿。每人走两遍，且 30 人不得重复。这样的游戏可以使课堂气氛一下子活跃起来。同时，可以伴随着欢快的乐曲，让学生们琢磨着自己的走姿，只要出现重复的或与前面类似的都被一一罚下场重来。第一遍还算容易，第二遍会出现重复，此时人人力争创造新的走姿，场面会非常热烈。音乐声停止后，很多走姿会诞生。

然后，请学生们联系生活实际，品味刚才所做的游戏。说出不同的感悟：不同的走姿，告诉我们做事必须有创新；不同的走姿，告诉我们创新是发展的基础；不同的走姿，告诉我们过程更重要；不同的走姿，告诉我们做是起点，要敢于去做；不同的走姿，告诉我们要想与众不同，很难；不同的走姿，告诉我们超越自我是改变的关键；等等。

至此，一个个冥思苦想都想不出来的观点将诞生。学生从看似游戏的活动中会升华认知。由于体验学习是在"做"中学、"玩"中学，它能打破参与者的心理戒备，创造自我探索的契机。

（二）情景体验法

1. 在小品中体验

小品是学生感兴趣的文娱形式，在课上偶尔采取小品的艺术形式，能让同学们在开怀大笑之后有所思考，培养健康的心理品格。

2. 利用多媒体创设情境

教师创设一些形象逼真的情境，让学生身临其境。比如可以引用视频资料一《成龙的成长故事》，让学生了解成龙一路摸爬滚打，用一身的汗水和伤疤书写着自己人生传奇的故事。让学生懂得：他所扮演的不仅是一个单纯的银幕英雄，更承载着一个中国人面向世界舞台的责任态度与榜样；良好的情绪控制能力是保证职业规划有效实施的条件。通过体验，让学生在顺境中不得意忘形，在遭遇挫折时不萎靡不振，能辩证分析对待挫折带来的痛苦，化悲痛为动力。

具体还可采取以下一些方式：邀请一些成功的企业界人士谈自己的体会，说说他们面对顺境和逆境时的心态和处理方式；组织学生讨论一些不能受挫折教育的反面例子，让学生知道心理承受能力的重要性，增强情绪控制能力，提高职业情商，实现可持续发展。

3. 在角色中体验

这是让学生以一种类似游戏的方式，体验角色的心理或行为。例如：培养合作精神，可以采用活动《盲行游戏》。让一个同学扮演"盲人"，另一人为盲人的"拐杖"。"拐杖"用丝巾把"盲人"的眼睛蒙住，让其在原地转三圈，然后由"拐杖"带领他穿越有障碍的路线。"拐杖"不可说话，只可用肢体语言给对方暗示，完成后交换角色。这个活动让学生充分体会了一个残疾人在生活中遇到的困难，及别人对他的态度，从而了解到一个人的自尊与尊重他人的关系。

4. 在音乐中体验

探讨职业价值观时，可以先让学生在热烈地讨论中说出自己最喜欢的、最离不开的五样东西，并罗列在纸上。然后配上背景音乐《春江花月夜》和老师的解说话语："人生是美好的，但美好的东西也会有逝去的一天。你会让哪一样先失去呢？失去之后你又会怎样呢？"让学生在背景音乐下沉默、思考；然后再告诉学生，必须得失去某样东西，来慢慢引导学生澄清自己的价值观，了解自己最宝贵的东西，学会取舍。

在学生即将进入最后一次抉择时，不经意地改变背景音乐，换成《二泉映月》。让学生在《二泉映月》的背景音乐下痛苦地沉思选择。然后老师接着解说，"你的生活滑到了前所未有的低谷，你必须做出你一生中最艰难也是最果决的选择。你只能留下一样，其余全部放弃。当这种命运真正来临时，我们又能做些什么呢？让我们在失去之前，写下我们最想说的话语……"此时仔细观察学生的表情及做出的艰难抉择。

这样的音乐体验形式不仅能提高学生的知识水平，更将提升学生的心灵境界。

（三）辩论法

首先确立辩论题，如"大学生就业难，是因为机会太少，还是因为自身素质不高"等。然后再确立正方和反方的同学，让同学们课后广泛收集有说服力的资料。上课时，先让正方、反方各推出四位同学上台辩论，其他同学可随时补充。辩论结束后，老师及时点评。通过辩论，不仅使学生掌握了知识，拓宽了知识面，还增长了见识，锻炼了能力。

（四）案例讨论法

教师指导学生阅读一定的材料，使其产生相应的情感体验，引起心灵的共振，达到认识与情感的统一。问题通过争辩，答案就会更加明确。可以让学生前后四人组成一个小组，就阅读的材料，就某一观点、某一现象发表见解、做出评判，加深对知识的理解和运用，由"静听"的记忆变为热烈的"辩论"。学生阅读完提供的材料后，以课堂所学内容为中心，说课本、说自己、说生活，活动培养了学生的逻辑思维和语言表达能力，增强了他们的参与意识和"主角"意识。

（五）在团体活动中体验

在体验式团体活动中，可以给出四个图形：圆形、方形、三角形、梯形，让大家进行选择，选择同一种图形的人归为一个团队，团队要讨论为什么要选择这个图形，然后再让四个团队交叉讨论选择图形的理由。通过这个团体活动，让学生体验，不同的人有不同的思维模式，不要局限于自己的思维和视野，要扩大学习的视野和范围和不同思想的人进行交流与合作，才能够提升自己学习的能力。

（六）在社会实践中体验

在社会实践中体验，是高职教育课堂教学不可缺少的组成部分。因此，在教学中教师应努力使课堂延伸，鼓励学生走出封闭的课堂，通过开展现场调查、参观访问、社会服务、收集信息等，让学生融于社会，去亲历体验，在动态中掌握知识，内化情感。除此之外，还可以采用演讲比赛、知识竞赛、优秀毕业生座谈、校企结合工学交替等促进专业技能训练，激发内心情感体验。

"社会即学校，生活即教育，教学做合一。"这是陶行知先生生活教育理论的精髓。环境、生活在人的发展中起重要作用，特别是对非智力因素的影响，尤为突出。学会做人，主要在生活体验中实现，教学必须拓展时空，延伸体验。学习的时间不限于上课时间和作业时间，学习的空间不限于教室和学校。教材只是例子，而不是法典。教师要引导学生拓展思路，提出新问题，并将新问题引向课外、引向生活、引向综合性学习。让学生产生意犹未尽的余味，生成新的学习的需要。教师应该少布置"死"作业，布置学生爱做的活动性作业、开放性作业、社会调查性作业，让他们在新的时空中不断提高职业素养。

五、体验式学习在高职人才培养中运用应注意的问题

（一）转变观念，创设情境，提高学生的学习主体性体验

精心营造适合教学的生活情境或仿真情境，能诱发学生强烈的好奇心和实践欲望，使

学生始终保持高涨的体验热情。生活情境可以涉及自然风光、文物古迹、风俗民情、国内外的重要事件、学生的家庭生活，以及日常生活话题等；仿真情境则可通过语言描摹、画面再现、媒体演播、角色扮演等方式创设。在体验过程中，教师要善于将学生的体验兴趣引领到学习的重点、难点、疑点之中。体验学习的特点决定了学习者在体验过程中的感受、感悟的"独特性"和"自我性"，这体现了学生自主体验的过程。对于学生的不同感受教师要以宽容的心态去面对，切忌主观地将学生的体验感受引入自己的思维定式，否则，体验学习也可能成为被动的过程。另外，"过程与方法""情感、态度与价值观"的形成，不能奢望一次体验就能完成，它需要不断的外化，不断的反复，不断的调节才能形成。教师的作用在于积极观察、认真引导，并善于捕捉最佳契机推波助澜，引导学生提升自己的感悟和体验。教师要成为学生最可靠的心理支持源泉。

（二）整合资源，以学定教，提升学生的创造能力

体验学习的方式是丰富多彩的，教学实践中，教师要善于利用、开发和整合各种课程资源，为实现学生有效的体验学习提供多种途径。例如，各种现代化教学手段：幻灯、实物展台、录音机、录像机、CD、VCD、计算机等，不仅可以增大体验情境的信息量，丰富体验的情景，还可以通过其直观的听觉、视觉的冲击力，强化体验，引发学生的积极思维，加速学生体验内化的过程。同时，资源不仅包含以上技术层面，还有许多隐性资源，如学生的差异、学生的生活和学生已有的经验等，都是教师在组织和实施体验学习的重要资源，教师要善于运用。

在传统教学中，教师是知识代言人、占有者。在体验教学之前，教师必须给学生一个充分自学、自主体验的过程，然后以学定教。这样，学生在自由的状态下很容易找到适合自己的学习方式，就会产生许多不乏生命灵性的独到见解，在教学过程中，教师要善于不断追问学生："为什么？""请你说具体些好吗？""你是怎么发现这个问题的？""你还发现了什么新问题？"让学生主动分享，主动展示思维过程，质疑交流、互相启迪，让更多的学生在"豁然开朗"中受到启迪，从而提升学生的创造能力。

目前，在课堂教学领域中对体验学习的研究刚刚开始，在实践中也会出现新的问题，这就要求教师提高对体验学习的价值和内涵的深刻认识。因为体验学习对教师的能力要求更高，加上学生缺乏适合进行体验学习的环境等问题，导致体验学习还不能真正有效地实施。所以，需要加强对体验式学习的理论层面和操作层面的深入研究，需要继续进行实践探索。

第三节　基于创新创业导向的体验式教学模式探索与实施

创业过程涉及人与自然、人与人、人与社会的关系，创业活动的顺利开展，需要创业者具有更为丰富的素质内涵。一个成功的创业者不仅需要具备科学思维和经济头脑，而且还要有管理才能、组织协调能力；要勇于开拓，富有进取心和事业心，敢于冒险，面对失败和挫折能不屈不挠，表现出良好的创业素养。因此，创业教育应该围绕学生创业素养的提高来进行。更具体地说，就是要从创业知识、创业能力、创业人格和创业情感等创业素养的构成要素方面来展开教学活动。但想要把这四方面很好地统一在教学活动中，通过传统的教学方式是难以取得较好效果的。这是因为创业活动本身不仅涉及智力因素，而且更多的是依靠非智力因素。即使是创业知识等智力因素的发展，完全通过课堂教学也是难以完成的。目前高职学校中的创业教育课程大部分是在学科专业教育基础之上作为素质教育课程内容开设的，必须受到教学计划安排的制约，何况创业知识除专业技术知识外，还涉及现代科学、经济学、社会学、心理学、法学、文学、艺术、哲学、伦理等综合性知识和经营管理知识，具有很大的广度。这就需要教师通过课堂指导性教学，引导学生主动学习，把学习的时空向课外拓展延伸，从而达到较好的效果。

学生主动性学习行为的产生，有赖于教学过程中能否成功地唤醒和激发学生的兴趣和热情，能否挖掘出学生潜在的能量，能否有效地引导和组织学生开展自主学习活动，能否对学生自主学习行为进行及时有效的评价和固化。要达到这样的效果，仅仅依靠理论知识的灌输和说教是不能奏效的。国内外多年教育研究结果表明，通过实践性教学环节来进行诱发，提高学生的意识，强化学生的行为是行之有效的方法。学生在实践环节中通过亲身体验和感悟，有利于激发自己主动自觉地朝着创业实践所必须具备的要素，即创业精神、创业知识、创业心理、创业能力、创新意识等方面的不断修炼和努力。

当然，如果这一实践教学环节安排上能够使学生亲身去尝试创业活动，直接受到市场和社会的洗礼，其作用会更加直接，效果会更好。然而事实上在校学生面广量大，这样的教学安排必然受到学生时间、精力、经济等多方面因素的制约，再加上真正尝试创业活动需要承担很大的经济风险，实现时存在很大困难。而采取"体验式教学法"进行情境教育，可根据广大学生的实际情况，利用有限的资源和条件进行精心设计，则可收到较好的效果。

一、创业教育课程体验式教学的内涵及特点

所谓"体验式教学法"，即根据学生的认知过程、认知特点，在学习准备阶段、课堂教学阶段、课后延续阶段和评价分析阶段突出"体验"，以学生主动参与、主动探索、主动思考、主动操作、自主活动为特征。创业教育实践环节采用体验式教学活动，不仅可以促发学生主动且有意识的学习创业知识，而且更为重要的是它更容易唤起学生各种心理因素的参与，对创业素养中的创业能力、创业人格和创业情感等非智力因素产生直接的影响，从而使学生的心理与行为在体验中相互交融、相互促进、共同发展。

具体来说，创业课程中体验式教学就是要求教师通过活动和情境设计，使学生积极主动参与特定情境之下的活动，并运用各种方法，使得学生在多维的人际互动的环境中，通过亲身体验和实践实现有效的学习。在整个教学过程中，教师不只是知识的传授者，更应是心智活动的启发者和引导者。教师的主要职责是创造一定的环境让学生体验，启发和引导学生按照一定的流程和逻辑去讨论和思考创业过程中涉及的相关问题，从而得出自己对问题和知识的理解。对学生而言，体验式学习是通过亲身介入模拟的企业活动和情境，不仅用眼看、用耳听、用手做、用嘴说，而且要用脑想、用自己的身体去亲身经历、用自己的心灵去感悟，这既能加深理解创业知识、激发学习潜能，又能促进学生在创业能力、创业情感、创业人格方面的成长和发展。学生在体验过程中不仅使知识、技能、情感、认知获得丰富和提升，而且对学生综合素质的主动发展是极有帮助的。

创业课程体验式教学的主要特点是：①主体体验性对学生的发展来说，无论思维、智力的发展，还是情感、态度、价值观的形成，都要通过主体与客体的相互作用实现，而主客体相互作用的中介正是学生的体验。体验式教学在于创造各种条件和机会，让学生作为主体去体验，在体验中完成自我的建构，最终实现主体的主动发展。②合作互动性强调教师引导，学生主动参与。师生在设置的特定情境下，通过师生互动、生生互动，完成特定的活动和任务，在过程中获得情感体验。③寓教于乐性将学习过程变成乐趣而不是压力，最终达到主动体验、主动学习的目的。④学用一致性提供解决实际问题的机会和场所，使学生能够在学习的过程中边学边用。⑤环境支持性创造的学习环境能让学生敞开心扉、相互信任、忠实反映实际情况，既要使学生更进一步认识自己，又要建立与其他人彼此支持的互动关系。

二、创业教育课程实现体验式教学的几种方法

不同的课程所采用的体验式教学方法可以有较大差别。针对创业教育课程的特点，在教学活动中常采用媒体借用、案例讨论、直观感受、角色扮演、拓展训练、创业模拟、课外项目等方法，让学生在活动中主动体验，取得较好的效果。

（一）媒体借用法

可以充分利用多媒体等现代化教学手段，以多媒体教室为载体，变黑板教学为课件教学。它不仅能在短时间内向学生传达大量信息，使课堂活动更加有序紧凑，提高教学的容量与效率，而且可通过直观的媒体资料，更好地渲染必要的气氛，激发学生兴趣。教师可先收集和整理国内外有关创业故事的影音资料，在讲授相关课程内容时，可通过生动活泼的画面和创业故事情节的展现，使课堂教学变得生动形象、易于接受，激发学生的学习兴趣，达到画龙点睛的作用。

（二）案例讨论法

此方法可提高学生解决实际问题的能力，并促进学生积极思维，使其主动参与到教师的教学过程中，尤其是对于创业教育过程中理论部分的理解。单纯的理论十分枯燥，但结合适量的案例会使教学内容丰富且生动，案例教学可以帮助学生加深对所学理论知识的理解掌握，激发学习热情；同时，案例教学有利于培养学生分析、表达、争辩及理论联系实际的能力，在群体讨论活动中可以极大地锻炼学生多方面的能力。此外，案例教学将教学方式由单向转变为双向，利于活跃课堂气氛，充分调动学生思考问题的积极性和学习的主动性。

（三）直观感受法

学生对现实世界的直接感受和体验，对其意识和行为会产生深刻而持久的影响。在教学过程中教师可通过如下几种具体的做法，让学生更多地了解企业和创业者：①教学参观。组织学生多参观，实地感受企业运行过程，了解企业经营和市场各种变化。②专家讲座。为帮助和指导学生对小企业创办能力需求的一些专业问题或热点问题，邀请业内专业人士做专题报告，介绍在经营企业的过程中适应市场的能力和经营理念。还可聘请工商、财政、税务、银行、法律等部门有关工作人员，来讲述办理营业执照、税务登记、资金注册、银

行贷款、法律法规等实际操作问题。③创业论坛。邀请一些成功创业的本校毕业生或者是有一定影响力的企业家,让他们以创业过程的亲身经历为例,通过现身说法,谈创业过程中的成功和失败的种种经历、体验和感悟,在实际创业和管理中应注意的关键问题,以及现在可为未来创业活动在哪些方面早做准备等,以拓宽学生的视野,坚定他们未来自主创业的信心,并尽早有意识地锻炼自我。④现实参与。可考虑邀请一些目前企业经营过程中有困难和问题的小企业主与学生交流并共同寻找解决问题的办法。这种做法难度较大,但效果最好。

(四)角色扮演法

角色扮演法强调以学生为教学主体,重视学生综合运用知识的能力,通过与教学内容相关的并有一定应用价值的情境,将某一教学内容的理论知识和实际技能结合起来,让学生在一定的时间范围内自行组织、安排自己的学习行为,并有能力去克服和解决在完成该学习过程中所遇到的困难和问题。教师根据教学目的设计创业过程中可能遇到的各方面的问题作为背景,在情境设置中给出需要扮演者来解决的问题。扮演者并不是以客观的、局外人的立场,而是以主观的、当事人的角色考虑问题,身临其境地体会总经理、人力资源、财务、生产和市场等职能部门经理考虑问题的角度和方式。这样可以使学生从模拟情景中去认知岗位职责、工作任务、决策过程。既要求独立动脑思考寻找决策依据、制定决策过程,又要求彼此配合、相互协商。

(五)拓展训练法

通过设计独特的富有思想性、挑战性和趣味性的户外活动和游戏活动,培养学生积极进取的人生态度和团队合作精神。创业课程教学过程中可以通过在室内和户外精心设置一系列新颖、刺激的情景,让学生主动去解决团队合作中可能存在的问题。在参与、体验的过程中,学生心理受到挑战、思想得到启发,然后通过共同讨论总结进行经验分享,感悟完成共同目标任务中团队合作精神的重要性,而这些精神也是创业者所必须具备的。

(六)创业模拟法

创业模拟的主要内容就是撰写创业计划书。创业计划书是创业教育课程体系中的内容,是创业课程综合学习的考核依据。学生是针对一项经营业务或考虑成立一个小型企业撰写创业计划书,提出创业者的想法和思路。它是对新企业的蓝图、战略、资源和人的需求等的构想。通过学生的社会调查，选择创业项目，进行多种创业途径分析，形成创业思维。学生以自由组合的方式组成 5～6 人的创业团队，各人根据兴趣爱好，开动脑筋，提出各自的创业构思并在团队范围内进行交流和讨论，选出较为理想和可行的创业构思。创业团队以此来构思创业计划书的设计，最后进行课堂汇报。在创业计划书的撰写过程中，学生不仅要主动学习和综合应用创业计划书所涉及的各方面的知识，调查现实中相关的企业和市场，而且还要在完成任务中进行团队合作和分工，获得创业的感性认识和实践经验。

（七）课外项目法

主要的目标是接触企业、了解企业、了解市场，尽可能创造条件进行实战演练，增强实战能力。课堂上理论的讲解、案例分析、角色扮演都无法使学生获得实战的能力，原因在于课堂上毕竟没有真实的环境和对象，因此应该多让学生在真实的情境中检验解决问题的过程，从而获得解决问题的能力。例如，可以撰写小企业运管调研报告、帮助企业做市场调查、向社会或学校有组织地提供劳务、参加学校各种社团活动、在不影响学习的情况下进行短时间的"练摊"活动，有条件的学生可以试办"小企业"。通过这些活动，学生可以多方面锻炼自己的沟通能力、分析事物的能力等，与他人和社会建立和保持更多的联系。

三、创业教育课程应用体验式教学需要注意的问题

体验式教学方法的应用在给教师带来很大的施展空间的同时，也对教师提出很高的要求。

（一）需要教师具有丰富的临场指导经验和较高的技能水平

体验式教学活动的重点不是抽象的推理，而是如何设计问题情境、如何引导学生分析和解决问题、如何进行决策。教师在此过程中更多地以教练、协调者、伙伴等身份，就疑点、重点、难点向学生进行启发式的发问和指导，帮助学生自己来发现、分析、解决问题，并给学生创造充分自主的探索空间和反思机会。这就要求教师必须有丰富的实践经验和较高的技能水平，必须与企业保持密切联系，甚至要有创业的经历。

（二）需要注重不断提升学生的体验感悟能力

教学活动要想获得预期的、良好的效果，必定涉及诸多因素，其中学生能否在行为、

情感和认知上积极投入尤为关键。因此教师在指导学生实践的过程中，必须加强对学生感悟能力的启发、引导和培训，不断提升其相关素质和技能。这些素质和技能的培养，将会使学生受益终身，有利于他们将来在没有教师的指导下，仍然可以凭借自己的悟性分析研究和处理创业过程中存在的各种问题。

（三）需要注重对学生进行及时的评价和鼓励

由于体验式教学是通过活动和情境来教学，学生在互动中需要教师及时地鼓励、支持和肯定，同时教师也需要反馈、评价和建议。既要对学生的组织能力、人际沟通、表达能力、合作精神和耐挫能力等方面进行评价，又要对学生的知识面、特长、闪光点等方面进行评价，这涉及态度、性格、自尊、自信、情操和意志等诸多因素。教师在评价过程中要多予以肯定和鼓励，并引导学生相互进行评价。

目前我国高校创业教育课程体验式教学尚属探索阶段。如何在有限的教学时间和空间内，通过体验式教学实现创业教育的目标，使学生既能在团体互动、相互合作中达到更好的学习效果，又能把学习效果更加持久地移植到现实生活之中，这些问题的解决有待于广大教育工作者在未来的教学实践中进行更多的探索。

四、创新创业教育与素质拓展体验式教学的结合

（一）素质拓展体验式教学内涵

素质拓展训练英文名"Outward Bound"，其寓意为"一艘孤独的小船，离开平静的港湾，去迎接暴风骤雨的考验"。素质拓展起源于二战期间的英国，当时是为了提高生存能力和生存技巧而产生的一种特殊训练方式，后来，以美国人大卫·库伯的体验式学习圈为理论基础，拓展训练强调通过体验从而转化为知识的过程，以独特创意和训练方式的逐渐推广，训练目标也由原来单纯的体能、生存训练扩大到心理训练、人格训练、管理训练等，在经济发达国家，尤其被企业所重视，是对企业员工提高素质、完善人格和培养管理人员素质的重要途径。拓展训练通常利用自然条件和自然环境，精心设计包括水上、野外、场地、室内等具有挑战性的运动内容，使受训者掌握一定遇险生存技能的同时，开发其心智，培养团队精神，提高创新创业能力。常见的项目有信任背摔、高空单杠、高空漫步、天梯、断桥、沼泽、绳网以及各种个人和团体组合项目，课程中包括组织能力、人际处理能力、

创新能力、协调能力、判断能力、领导能力等管理素质培养的专题教学项目。在西方社会早已把素质拓展体验式训练作为企业员工培训的一种载体，通过培训使员工更好地融入企业中。

（二）素质拓展体验式教学特点

素质拓展体验式教学是一种体验式教学，是借助于心理学、教育学和组织行为学等相关学科成果，针对社会不同的需求和学生的特点设计出来的一种教学模式。其主要特点有：一是教学方法新颖性。在教学方法上素质拓展体验式教学不同于传统课堂教学，其方法灵活，载体新颖，教学方式更容易让学生接受，是学生由被动学到主动尝试的一个过程。二是课程环节生动性。素质拓展体验式教学在课程环节中体现了生动性，每个课程项目都有历史故事和战争情境作为教学背景，通过教师现场讲述，让学生模拟当时的情景，能很快引导学生顺利进入角色。运用多种感官去接触情境中的事物。学生面对即将发生的事情无法预料，但又必须马上运用所学知识和现场的工具进行思考，做出反应，加以解决，在这个完成任务的过程中获得对知识更深刻的体验。这对于封闭在书本、课堂里的大学生来讲素质拓展体验式教学更有一定的生动性和吸引力。三是现场体验感悟性。每个教学课程结束前，学生要进行体验感悟，学生从这个课程中体验到什么，学到什么，感悟到什么，关键就是这种心灵的震颤所带来的思索。通过教师的回顾与分析，学生的分享与体验都是一次重新认识自我的过程，这个过程会给学生带来的感受在心中生根、发芽、升华，使学生将素质拓展体验式教学的收获迁移到学习和工作中去。素质拓展体验式教学中的这种感悟性学习恰好弥补了课堂教学中只注重知识的学习，而忽略了其内在精神升华的不足。四是学生个体实用性。当前的大学生绝大部分是独生子女，缺乏吃苦耐劳精神，在与人沟通方面自我意识较强，团队合作意识较薄弱。而素质拓展体验式教学重点突出的是个人与团队的关系，从学生个人培养角度讲通过自我挑战和克服困难，增强了学生的吃苦精神，培养了学生与人合作的意识。从团队角度讲就是合理组织和运用好团队中的每一个资源，团队的决策力和执行力的科学性。素质拓展体验式教学重点强调做中学，学中体会，体会中总结。侧重于激发大学生学习兴趣和创新精神，发掘学生自身的潜能。学生通过素质拓展体验式教学能很好地弥补自身的不足，培养一种良好的与人沟通和团队意识。

（三）素质拓展体验式教学在创新创业教育中的应用

创新创业教育中除了传授创新创业技能知识外，更重要的内容是培养创新创业者所具备的素质与能力。这与素质拓展体验式教学内容是一致的，两者共同特点都是为培养学生具备某种素质与能力的教育，即培养学生坚强意志、乐于奉献的精神、合作创新的意识、良好的人际关系和团队合作精神。

1. 把素质拓展体验式教学理念融合在创新创业教育中

以素质拓展体验式教学为载体，把创新创业教育的内容融入素质拓展课程中。正确认识素质拓展体验式教学与创新创业教育的关系，创新创业教育强调在做中学的观点与素质拓展课程重点在于体验与分享，这两者有着异曲同工之效，两者都突出了实践与先行。以"先行后知"的体验式学习方式，打破了传统的以"教"为主的教育模式，从教育方法上起到了新颖的作用，教学中以学生为中心，充分加强教师与学生、学生与学生之间的互动环节，让学生在愉快、积极地参与中学到知识、领悟道理。

2. 以素质拓展课程作为创新创业教育的内容

素质拓展课程内容以创新创业为主线展开，在教学环节中充分发挥体验、感悟、分享三大环节的作用，以挑战性和趣味性作为课程魅力的展示，课程中融入创新创业所需要的知识和能力，在课程活动中把创新创业知识以潜移默化的方式传递给学生。素质拓展体验式课程有着灵活的教学方式，可根据创新创业教育的内容需要调整授课计划。如创新创业教育内容需要学生理解个人和团队之间的关系时，拓展课程可设计"信任背摔""过沼泽""有轨电车"等项目。如"信任背摔"从这个传统拓展项目中对学生个人和团队都有一定的挑战性，通过这个项目能使参加的学生明白个体和团队之间的关系。在这个项目中个体做得再完美，如果没有团队的支撑和保护，对个人来说一样是失败的。而对团队来说这时就是一份责任感，如果团队中的成员不全力以赴，也很难确保这个项目顺利完成。参加体验的学生不但要挑战自身的心理极限，同时还要对团队的队员有充分的信任感，让学生明白团队的重要性是创新创业中的一个重要理念和观念。

（四）素质拓展体验式教学在创新创业教育中的作用

1. 有助于学生对创新创业教育的理解

素质拓展体验式教学通过各种体验式项目将创新创业教育内容融入项目中，让学生在体验中明白与理解创新创业教育中的不同概念和内容。这与传统教学中学生获得知识的途径和方法不一样，学生在体验过程中身体各种器官都受到一定刺激，这对学生接收和理解知识起到一定积极作用，学生由被动接受知识转变为主动探索与体验，让学生在体验中感悟，在感悟中升华。

2. 有助于提高学生综合素质

创新创业教育以素质拓展体验式教学为载体验有助于提高学生综合素质，拓展体验式教学的重点在于体验与分享，学生在素质拓展体式教学中不但能学到创新创业知识，还可以在拓展体验式教学中通过分享环节提高自身的逻辑思维与语言能力，加强人与人之间沟通的能力，通过交流与分享发现他人的优点，接受他人的观点，在尊重和真诚的环境中，学生发现人与人之间的交流会变得简单、容易得多，这对创新创业教育来说是至关重要的。同时体验式教学中每个项目中还带有明确的任务性和目标性，要在一定的时间内完成各种任务与目标，加强了学生的任务目标管理的意识。学生在体验项目过程中要学会合理分工，同时对学生理解信息交流的重要性有很大的帮助，积极的反馈对帮助建立人际交往是很有效的，在拓展体验式项目中有些项目学生是需要不断克服自身的恐惧心理，通过项目提高学生情绪调节和自我调控的能力，保持平和的心态，挑战自己，战胜自己，从而塑造冷静、果断、坚韧不拔的优秀品质。

第四节　高职体验式教学模式的实证研究

——体验式教学在高职创新创业教育中的实证研究

一、体验式教学设计的理论依据

体验式教学的有效设计依承于对"知识""学习""教学"以及"发展"的基本认识。对教学，尤其是体验式教学的基本认识构成了体验式教学设计的本体论依据，对知识与学习的基本认识构成了体验式教学设计的认识论依据，对发展的基本认识构成了体验式教学设计的价值论依据。

（一）本体论依据：体验式教学是一种特殊的复杂适应系统

系统论一直是教学论研究的重要理论依据。随着系统论由注重系统工程思想的控制论发展到注重自组织的热力学系统（主要是耗散结构论和协同论），教学活动也由教师教学生学的控制性活动转为师生相互适应的自组织运演活动。尽管强调自组织、竞争与协同、非平衡等特性的第二代系统论使我们认识到，教学过程其实是师生相互作用所引发的平衡态与非平衡态相互依承的自组织运演过程；但是第二代系统论将组成系统的各个要素看作没有生命活力与自我意识，缺乏主动性与目标性的被动体，这使得第二代系统论引领下的教学活动也极为忽视学生的生命性与能动性。事实上，学生是有生命与经验、有理性与情感的能动个体，而且学生学习的过程是基于已有知识经验与生命潜能、基于理性思维与情感体验的意识过程与主动过程。因而，忽视学生生命性与能动性的第二代系统论无法有效担当起对注重学生生命体验与经验潜能的教学活动的引领角色。这就要求我们重新寻找能够充分考虑学生的生命潜能与知识经验，能够充分尊重学生的个体差异与发展变化的系统论。正是在这个意义上，复杂适应系统（Complex Adaptive System，CAS）理论进入我们的研究视野，不仅成为认识体验式教学的重要理论依据，而且成为体验式教学设计的本体论依据。值得注意的是，对复杂适应系统理论的重视并不意味着就要抛弃以耗散结构论和协同论为主的第二代系统论，与其说复杂适应系统理论是对第二代系统论的取代，还不如说复杂适应系统理论是对第二代系统论的修正与完善，因为自组织、竞争与协同、非平衡性等也是复杂适应系统理论的重要概念，只不过复杂适应系统理论更重视适应性主体，更强调适应性而已。

1. 适应性主体是复杂适应系统的核心要素

复杂适应系统理论的建立者约翰·H·霍兰（Holland, J.H.）认为，复杂适应系统是"用规则描述的、相互作用的主体组成的系统"。这一论述清楚表明了复杂适应系统的组成要素并不同于早期系统科学所说的部分、元素或子系统。部分或元素完全是被动的，其存在是为了实现系统所交给的某一项任务或功能，没有自身的目标或取向，即使与环境有所交流，也只能按照某种固定方式做出固定的反应，不能在与环境交互中"成长"或"进化"；而主体与之不同，具有明显的"学习"与"成长"特点，能够在与环境的交流中实现"学习"或"积累经验"，从而改变自身的结构与行为方式，鉴于此，霍兰将这类具有适应能力和主动性的主体称为适应性主体（AdaptiveAgent）。

由此，从复杂适应系统理论的视角来看，体验式教学中的师生就是一个个适应性主体，就是由一系列规则（如产生式知识）组成的具有能动性与适应能力的主体。因而，学生的不断成长与发展实质上就是通过教学活动引发信用分派或规则发现，从而有效改变、增生已有规则系统的过程。实质上，信用分派与规则发现既与学生已有的知识经验与生命感受密切相连，又与学生自己的能动性与自主性休戚相关，更与学生与教师以及整个教学环境之间的互动相关联。因而，体验式教学应致力于引发学生的能动性与自主性，致力于活化学生已有的知识经验与生命感受，致力于通过学生与教学环境之间的相互作用与适应来引发信用分派或规则发现，以帮助学生不断成长与发展。

2. 主体的适应性引发了系统复杂性

如上所述，适应性主体是复杂适应系统的核心组件，而且适应性主体的相互作用与适应构成了复杂适应系统。事实上，也正是主体的适应性才引发了系统的复杂性。更准确地说，适应性是引发系统复杂性的重要因素。霍兰认为，"在 CAS 中，任何特定的适应性主体所处环境的主要部分，都由其他适应性主体组成，所以，任何主体在适应上所做的努力就是去适应别的适应性主体。这个特征是 CAS 生成的复杂动态模式的主要根源"。由此，适应性造就复杂性成为霍兰复杂适应系统理论的核心思想。

虽然复杂适应系统理论以最简单的刺激－反应模型来理解主体与环境之间的互动关

系，即生活在特定环境中的主体不断从环境接受刺激，并根据经验做出反应，但是复杂适应系统理论认为主体可以根据所接收到的反馈结果来修正自己的反应规则，这就极大超越了纯粹的刺激－反应模型。比如，如果反应的结果达到了预期的目标，那么已有的反应规则就得到加强，其反应规则的适应性（或适应度）也得以增加；反之，如果反应的结果没有达到预期目标，那么已有的反应规则就会受到削弱，其反应规则的适应性（或适应度）也相应被降低。由此，在复杂适应系统理论看来，主体的知识系统中并不存在绝对正确或错误的知识，其知识系统是随着主体对环境的不断适应而不断发生改变的，主体不断淘汰或削减"无用"的知识，不断积累或生成"有用"的知识，更不断对已有的"有用"知识进行修正、完善或强化。

3. 复杂适应系统的演化动力与过程

从演化动力来看，复杂适应系统的演化来自不稳定源与稳定源的辩证运动。具体而言，不稳定源有三种：一是初值敏感性。因为当 CAS 运行在混沌边缘时，环境的微小变化都能被正反馈放大到足以使系统的演化过程发生巨大变化的程度。二是竞争。因为共同演化的系统之间存在的相互竞争使系统不可能处于某种形式的平衡态，而且竞争的动力学具有破坏稳定的本质。三是隐性模式带来的创新张力。因为系统的隐性模式总试图替代维持系统当前稳定的显性模式，这种具有相反任务的两个模式之间的紧张对立，也激发了系统的学习过程。稳定源也有三种：一是抑制。由于系统内存在的负反馈和定型化，使系统有一种内在的抑制力，它基本上能够使系统不对微小的变化做出过于敏感的反应。二是合作。合作的稳定力量主要来源于系统内在的自组织能力。另外竞争的动力学虽主要起破坏稳定的作用，但它也能给系统带来稳定，因为行为主体为了在竞争中生存下来，可能改进它们的合作策略，使每个个体的生存建立在其他个体的生存之上。三是显性模式对新张力的规避。因为 CAS 存在着自适应的危险性。当行为主体已经具有很高的适应性，其操作模式十分有效时，复杂学习这种功能就会退化，原先的一种学习行为就会变成一种直觉反应，从而退化为一种技能行为，排除在主体的"意识"之外。因此，学习过程的一些缺陷也可能给系统带来稳定。总之，三种稳定源和三种不稳定源构成了 CAS 的矛盾运动，并成为推动 CAS 演化发展的不竭动力。

4. 复杂适应系统理论对体验式教学设计的启示

既然从复杂适应系统理论的视角来看，体验式教学是通过有序与无序的相互依承来实现教学活动的动态适应与复杂演变，进而在适应性主体的相互作用中通过信用分派或规则发现来增生已有规则系统，以最终促使学生完整精神与生命发展的自组织教学过程，那么复杂适应系统理论引领下的体验式教学设计就应遵循主体不断学习与适应的发展性原则、主体与环境之间的适应性原则、有序与无序相依承的耦合性原则以及生成与预设相结合的灵活性原则。

（二）认识论依据：学习是一种真实情境中的实践参与

相对于系统论，学习理论的变革和更新对教学活动的影响更为直接与深远。

认知学习理论对行为主义学习理论的取代，就使得教学领域掀起了一阵强调已有知识结构，重视信息加工过程的潮流。这种将人与计算机进行类比而产生的信息加工学习理论是早期认知学习理论的主要代表。虽然信息加工学习理论强调已有知识结构在新知识的获取中具有决定性的作用，并认为学习者的主动性与能动性有利于学习活动的展开，这使得教学活动将学习者看作具有独特性与能动性的个体，充分关照了学习者的自主性；但是它认为知识是对客观世界的真实描述，学习就是对表征客观世界的真知的获取，因而尽管学生的独特性与能动性在教学活动中具有积极的作用，但它们仅是帮助学生获取客观知识的辅助而已。随着社会经济与文化的不断发展，主张知识客观性和学习获取观的信息加工学习理论逐渐被强调知识主观性和学习建构性的建构主义学习理论所取代。建构主义学习理论主张知识仅是一种假设，而学习就是建构知识意义的过程。客观地说，建构主义学习理论使得人们对知识有了一种全新的认识，成功革新了人们的知识观，而且对学习也重新赋予了内涵，更成功地将个体的内在潜能、主观经验与情感体验融入学习活动中，并在世界范围内产生了广泛的影响，掀起了席卷全球的教学改革。但不容忽视的是，建构主义研究与理论中的模糊性很容易使教学活动陷入相对主义的泥潭，正如有人所说，建构主义就是"什么都是"，而且建构主义术语与内涵上的笼统性也导致教学活动无法有效开展。因而，构建一种既能吸纳建构主义学习理论的积极意蕴，又能为教学活动指引具体方向、提供具体途径的学习理论成为教学活动的一种诉求与期盼。正是在这样一种期冀下，情境学习理论成为学习理论研究的重要主题，有学者甚至认为，"学习的研究取向逐渐从认知转向了情境"，情境学习理论已成为指引教学活动的重要理论基础。

（三）价值论依据：实践能力提升是体验式教学的目标指向

相对于学习理论，智力理论主要对教学活动的方向性与价值性产生影响，并通过教学方向与目标的定位来对具体的教学方式与教学策略施加影响。也就是说，学习理论侧重于为"怎样教学"提供理论指引，而智力理论侧重于为"为什么教学"提供理论依据，并由此规范具体的教学方式与策略。传统的教学活动主要建基于传统的智力理论（即心理测量智力理论）。实践智力理论摒弃了传统智力理论仅注重训练儿童的分析性智力，而忽视其现实问题解决能力和社会适应能力的局限，将儿童的现实问题解决能力，即实践性智力作为智力理论研究的重点，致力于将智力与现实生活结合起来，为指向于实践性思维训练的体验式教学设计研究提供了价值论依据。

二、体验式教学设计的内在逻辑

复杂适应系统理论、情境学习理论以及实践智力理论分别从本体论、认识论以及价值论角度为体验式教学设计提供了理论依据。但它们都是从各自不同的视角来为体验式教学设计提供借鉴与养分，都是从局部出发来窥视整体，因而难免存在偏差或不足，更缺乏内在关联与有机统整。鉴于此，对体验式教学设计的内在逻辑进行梳理就显得尤为必要，一方面它可以从设计的角度以一种全局的视野来统整复杂适应系统理论、情境学习理论以及实践智力理论为体验式教学设计提供的理论支持，另一方面它又可以勾勒出体验式教学设计的研究逻辑，为体验式教学设计研究的有序、高效开展奠定基础。

（一）问题解决是体验式教学的土壤

从上述对情境学习理论与实践智力理论的分析来看，二者已经从不同视角涉及问题解决在体验式教学中的重要作用。情境学习理论从学习过程的角度深刻揭示了问题解决在体验式教学中的土壤作用，因为学习的过程就是实践参与的过程，实践参与就需要问题引发。只有在真正自主解决问题的过程中，学生的参与感与实践性才能得到保障，也才能通过实践参与引发深层次的学习体验。实践智力理论从学习结果的角度有力揭示了问题解决在体验式教学中的土壤作用，因为实践能力就是解决实践性问题的能力，如果仅仅在听讲与练习中来学习，那么实践能力的养成只能是一句空话，永远无法实现。"在游泳中学会游泳"正是培养实践能力的生动表征，因而，用于解决实践性问题的实践能力培养只能在真实的问题解决中才能实现。由此，对于注重通过引发学习体验来培养学生实践能力的体验式教学来说，问题解决是必不可少的重要条件，是蕴含丰富营养物质以促使其生根发芽、开枝散叶的肥沃土壤。

体验式教学的有效运演与成功实现离不开问题解决，这不仅与体验式教学的内在需求有关，而且还与问题解决的本质特点相关。建构主义学习理论认为，问题解决源于现实的问题情境，新进入的信息与个体已有的阐释系统出现不协调，并且个体已有的阐释系统无法解释现实的问题情境时，个体便经历着认知结构由平衡到不平衡，情感体验由认知者的坦然到未知者的茫然的过程。随着问题的产生，为了使个体的认知结构再由不平衡发展到平衡，使个体的情感体验由未知者的茫然发展到认知者的坦然，个体积极主动地与外部世界进行交流、沟通、对话与协作，积极主动地将新信息与已有的认知结构进行反复的联系与深刻的反思，这一对话、互动与反思的过程就是个体自身与外部世界不断融合的过程，也是个体重新认识世界、生成意义的过程，更是个体充分体验发现者的惊奇、成功者的喜悦的过程；由此，在情境学习理论看来，问题解决过程就是引发学习体验，并在学习体验的运行与生成中建构知识意义的过程。

事实上，"对学生的发展来说，无论思维、智力的发展，还是情感态度和价值观的形成，都是通过主体与客体的相互作用实现的，而主客体相互作用的中介正是学生的体验。唯有体验，才能提供学生主体发展的最佳途径和手段；唯有体验，才能实现多种潜在发展可能性向现实发展确定性的转化，发展只有在体验中才能真正实现"。然而，体验并不是凭空产生的，也不是通过臆想就能产生的，体验产生于生动现实的问题解决，是在问题解决中通过主体与环境的双向建构来生成的。因而，无论是从学习体验的产生，问题解决的特征，还是体验式教学的需求来看，问题解决都是体验式教学的土壤，只有在问题解决中体验式教学才能有效实现。

（二）问题解决的有效性体现于信度与效度两个指标

尽管问题解决是体验式教学的土壤，学生在问题解决中不仅能够实现外显社会知识向内隐个体知识的内化，而且也能实现内隐个体知识向外显实践能力的转化，但这并不意味着所有的问题解决都能帮助学生生成学习体验，都能帮助学生与外部环境实现双向对象化。换句话说，问题解决也有有效与无效之分。而决定问题解决是否有效的关键又在于问题，即不同性质、类型和难易程度的问题会引发不同质量与水平的问题解决。例如，运用已有现成知识就能轻易解决的问题或者远离学生生活实际的枯燥问题所引发的问题解决活动根本就不能或者很难激发个体对问题解决的兴趣和好奇心；没有兴趣和好奇心的驱使，问题就很难进入个体的意识阈；不能进入意识阈的问题对个体的思维活动几乎就不能产生什么影响，或者更确切地说没有进入意识阈的问题根本无法唤起个体独特的经历，无法引发个体认知结构的重组或增生，更无法促进个体的适应性发展；个体在这类问题的解决中也就体会、感受不到问题解决过程中的酸甜苦辣，甚至问题解决的成功也无法激发其相应的成就感；对整个问题解决根本就没有投入心智与心力、根本就没有产生学习体验的学习过程自然就是无效的学习过程，没有引发学生自主学习、意义建构以及学习体验的教学活动自然就是无效的教学活动。鉴于此，对问题解决有效性的探讨其实就是对问题有效性的探讨。

（三）实践性问题是具有信度与效度的有效问题

情境学习理论与实践智力理论一致认为，实践性问题能够引发有效的问题解决，应当之无愧地成为体验式教学的重要内容。在情境学习理论看来，知识不仅产生于特定情境，而且运用于特定情境，知识获取的过程就是知识运用的过程，只有在知识运用中才能领悟知识的内在意蕴与生命价值，因而学习的过程就是实践参与的过程，就是运用知识解决实践性问题的过程，这就从认识论的角度为实践性问题成为体验式教学的重要内容奠定了基础。实践智力理论也表明，实践性问题是实践性智力的起点，实践性智力的发展依存于复杂的实践性问题以及问题所处的真实情境，只有在实践性问题解决中实践性智力的培养才有可能实现，而且实践性问题的有效解决势必引发实践性智力的有效提升，这又从价值论的角度为实践性问题成为体验式教学的重要内容提供了理论依据。

虽然无论是从认识论还是价值论的角度来看，实践性问题都应是体验式教学的重要内容，这实际上是对实践性问题价值的一种肯定，也意味着实践性问题能引发有效的问题解决；但是从有效问题解决的关键来看，还是有必要对实践性问题的信度与效度进行分析，以确定实践性问题是具有信度与效度的问题。

（四）实践性问题的有效解决指向于实践性思维的训练

实践性问题既是与现实生活紧密相连的问题，也是结构不良的问题。而对结构不良问题运用一系列限定的规则直接加以解决是不可能成功的，它需要学习者从记忆中聚合大量与问题相关的信息；需要学习者根据问题的所有可能原因及其限定条件建构问题空间；需要详细研究多种问题空间之间的认知和情感联系，以便确定哪种问题图式与解决问题最为相关，并且最为有用；需要学习者选择并且生成一种最"好"的解决方法，并且对其进行解释，以提供最令人信服的论据；需要学习者对自己的所知、所学及其意义进行反思，而且还要超越自己，接触、思考他人的想法，以使问题空间的心智模式的形成具有更加充实的论据；等等。也就是说，结构不良问题的解决过程并不是直接运用已有知识的过程，而是需要运用相关知识对问题情境进行分析的过程，更是基于实践性问题的有效分析整合相关知识对问题进行有效解决的过程，因而，实践性问题的解决过程并不是巩固、复习和评估学生所学知识的过程，而是以知识为工具进行分析与实践的过程，即实践性思维的调用过程。事实上，思维调用的过程也就是思维训练的过程。因而，实践性问题的有效解决过程就是实践性思维的调用与训练过程，也即通过实践性问题的有效解决能够训练学生的实践性思维。

三、体验式教学设计的具体视角

由体验式教学设计的内在逻辑可以看出，体验式教学设计以学生的实践性思维发展为目标指向，以实践性问题的有效解决为基本依托。然而实践性问题是不同于学术性问题的具有劣构性与生活情境性的、能够引发学生好奇心与求知欲，并能引发学习体验的问题。因而体验式教学设计是基于实践性问题解决的"学程式""教学设计学程式"的特点使得体验式教学设计与授受式教学设计截然不同。因为授受式教学设计是注重对教学过程的规律、原则、方法与结构进行描述，注重对教师教学行为进行规范的"教程式"设计，是注重知识传递的输入式设计；而体验式教学设计是强调对学生学习环境进行创设，强调对学生学习行为进行设计的"学程式"设计，是注重体验生成的创生式设计。

四、基于职业高中中医药专业技能特点的体验式教学模式的构建

针对医药商品经营专业学习者的需要学会的中医药专业的操作技能和心智技能的特点，以及中医药专业的操作技能和心智技能学习者的学习过程，利用现代化多媒体信息技术支持中医药专业技术课程体验式教学模式在中等职业学校医药商品经营专业的中医药专业技术的教学中会更加有效地提高中职学习者的专业技能。

作为教师，要想制定良好有效的地教学方法就要首先了解所教授专业技能学习者的学习过程。就本文来讲就是中医药专业课教师借助现代化多媒体信息技术的支持，运用体验式教学法，引导学习者完成中医药专业技能的操作技能和心智技能的学习过程。

（一）基于操作技能特点的体验式教学模式

1. 职业高中中医药专业操作技能的体验式教学模式

职业高中中医药专业技术课程中的两个核心技能"中药传统调剂技能"和"问病荐药"

都是综合性技术，是典型的技能教学。"中药传统调剂技能"包括审方、划价、调配、复核、发药等五大重要环节，是典型的操作技能。其中"调配"环节的更是本专业学习者的重点。笔者结合此项技能课程特点，设计构建出体验式教学的运用模式。

该运用模式，以操作技能的学习者学习过程为中心，结合体验式教学模式建构。从教师的教学角度和学习者的学习角度构建，力求适合学习者操作技能的学习规律。

2.职业高中中医药专业操作技能的体验式教学模式解析

体验式教学在中医药专业操作技能的学习过程的教学，可以根据中医药专业相关操作技能学习者动作形成的特点，把中医药专业操作技能体验式教学分为操作的定向体验教学、操作的模仿体验教学、操作的整合体验教学与操作的熟练体验教学四个阶段。

（1）操作的定向阶段体验式教学

操作的定向阶段是操作技能学习的第一步，也是技能操作学习的起始步。中医药专业操作技能的定向教学，是使学习者先了解所学操作技能的全过程，同时将该操作技能操作活动的定向映象的过程构建在学习者的头脑中。教师此时的体验式教学重点在为学习者设计、构建操作活动情境上，从而使学习者体验正确的定向映像和体验了解操作活动的程序性知识。引导学习者体验某一中医药专业操作技术的定向映象体验。即通过教学情境的创设，使学习者通过视、听觉体验将要学习技能的全过程。

（2）操作的模仿阶段体验式教学

当学习者建立了正确的操作定向映象后，教师将引导学习者通过观察分解的动作，指导学习者亲身体验并实际模仿操作动作，强化学习者头脑中形成的定向操作映象，并要求学习者将头脑中形成的操作映象，用实际动作表现出来。此时体验式教学进入操作的模仿阶段教学中。教师的教学重点放在为学习者设计、构建模仿体验的学习环境，引导学习者亲身体验、模仿某一中医药专业操作技术。学习者此时在教师构建的学习情境中，将分步模仿单一的动作，初步串联起来，形成动作整体，并在头脑中强化。再通过模仿动作不断的检验，校正头脑中的动作映象，及时与教师互动，反馈实际操作结果，提高操作效率。

另外，教师需要注意学习者在操作模仿阶段的动作迟缓，不容易形成正确的动作，操作动作不连贯，动作操作过程中操作者反应迟钝。因此教师在示范动作时需要有意识地放慢动作，防止由于动作过快导致学习者刚刚建立的正确的定向映象出现错误。

（3）操作的整合阶段体验式教学

在学习者通过操作模仿学会了某一操作技能后。学习者就会将模仿阶段掌握的动作单元，固定成为有着内在联系的、完整的、一体化动作，即操作技能的形成进入操作整合阶段。教师的教学也将进入操作的整合阶段教学。教学的重点在于引导学习者将模仿的动作有序地联结在一起，创造学习者体验新经验与旧经验、直接经验与间接经验整合的学习体验情境。教师通过及时评价反馈、修正学习者学习体验。此时，学习者需要掌握某一操作技能的各动作的关键点，形成程序化的操作动作，从而使操作活动的动觉映象完整化。学习者通过调整操作环节，协调联系各个动作节点，合理组织动作的结构，初步整合操作动作。与操作模仿阶段相比较学习者此时的动作表现具有一定的正确性、稳定性、灵活性，但动作有时快有时慢，容易受到外界条件变化的影响。

（4）操作的熟练阶段体验式教学

当学习者操作整合结束后，学习者将不断熟练自身的操作动作，建立起一个连贯的、稳定的动作，使所学习动作的各个动作单元节点无阻碍地连成一个整体，甚至执行动作时就是人体肌肉应对外在刺激的条件反射，动作达到高度的完善化和自动化，所形成的动作方式既能适应各种内、外界条件的变化，又能不受内、外界不良因素的影响而改变动作的结构，具有高度的稳定性，即操作熟练阶段。教学也随之进入操作熟练阶段教学。教师此时的教学重点放在为学习者创建多种复杂教学情境的设计与构建上，引导学习者在团队中相互分享自身与其他学习者的学习体验，从而提高学习者的心智技能。同时教师此时还应更加重视对学习者的适时评价，通过正确、及时的学习评价，及时反馈学习者的操作信息，提高学习者的操作熟练度，增强学习者的操作信心。

（二）基于心智技能特点的体验式教学模式

1.职业高中中医药专业心智技能的体验式教学模式

我校医药商品经营专业，一部分学习者毕业后主要从事药学服务。药学服务是指："药师利用药学专业知识，向顾客提供与药物使用有关的服务，以提高药物治疗的安全性、有效性与经济性，实现合理用药。"从此不难看出现代的药学服务要求药师要从传统的以处方调剂、用药审查为主的"具体操作经验服务型"向"药学知识技术服务型"转变，积极开展用药咨询与指导。因此现代的药学服务更加强调"以患者为中心的全方位服务，以推进社会用药的合理性，提高人们的健康水平"。随着社会对医药专业学生工作要求的转变，我校医药商品经营专业的课程教学改革也将随之而改变，更加强调"药学服务"。而实施良好的"药学服务"的关键是药师，药师工作的核心是保障患者的用药安全。而这一核心工作的完成，需要药师通过运用审方、用药指导、患者购药咨询服务，药品发放交代等现代药学服务中最基本的工作内容来实现。为了了解毕业生工作单位对我校医药商品经营专业在专业技能上的新的需求，通过调查问卷的形式对用人单位进行了一次调查。调查结果发现在药品销售工作中的药学服务的重点在"问病荐药"上，同时"问病荐药"也是刚刚毕业学生或实习学生的难点。体验式教学可以有效地模拟实习环境，给学习者以真实的学习体验。

"问病荐药"是我校医药商品经营专业学习者的一个必备的专业技术能力，也是学习者技能学习的难点。作为一项技术技能的教学，"问病荐药"是一项综合性的技能，整个工作过程包含了操作技能和心智技能，同时更加侧重心智技能的过程体验。笔者结合此项技能课程特点，设计构建出体验式教学的运用模式。

该运用模式，以心智技能的学习者学习过程为中心，结合体验式教学模式建构。利用现代化信息技术，从教师的教学角度和学习者的学习角度构建，力求适合学习者心智技能的学习规律。

2. 职业高中中医药专业心智技能的体验式教学模式解析

中医药专业技能中心智技能的培养有赖于现代化多媒体信息技术的支持；对学习者而言，心智技能的培养，学习者的亲身体验后内化技能过程非常重要；对教师而言，体验式教学能更有效地培养学习者的心智技能，同时利用现代化多媒体信息技术手段，教师及时获得学习者的反馈信息，修正模型，有助于指导学习者内化心智技能。

心智技能的教学较操作技能要繁复。心智技能经常是操作技能的上升层次，心智技能的形成常常是在外部操作技能的基础上，由外部动作而借助于内部语言内化，再外化的过程。教师在集体教学中，还应充分考虑主客观条件，学习者的个别差异等对学习者的影响。学习者的学习活动要求学习材料和教室活动两方面在相互变化中构建学习者的学习模式，教师可以通过现代化多媒体信息平台，针对学生存在的具体问题采取有针对性的辅助措施，提供足够的学习材料，并利用数字化信息平台调整教师活动情境，以求最大限度地发展学生的心智技能。

第六章　高职翻转课堂教学模式的构建

第一节　翻转课堂的起源与定义

一、翻转课堂的起源

19 世纪中期，美国西点军校的 General Sylvanus Thayer 要求学生在教师开展课堂教学之前，先利用教师发放的学习资料进行自学，然后在课堂教学上组织开展小组协作学习，引导学生进行批判性思考。这种教学形式已然具备了"翻转课堂"的雏形，但并未得到广泛传播。

2000 年，莫林·拉赫（Maureen Lage）、格伦·普拉特（Glenn Platt）以及 Michael Treglia（美国迈阿密大学）打破了原有教学观念的束缚，积极引入新型授课模式来讲授《经济学入门》这门课程。具体来说，首先他们将教学内容作为主要依据来制作讲解视频，并要求学生借助实验室、家中等地的网络平台浏览这些视频进行学习，并且在课堂上让学生以小组为单位进行作业练习。尽管不曾为此种教学模式提出明确的概念，但从这种教学模式的形式和环节来分析，它初步体现了"翻转课堂"的形态。

随后，Maureen Lage 和 Glenn Platt 分别在《经济学教育杂志》上发表了自己关于"翻转课堂"教学实践的文章。同年，Baker 也在第 11 届大学教学国际会议上（在佛罗里达州杰克逊维尔市召开）提出了自己对"翻转课堂"教学模式的看法。随着诸位学者探索活动的不断深入，"翻转课堂"的概念也变得越来越明确、清晰。

2007 年，Aaron Sams 和 Jon Bergmann（美国林地公园高中）进行了翻转课堂教学实践活动。这两位化学老师由于需要为缺课的学生进行补习，便开始尝试将试题讲解过程录制在屏幕录像软件中，并将其制作成视频发布到网上，以便学生可以随时随地观看、学习。同时，他们试着将这种教学方式引入课堂练习，即先让学生在家利用视频进行学习，然后在上课时写练习题，并根据学生课堂作业的完成情况，及时对学生遇到的疑难进行解答。

这种教学模式备受学生与教师的青睐，为了扩大"翻转课堂"教学模式的影响力，使更多教师理解并采用翻转课堂的教学理念与教学模式，他们决定举办"翻转课堂开放日"（Open House）。2012 年 1 月 3 日，在林地公园高中举办的翻转课堂开放日吸引了许多教育工作者来访观看，其中最为瞩目的便是两位老师对这一新型教学模式的现场演示，它全面展现了翻转课堂模式的教学情况和学生们的学习状态，促进了翻转课堂教学模式的推广。

无疑，Aaron Sams 和 Jon Bergmann 的努力功不可没，因为他们的实践使翻转课堂成为具有实际意义的教学模式，并得到了大范围的推广，受到了越来越多师生的青睐。但是这并没有促进我国对翻转课堂教学模式的认识和推广应用，直到 OER 运动（Open Educational Resources 开放教育资源运动）的开展。

究其缘由，这一教学模式在我国的初步应用始于 OCW 运动（Open Course Ware 开放课件运动），当时涌现了许多高质量的教学资源，如 TED-ED 视频、可汗学院微视频和耶鲁公开课等都提供了珍贵的资源支持，有利于翻转课堂的应用和推广，能够促进高职课堂教学的有序开展和高职教学质量的逐步提升。

2011 年，聚奎中学相关教学工作者深入探讨了"翻转课堂"教学模式，并试图对它的基本流程和步骤进行总结。终于，经过漫长的实践研究后，该中学整理出了翻转课堂模式下的课前"四步"和课中"五环"，也就是说，教师在课前要做好导学案的设计、教学视频的录制、自主学习计划的制订以及个别学生的辅导计划等工作，要在课中达成合作探究目标、释疑拓展任务、巩固计划练习，并引导学生自主纠错，做好课堂教学的反思总结工作。

二、翻转课堂的定义

（一）国外学者的定义

最早对翻转课堂概念做出界定的是美国经济学家莫林·拉赫（Maureen J.Lage）和格伦普拉特（Glenn J.Platt），他们认为将原本在传统课堂教学里开展的教学活动在课外进行就是翻转课堂，反之亦然。他们还指出，通过利用学习技术，尤其是多媒体技术的使用，给学生的学习带来了诸多便利，同时还为学生提供了许多新的学习机会。莫林·拉赫和格伦·普拉特作为经济学者，只是从课堂教学发生的转变简单地对翻转课堂进行了界定，并没有深入地从教学模式的角度对其做出定义。

英特尔全球教育总监 Brian Gonzalez 从翻转课堂带来的作用出发对其做出了定义。他认为，翻转课堂让教师给予学生更多学习空间和自由，将知识传授活动延伸至课堂之外，使得学习者可以选择最适合自己的方式获取知识；翻转课堂让教师可以在课堂上集中答疑解惑，方便学生与教师和同学进行沟通交流，便于开展协作学习，把学生知识内化的过程集中在课堂内进行。此观点阐明了翻转课堂和与传统课堂的区别，但从本质上来看，Brian Gonzalez 的界定，只是单纯介绍了翻转课堂的具体事件，而没有对翻转课堂作为教学模式进行界定。

Jonathan Bergmann 协同与会学者从作为教学模式的角度对翻转课堂的概念作做出了界定，此次大会关于翻转课堂的研讨具有重要意义，标志着学界对翻转课堂的定义有了实质性的突破。

大会指出，翻转课堂作为一种教学手段，能够促进教学活动的顺利开展，通过翻转课堂模式进行教学，增加了师生互动，实现了教师个性化指导；同时，翻转课堂还创造了一种个性化的教学环境，在这种环境中，学生可以实现自主学习，得到个性化教育，其学习积极性也能得到有效提高，独立思考能力逐渐增强。Jonathan Bergmann 及与会学者强调，翻转课堂是一种混合了直接授课与建构主义学习的教学模式。在翻转课堂教学模式下，教师并非知识的独裁者和灌输者，更非圣人，而是作为学生学习的引路人和指导者，引导、帮助学生做好课前预习、课中练习和课后复习，成为真正意义上学习的主人。总的来说，翻转课堂模式下，学生的主动性和积极性更强，即便是缺课学生也能够通过自主学习跟上教学节奏，自觉做好课前预习，找出疑难点，按时按量完成课中练习，及时进行课后复习，对自身的学习状态和学习情况进行反思，从而对自己的学习规划做出更合理的安排，制定出更科学的学习计划和目标，进而有利于提升整体的教学效率和教学质量。

（二）国内学者的定义

自从翻转课堂教学模式引入中国，国内教育界也掀起了探索翻转课堂教学模式的热潮。关于翻转课堂的定义便有诸多学者对其展开了探讨。

在马秀麟等学者看来，翻转课堂教学模式是对传统教学结构的颠倒安排。换言之，该模式打破了陈旧的教学观念，摒弃了古板的教学方式，改变了传统的教学方法，使得课外时间变成了学生自主学习的时间（以基础概念和知识点等为主的针对性学习），上课时间变成了师生互动的时间（以合作讨论、答疑解惑等为主的知识内化学习），有利于充分发挥学生的主观能动性，激发学生的潜在能力，促进学生全面发展和健康成长。以马秀麟为代表的学者通过分别阐述翻转课堂教学模式中课堂和课外的教学活动对"翻转课堂"做出了明确的定义。

钟晓流等学者认为，随着信息化时代的到来，翻转课堂逐渐被引入国内课堂教学，在这种环境中，教学资源的主要形式逐渐变成视频，学生能够借此更好地实现自主学习，即通过观看教学视频自主完成课前预习，并通过课堂师生互动环节加强沟通交流和团队协作，从而在师生共同努力下解决重、难点问题，促进学生知识内化。钟晓流等学者做出的定义是在前者的基础上针对翻转课堂教学模式做出的比较全面的定义，揭示了这一教学模式下学习资源（以教学视频为主）和学习环境（信息化环境）的突出特征，体现了该模式与其他教学模式的不同之处。

综上所述，翻转课堂是一种新型教学模式，也被称作"反转课堂"或"颠倒课堂"，主要分为课堂前、课堂中两个部分，前者要求教师将教学视频上传至相关管理平台，学生根据视频和有关教材上的教学内容自主进行基础概念、知识点的学习；后者需要师生一起参与才能完成，因为只有通过互动交流与合作探究才可以有效解答学生在自主学习过程中遇到的疑惑，加快学生对知识内化的过程。

传统模式下的教学工作是从教师课堂授课开始，学生做好课堂练习和课后作业结束的，而基于翻转课堂模式的课堂教学时间规划得到了调整，学生获得了更多的主动权，他们可以先通过自主学习熟悉知识点，然后通过课堂互动环节针对性地解决知识点运用和练习题疑难问题。

此外，值得注意的是，随着互联网和计算机的普及，翻转课堂模式的实用性和可行性变得越来越强，也促使我国教育事业得到了迅猛发展，同时使学生对教师的依赖性逐渐变弱，他们不再是单纯的知识接受者，而是自己也能够借助网络获取教育资源和教学素材的自主学习者，因此，教师的角色变成了引导者，其工作任务也有了一定变化，主要表现为以答疑解惑为工作重点。

第二节　翻转课堂的特点与优势

一、翻转课堂的主要特点

在教学方式上，翻转课堂教学模式变传统的讲述式教学为互动式教学，在翻转课堂教学模式实施过程中充分融入了互动教学理念，在课前准备时期互动式教学理念就得到体现，教师通过网络互动平台及时掌握学生学习的动态，在互动交流中实现知识的传授。在课堂学习中，教师通过答疑解惑、分组探究、协作学习等方式开展互动教学。

从教学环节来看，翻转课堂完全不同于以往的教学模式，因为它不仅改变了单纯由教师课堂讲授、学生课后练习的陈旧方式，还使教师退回到指引者的位置，强化了学生的自主学习能力和习惯，促进了师生的互动交流与合作探究。

从师生角色来看，翻转课堂使教师由过去的主导者转变为引导者和组织者，学生由过去的被动参与者转变为主动学习者，如此一来，一方面有利于教师清楚地掌握学生的学习情况，从而可以更有针对性地传播知识，另一方面也有利于学生增强学习积极性，合理安排学习时间，科学制订学习计划。

从教学资源来看，传统课堂使用的教学资源较多，主要有多媒体课件、教具、教案、教材和讲义等，而翻转课堂的主要教学资源是微课视频，这种视频时间较短，通常为 10 多分钟；主题较固定，针对性较强；发布简单，观看方便，易于保存、分享。因此，学生可以自行搜索、学习微课视频的内容，并控制观看视频的速度和时间，真正实现自主学习。

从教学环境来看，传统课堂对教学环境的要求较低，配置基本的多媒体设备即可，而翻转课堂对网络设施、设备的要求比较高，同时需要配备完善的学习管理系统，以便教师能够上传、存放不同种类的教学资源，开展必要的在线检测，登记好教学进度和学生们的学习情况，并及时加强师生互动交流，促进彼此了解，增进师生关系，促进教学实施和进程。

教学视频短小精悍，针对性强。在没有外在监督的情况下，学生的注意力一般都只能集中十几分钟。针对这一特点，"翻转课堂"的视频一般都比较短小，从几分钟到十几分钟不等。每个视频都有一个确定的主题，针对某一具体问题展开讲解，不仅具有较强的针对性，还为学生提供了搜索的便利。同时，为了方便不同学生的不同学习进度和要求，提高学生自主学习程度，这些教学视频都设置了暂停、回放等功能，学习者可以根据自己的学习情况和需求自由控制播放进度、选择频段，从而提高学习效果。

教学信息明确精准，集中性强。在缺少外在的约束和监督的情况下，学生的注意力很容易被一些其他的东西所干扰。为解决这个问题，"翻转课堂"采取了与传统教学录像不同的方式，就是在视频中看不到教师的形象，也没有其他会分散学生注意力的物品。我们只能在视频中看到老师书写教学内容和符号的手，听到老师讲课的声音。所有的教学信息能够集中精准、清晰明确地展现在整个视频屏幕中。不仅可以有效地解决学生在自主学习过程中注意力分散的问题，精准地传递教学信息和内容，还能够缓解学生上课的压力，营造更加轻松的上课环境。正如萨尔曼·可汗所说："这种方式并不像我站在讲台上为你讲课，它会更让人感到贴心，就像我们同坐在一张桌子前，一起学习，并把内容写在一张纸上。"

教学模式新颖灵活，互动性强。一般的学习过程基本可以分为两个步骤，即信息的传递接收与知识的认同内化。普通的教学模式，是在课堂上通过老师的教授完成信息的传递与接收过程，学生接收信息后，在课堂之外进行知识的内化，将课堂上接受的信息转化为自己的知识。在这个内化的过程中，学生会遇到很多的疑问，并不能通过一己之力完全地吸收和内化所有的知识信息，而老师和同学的答疑又不能及时地完成，所以，学生很容易在这个阶段出现挫败感，失去学习的动力，不利于知识的内化与巩固，进而导致学习效果的下降。"翻转课堂"则改变了这一现象。教学信息的传递和接收在课堂外完成，学生通过网络教学视频和在线指导进行自主学习，了解和接受教学内容和信息，再带着疑问回到课堂，通过实时的课堂互动与答疑，完成知识的内化与巩固。

"翻转课堂"有利于老师及时地了解学生的学习疑问和困难所在，并能在课堂上给予有针对性的回答和辅导。而学生也能够通过与老师、同学的交流在课堂上实现知识的整理和消化。这种新颖灵活的教学模式，不仅能增强学生学习的信心，还能提高老师教学的效果。

教学效果检测便捷，即时性强。检测和考核是测量教师教学效果和学生知识掌握的有效方式。"翻转课堂"可以在课程结束后即进行教学效果的检测。在每个教学视频的最后，老师都会设计若干小问题，即时检测学生对所学知识的掌握和理解情况，帮助学生发现学习的问题，并对自己的学习情况做出基本的认识和判断，引导学生进行自主的思考，并及时地记下自己的问题和疑问。对于学生的问答情况，老师可以进行及时的汇总，通过数据分析和总结，发现教学过程中的重难点，改进教学方法。而学生还可以在学习之后的一段时间内，反复不断地对薄弱知识点进行复习和巩固，而学习系统也会对学生每次学习过后的问答情况进行跟踪，分析和评价学生的学习效果。既有利于学生了解自身的学习情况，也有利于老师做出有针对性的教学调整和改进。

二、翻转课堂的几大优势

翻转课堂模式改变了传统的教学模式。在翻转课堂教学模式中，教师不再像传统的教学模式一样，采用灌输式的教学模式，通过这种教学模式的改变，就需要对教师和学生之间的关系进行重新定位。翻转课堂教学模式的优势主要表现在四方面。

（一）教师方面

第一，采用翻转课堂教学模式，可以有效增加教师和学生之间的交流，促使教师能够更加深入地了解自己的学生。随着科学技术的不断发展，远程教育的模式也得到快速普及。在这种教育方式下，甚至有些人认为学校会逐渐消亡，而这种论述忽视了传统教学模式的一个重要功能，就是师生之间的交流对于学生的成长意义。

第二，采用翻转课堂教学模式，能够促进教师的职业发展。教师在翻转课堂的教学活动中，可以通过对其他教师教学视频的观看和学习，了解其他教师的教学方式和方法，促进了教师教学之间的交流。借助于先进的互联网技术，让学习其他教师的教学方法成为可能，这是翻转课堂教学模式的一大优势，也是传统教学模式难以达到的效果。

第三，采用翻转课堂教学模式，改变了教师在课堂中的角色。在传统课堂的教学模式下，教师具有绝对的权威和地位，是知识的"灌输者"，是"圣人"；而在翻转课堂的教学模式下，教师成为一个"教练"，一个学习和思考的"引导者"，更多地通过与学生的互动交流和合作学习解决学生学习的困难和问题，引领着学生自主地行进在学习的路上。在翻转课堂教学模式下，教师能够有更多鼓励学生的机会，让学生清楚怎样做才是正确的，从而解决学生的问题和困惑。

（二）学生方面

1.翻转课堂满足了学生的需求

现今社会，网络对学生的生活具有巨大的影响力，已经融入学生生活的各方面，比如微博、电子书等新媒体，这些教学资源都伴随着学生的成长。虽然当前大部分学校都禁止学生将这些电子设备带入课堂，但学生还是会悄悄地将电子产品带进教室。在信息化时代，学生不可避免地要接触这些电子设备，因此学校就要顺应时代的潮流，利用网络资源的优势，服务学校的教学和学生的学习。在翻转课堂教学模式下，学生可以携带自己的电子设备，借助于电子设备开展学习，并实现与教师的交流互动，因此这样的教学课堂更具有活力。

2. 在翻转课堂教学模式下，学生需要对自己的学习负责

在这种教学模式下，教师不再是课堂的唯一主导，学生成为学习的主人。主动地承担起学习的责任，对自己负责、对学习负责，更加积极主动地投入学习中。在这种教学模式下，学习不再是一种负担，而是一种探索性活动。教师不再控制着学生的学习过程，而是由学生自主掌控自身的学习，但是在这个学习的过程中，教师也要引导学生树立正确的学习观念，真正认识到学习的价值不再是仅仅拿到一定分数和教师的评分。通过开展翻转课堂教学，学生不在是被动地学习和记忆，而是整个学习过程的主人。

3. 采用翻转课堂教学模式，可以帮助学习繁忙以及学习困难的学生

在这种教学模式下，针对那些需要参加学校以及各类竞赛的学生，不用再担心自身的学习，通过在线学习的形式，可以保证不落下学习课程。在高职院校，那些学习困难的学生也是让老师非常担心的。在传统的教学活动中，只有那些学习成绩优异或者性格开朗的学生，才能够引起教师的注意。而对于那些比较沉默或者学习成绩不好的学生，教师就自然难以关注到。在传统课堂教学中，无论学习成绩如何，都处于同一学习环境，教会采用同样的教学方法。这种教学模式对那些学习能力较强的学生而言，是没有问题的，但是对接受能力、反应能力、理解能力稍弱的学生来说是不利的。在很多情况下，往往是学生还没有充分理解教学内容的时候，教师就已经讲授到下一个知识点了，这样学生的问题就会积累，以致最后这些学生的学习积极性降低，学习的自信心也越来越低，导致他们不想学习，学习困难的学生通常都是这样产生的，而采用翻转课堂教学模式，就可以给予这些学生弥补的机会，让他们能够及时赶上学习进度。

4. 采用翻转课堂教学模式，学生能够自主地把握自身的学习进度

在传统课堂教学中，教师通常采用灌输式的教学方法，学生仅仅是一个聆听者。作为教育者，教师通常需要将特定的内容呈现于课堂之上。教师希望学生能够按照一定的学习框架来学习，希望学生能够理解在课堂上学习到的任何知识。即使是最优秀的教师，也不可避免地会遇到仍然有学生跟不上进度或者不理解所学内容的情况。但是在翻转课堂教学模式中，学生就能够控制自身的学习，从而基于自身的学习能力和学习情况，及时地调整自身的学习进度。

5.采用翻转课堂教学模式，学生可以向其他老师学习

虽然大部分学生都会观看自己教师录制的教学录像，但是如果他们有机会观看其他教师的教学视频，也许就有了更多的启发。位于美国密歇根州的一所高校在全校所有的学科中，都采用了翻转课堂的教学方法，学生不仅能够观看自己教师的教学视频，同时还有机会看到其他教师的教学视频。由于不同的教师其思维方法不同，对知识的传授方式也不同，因此学生在观看其他教师教学视频的过程中，也许就会有意外的收获。

6.采用翻转课堂教学模式，同时增加了学生与老师个性化的接触时间

在传统的课堂教学中，教师通常在讲台上讲，而与学生的交流和接触非常少，仅有的互动也仅限于教学过程中的互动环节。但是在翻转课堂教学中，在学生自由讨论的环节，学生可以针对自身的问题及时地向教师请教。这种形式的教学模式增加了师生之间的互动交流，能够让教师更加深入地了解学生的学习情况。

（三）课堂教学方面

1.在翻转课堂教学中，教师时间重新得到分配

在传统的教学模式中，课堂的大部分时间都是教师在教学，而用于师生互动的时间是少之又少，即使有也仅仅局限于课堂的互动环节中。在翻转课堂的教学模式中，教师的教授时间减少了，转而用更多的时间与学生互动交流，对学生的学习进行观察和分析，及时地了解学生的学习情况，改进和调整教学，不断地利用课堂时间引导和帮助学生；学生也在与老师和同学充分、及时的互动交流中解决学习中遇到的困难和疑问，降低学习的挫败感，增强学习的信心。

2.翻转课堂教学模式让课堂动手操作活动更深入

动手操作是学生学习的一个重要方面，也是促进学生学习的重要方式，在教学课程的学习中表现得最为明显。理论性知识的学习与操作性技能的学习缺一不可，具体的实践和实验操作是巩固和深化理论知识的重要手段，学生可以在实验和具体的实践过程中深入地体会理论知识。翻转课堂教学模式能够给学生的实验操作和具体实践提供实时实地的指导，学生可以实时实地地按照老师的讲解逐步地进行试验操作，深化动手操作活动，提高动手

能力。

（四）家长方面

采用翻转课堂教学模式，同时也为学生家长了解学生的学习课堂提供了可能。随着时间的推进，大部分家长会逐渐忘记其之前学习过的内容，如果孩子遇到问题的时候，他们往往也无能为力，因此他们也只能依靠在课堂上教师对学生进行解答疑惑。但是在翻转课堂教学模式中，他们可以与孩子一起观看学习视频，更新自身的知识。采用这种交流方式，能够有效增进他们之间的沟通和交流。同时在这种教学模式中，家长能够及时地了解孩子的学习进程，关注孩子的学习表现，更加关注学生所取得的进步。

因此，采用翻转课堂教学模式，可以说是对传统教学模式的继承和发展，克服了传统教学模式的一些弊端和缺点。其在教学模式和检测方法等方面的创新，不仅有利于提高学生的学习激情和效率，促进教师教学方法的改进与调整，还有利于家长及时地了解学生的学习情况，推动各方的互动与交流。既能保证教学效果的实现和提高，还有助于学生的自我实现和发展。

第三节　翻转课堂的教学策略

教学策略是教学模式成功施行并达到理想教学效果的保障，任何的教学模式都需要合适的教学策略来支撑。所谓教学策略，是指为实现教学目标、完成教学任务而开展的一系列教学活动的过程。是教师在一定的教学情境下，结合学生的特征和需求，有针对性地设计教学方案、选择教学内容、运用特定的教学方法和技术，开展教学活动，实现教学目标，完成教学任务的过程。教学策略具有多样性、综合性、实践性和理论性等特征，可以从动态和静态两个维度进行理解，其结构是动态的，内容则是静态的，而内容组合则在一定程度上反映了结构构成的动态性。教学策略的内容构成主要有三个层次：一是对教学活动和过程具有决定性影响的教学理念和价值观念；二是对教学方式和教学行为的基本规则和规律的认识；三是在教学活动和过程中具体运用的教学方法和手段。教学策略具有两种基本的来源：一是已有的教育和教学理论，二是对具体教学实践经验的概括与总结。

翻转课堂教学模式最重要的特征就是引导学生主动自觉地学习，成为学习的主人，让学生学会对自己的学习负责。在翻转课堂教学模式下，老师与学生共同学习共同进步，充分尊重学生在学习过程中的主体地位，为学生创造个性化的学习环境，加强与学生互动交流，而不再是以知识灌输者的身份出现在课堂上。翻转课堂教学模式的基本策略就是：根据学生的特点和学习需求，为学生创造个性化的学习环境和情景，培养学生学习的主动性和自觉性，充分激发学生创新和创造能力；并通过整合各类教学资源，运用各种技术手段，制作教学视频，结合课堂互动交流，调动学生自主学习的积极性，实现学生对既定知识的学习和掌握；学生通过自主的学习、独立的思考以及与同学合作交流内化知识，探索知识的内在意义。具体而言，翻转课堂教学模式的教学策略主要有以下几种：

一、学生学的策略

学习策略是指学生在学习过程中，为完成学习任务与目标，进行有效学习，实现对知识的掌握与内化所采取的一系列方式、方法、技巧并开展学习活动的过程，包括了内在的规则系统和外在的程序步骤两方面。翻转课堂教学模式要求学生在课前即完成基本的知识学习和掌握，然后通过课堂上与老师和同学的互动交流，培养学生自主学习、独立探究和合作学习的习惯，提高学生的综合素质，推动学生的全面发展。

（一）自主学习的策略

翻转课堂模式通过学生课前自主地观看教学视频完成和实现知识的传递与教授，要求学生在课前即完成对基本知识的学习与掌握，主要针对的是原理性和事实性的知识。

学生的自主学习的策略是对学生自我调控能力的一种考验与培养。翻转课堂所采用的教学视频一般都控制在十分钟左右，即我们平时所称的"微视频"。在没有外在约束和监督的情况下，学生如何集中注意力，保持十分钟的专注，看完教学视频，完成初步的知识学习，是对学生的自我控制能力的一种考验与培养。首先，学生需要在观看视频之前尽可能地排除一切外在的干扰，选择一个较为独立、私密的空间，创造一个安静的环境，确保教学视频观看的流畅性。其次，学生需要根据自己对知识的理解和掌握情况，适时地对视频进行暂停和回放。及时发现问题，适时充实巩固，切忌以完成任务的心态去观看教学视频，要坚持对自己负责。最后，勤做笔记。俗话说"好记性不如烂笔头"，学生在观看教学视频的过程中，要及时地记录所遇到的问题、感兴趣的问题和需要进一步了解的问题。形成良好的问题意识，及时发现自己知识的薄弱环节，适时调整知识结构和储备，提高学习的效能。总之，学生自主学习的策略，就是通过学生独立自主的观看教学视频，使学生养成自觉学习、主动思考、勤做笔记的学习习惯；坚持对自己负责、对老师负责、对知识负责态度；充分认识自我，在学习之初便奠定坚实的基础。

（二）独立探究的策略

独立探究的能力是每个学生都必须学会，而且必须具备的一种学习能力。探究学习是一个学生在学习过程中的一种发现性的学习活动，主要包括了观察、发现问题，提出问题，查阅已有研究、案例及其结论，提出假设，制订调查研究计划或实验方案，收集、分析、整理数据，对假设进行验证和解答并评价已有研究及其结论，提出研究发展的预测等多个环节。探究学习是对学生的发现问题、独立思考、自主研究、解决问题的能力的一种考察与培养，它不仅是学生需要掌握和使用的学习策略，也是学生学习能力的展现，更是众多老师广泛采用的一种教学策略，具有主动性、独立性、开放性和实践性等特征。

培养学习者独立研究的能力是学校适应当今世界发展的一项重要任务。独立探究能力不仅是学生作为一个独立的个体存在的价值的体现，还是学生创新能力的提高的有力保障。在翻转课堂教学模式下，学生自主自觉地进行课前教学视频观看，掌握基本知识，积极主动地参与与老师和同学的互动交流，不断地提高自己的学习能力和研究能力，增加知识积累。学生学习和掌握知识的过程更受到老师的重视，教学效果不再是唯一的评价和验证指标。在这个过程中，学生通过积极自觉地主动学习，逐渐地摆脱对老师课堂讲解的依赖，独立探究能力逐渐增强；而老师也逐渐地改变教学方式和方法，从一个知识灌输者变成了一个学习引导者，通过引导学生自主学习，和学生探讨互动解决问题，使学生体验到自主学习和独立探究的乐趣与成就感，进一步激发学生学习和探究的激情与动力。

（三）合作学习的策略

生活中到处可见合作，一个人的力量终究是有限的，有时候要解决一个问题必须众人一起合作方能完成。学习也不例外。合作学习不仅有助于我们更快地解决问题，还能促进共同提高和进步。"合作学习"概念最早由美国人提出，并得到了较好的实践与发展。合作学习是指学生在学习活动和过程中，根据学习任务和目标所进行的一种共同协作、互帮互助的学习模式。合作学习以合作个体的人际关系为纽带，以解决问题、提高成绩和能力为动力，以活动小组为载体，经过老师的引导和学生自由组合，在明确责任分工的条件下，完成既定的学习任务，实现一定的学习目标。合作学习不仅有利于培养学生的团队协作能力，还能改变一个班级，乃至一所学校的学习氛围，培养学生良好的品质和互动交流能力。

合作学习不仅是一种学习策略，还是一种富有创意、能够提高实效的教学策略。在翻转课堂教学模式中，学生可以根据课前自主学习所遇到的问题和存在疑问，在老师的指导下，进行自由的组合，组建合作学习小组，共同讨论、各抒己见，通过小组的互动讨论和实验操作最终找到问题的答案，实现问题的解决。而老师在这个过程中，也会积极地加入学生的讨论中，与学生互动交流，给予及时的引导，并适时地抛出更有价值的引导性问题供学生进一步思考。同时，还可以组织全班的同学共同探究，扩大合作学习的广度和深度。师生共同互动合作的学习才是真正意义的合作学习。通过合作学习，不仅有效地提高了学生的学习探究能力与交流合作能力，还很好地凸显了老师的学习引导者和调控者角色与地位。一方面强化了学生的学习能力，促进了学生知识的积累与知识体系的构建；另一方面也增强了老师的课堂调控能力，增进了师生关系。

二、教师教的策略

（一）教师制作教学视频的策略

高质量的教学视频制作，是翻转课堂教学模式实现的首要环节，也是十分重要的环节。实行翻转课堂教学模式的老师和教育者一直在运用不同的方法、充分整合各种教学资源，不停地尝试制作出最精致、最具有吸引力的教学视频。如可汗学院为了最大限度地减小教师对学生的干扰，在视频中只展现老师板书的手，以更多、更精准地展现教学信息和内容；乔纳森则提出，教师既可以亲自操刀制作教学视频，也可以利用已有的优秀教学视频进行教学。林地公园高中也在教学视频的制作方面做了有益的探索，获得了一定的成功经验，为我们翻转课堂教学模式的实施与教学视频的制作提供了有利的借鉴，有利于我们在教学视频制作方面不断探索和学习。

根据一般的思维和观点，教学视频的制作是一个需要投入较多的人力和财力的活动，是一项成本开支较大的项目。然而，实际情况并非如此。翻转课堂所采用的教学视频都是比较简短、精练的，因而对录制和制作的工具、技术以及成本等的要求都没有一般的视频制作那么高。录制教学视频只需要有基本的电脑及截屏程序，摄像及录制工具，电子输入设备即可完成。翻转课堂教学视频的制作，首先，可以使用网络摄像头进行直接的录制，这是最为方便和简洁的方式。调试好摄像头后，即可进行直接的录制，当需要用板书或者画图增进学生对知识的理解时，既可以通过用电子数据笔在白板上直接书写，也可以在后期制作的时候通过相关的软件插入内容。其次，针对已经拍摄、制作完毕的视频，可以使用屏幕录制软件，对已经录制好的视频或者优秀的视频中重要的部分进行快速捕捉，以做备用。最后，还可以使用截屏程序，对视频进行加工。在完成教学视频后，可以根据实际情况用截屏程序对视频进行加工和修改，把不需要的部分去掉，加入新的和需要增加和改进的部分，截屏技术能够很好帮助教师在已经录制好的视频中加入自己想要呈现和改进的内容。

在制作教学视频的过程中，教师还需要注意几方面的问题。首先，要严格控制视频录制的时间，确保视频时长在十分钟左右，而且要在这十分钟左右的视频中把需要表达的内容完整地展现出来，以此吸引学生的注意力。其次，要保证说话的语速适中、语气生动、节奏明快。改变枯燥的说教和死板的形式，通过流利的口语和有活力的讲解，培养学生的兴趣，赢得学生的喜爱。如美国的乔纳森就会在视频讲课中不停地变换自己的语调、声调和讲解的方式，在他的课堂上充满了诸如美式英语、英式英语、法语语调、意大利声调的多种生动的语音，使学生能够时刻地保持新鲜感。同时，老师们还可以运用诙谐幽默的语言的和讲课形式，增加视频教学趣味性，更好地吸引学生的注意力，激发学生学习的兴趣和乐趣。

（二）教师教学生观看教学视频的策略

完成教学视频的制作，并不是视频教学的结束。在这之后，教师还需要引导和教导学生学会观看教学视频。教学生观看教学视频，是翻转课堂教学模式实行的重要一环。它关系到学生究竟能不能很好理解和把握教师的意图和基本的教学知识点。这个环节在传统的课堂里就是教学生如何看书、如何阅读、如何使用教材的环节。教学视频的观看不同于一般的娱乐性质的电影以及综艺节目等的观看。教学视频的内容更加严肃，形式更加严谨，需要学生保持一种认真而仔细的态度，不能儿戏。

（三）教师课堂教学的策略

对翻转课堂教学模式而言，其核心内容是在课堂过程中教师对整个教学过程的组织，而不是制作教学视频。翻转课堂和传统的课堂教学模式相比，其最大的不同就是翻转课堂借助于多样化的教学活动，在完成真实教学活动的过程中，实现知识的构建。在传统课堂教学过程中，教师仅仅是把知识传递给学生，其教学策略并不关心学生的实际情况，而翻转课堂的教学模式，其主要依靠教师开展多样化的教学活动。

在翻转课堂教学模式中，知识的传递放在课外，在真正的课堂上，教学则有更多的时间进行活动的设计。教师可以结合所教科目的特点，采用不同的教学风格和教学策略。比如针对英语的教学，教师在设计活动的时候，就可以根据教学目标设置较多的对话、阅读活动等，从而激发学生对英语的实践学习。在课堂中，教师就不必过度讲解语法等基础性理论知识，而学生就可以在课堂中积极地参与活动。

教师在组织开展教学活动的同时，还必须具备对课堂的引导能力。在课堂一开始的时候，教师可以通过抽查的形式，来掌握学生对视频的观看和了解情况。这种提问的问题必须是教师针对教学设计而选的，同时在这个环节还要适时地引导，营造一种有利于学生学习的轻松气氛，进而鼓励学生勇敢地说出自身的见解和疑问。

在翻转课堂教学过程中，教师是整个课堂的引导者，而学生才是整个课堂的主体。如何在教学的过程中，让学生能够顺着自己的引导方向，去深入地学习是教师必备的一种能力。针对这种情况，教师就要具有丰富的知识储备，同时具有良好的课堂管理能力，使得能够高效地利用整个课堂时间，让学生在课堂中得到切实的发展。

三、教学相辅的策略

随着社会的发展、时代的进步，对学生的自主性、合作和探究意识也提出了更高的要求，这就要求高职院校在开展教学的过程中，需要对学生的这些能力予以重点培养。翻转课堂作为一种新型教学模式，它是以学生的自主性学习为基础，以合作和交流作为纽带，实现学生的探究性学习，进而提高学生的发展动力。这种教学模式更加注重培养学生的主体意识，因此其关键点就是培养学生的自主性学习能力，让学生成为整个学习活动的主人，同时翻转课堂教学模式的顺利实施，需要依靠教师和学生之间的良好合作和交流，借助于群体性活动来实现。

在翻转课堂教学过程中，更加注重对学生自主性学习能力的培养，让他们能够掌控自身的学习。不管是在课前观看教学视频的过程中，还是在课堂需要学生独立完成作业的过程中，都需要学生自主地学习。在课前观看教学视频的过程中，学生可以根据自身的学习情况，自主地把握学习的进度。在课堂教学的过程中，需要学生独立完成作业的环节，学生要独立思考，遇到学习中的疑问可以向老师请教，通过对翻转课堂教学模式内容的分析可以发现，其为学生的学习提供了良好的学习环境，因而有利于促进学生的学习。但是以学生为主体的学习活动，并不是对学生不管不问，也不是就不需要教师的引导。

虽然在教学的过程中，可以借鉴其他老师录制的优秀视频，但是教师仍然要清楚地了解学生的学习情况，结合学生的情况制定需要录制的内容，确定内容需要讲解的程度，进而吸引学生观看教师制作的教学资源。在翻转课堂教学模式实施的过程中，教师对学生的引导，对学生存在问题的帮助等扮演着重要的角色。对翻转课堂教学模式而言，其关键点就是教师教学活动的设计。在教学评价阶段，教师要对学生知识掌握的情况充分了解，并要及时反馈，以便学生能够及时地明确自身的学习状况。

学生要想达到能够自我控制自身学习的过程，需要教师的悉心指导，在学生合作和探究学习的过程中，也离不开教师的引导。在学生合作学习的过程中，教师要为学生创造良好的环境，让他们能够切实感觉到他们是一个团体，彼此之间要互相依赖。在学生进行交流的过程中，也要为学生创造良好的环境，进而促进学生之间的彼此交流。通过对这些情况的分析发现，要开展好这些合作活动，其基础就是使学生发挥主导作用。

在翻转课堂教学过程中的小组活动环节，教师要积极地融入学生群体，认真倾听学生的讨论过程，及时了解学生的需求。在小组活动遇到困难时，就需要教师及时给予指导和帮助，调控学生的思维，帮助学生冲破思维的桎梏，从而促使学生能够高水平地理解教学内容。

在独立完成作业的环节，教师也需要及时走近学生，及时了解学生在整个过程中遇到的困难、存在的问题。针对比较个别的问题，教师要给予专门的辅导。对于那些普遍性的问题，教师要给予全体学生详细的解答。

第四节　翻转课堂教学实践与探索

在"互联网+"风暴的作用下，高职课堂教学也实现了新的发展，翻转课堂作为新型教学模式的代表之一，融入了教学视频展开教学，使学生能在课前通过观看教学视频进行学习，通过完成课题练习吸收新知识，进而通过开展一系列课堂教学活动实现新知识的巩固内化。翻转课堂教学模式的实践让高职课堂教学焕然一新，教师转变教学方式，变传授式教学为探究式教学，能充分挖掘学生的学习潜力；学生也可以转被动学习为主动学习；在课堂教学中，教师可以及时解答学生的疑难点，促进教学效率的提升；学生能更充分地根据自身学习水平自主安排时间进行学习，在教学实践中不断调整更新学习方案，实现自主化学习。

近年来，随着翻转课堂教学实践的不断增多，关于翻转课堂教学的研究也逐渐深入。但从我国翻转课堂教学实践来看，中小学居多，高职院校开展翻转课堂实践的比例相对较小。实际上，与中小学生相比，高职院校学生自主能力较强，加之高职院校的硬件设施环境相对完善，在高职院校应用翻转课堂的条件相对成熟。本节将通过对国内高职院校开展的翻转课堂实践进行分析，总结出"互联网+"视角下翻转课堂教学实践的几个主要阶段：教学准备阶段、课堂教学活动阶段和评价分析阶段。

一、教学准备阶段

（一）教师活动

第一，要分析并制定教学目标。当我们提及翻转课堂，首先想到的前期准备事项就是制作教学视频。然而，对于任何课堂教学的实施其首要任务都是要分析和制定教学目标。所谓教学目标，即是通过对教学活动的分析而得出期望值。教学目标的分析和制定是教学活动前期准备阶段的关键一环，因此，在"互联网+"高职课堂教学实践的前期准备阶段也需要制定清晰的教学目标。通过对现有教学环境、教学设备等多项影响教学活动的因素进行分析，继而得出相应的教学目标。有了明确的教学目标之后，教师就能实施针对性教学。同时，教师也可以具体分析出适合自己学生的教学方法，根据对不同教学内容的分析，选择出适合的教学方式。例如，翻转课堂的视频教学比较适合直接讲述的教学内容，通过视频教学可以减少口语化的赘述表达，能让学生最直观地了解知识点。而教师在课堂传授知识的时候，有些内容通过直接讲述不能达到很好的效果，教师则需要针对这些内容采用探究式的教学方式。在互联网＋高职教育课堂实施的过程中，教师可以通过分析制定出教学目标，明确教学理念和教学方式，对适合通过翻转课堂教学模式的内容进行视频制作以及课堂教学实施，对于需要进行探究式教学的内容则选择合作探究的方式施教。总之，通过教学目标的制定探究最佳的教学方式，可以让教学效果更优，促进教学活动的实施。清晰的教学目标，既避免了教师施教的盲目性，也促进了学生学习效率的提升。

第二，进行教学视频制作。翻转课堂教学模式下的课堂教学，其教学知识的传授是借助视频内容实现的。翻转课堂教学的教学视频有两种来源，第一种是教师自己录制视频。这种教学视频制作的教学内容具有针对性，教师对学生知识点的掌握和学习程度有充分的了解，可以针对性地进行教学视频录制，使教学内容更加贴近学生。第二种是来自其他资源，此种来源的教学视频既可以是其他教师录制的共享教学视频，也可以是互联网上的其他优秀教学视频。这种教学视频既可以便利教师的教学，也可以对教学内容起到良好的补充。教学视频的制作是翻转课堂教学模式的重要环节之一。乔纳森伯格曼和亚伦萨姆斯总结了制作教学视频的三个步骤：其一是要做好教学安排。明确课堂教学计划，根据已经制定好的教学目标，对适合的教学内容采取翻转课堂教学模式。这一步骤必不可少，对不同的教学内容选择相应适宜的教学方式，是教师教学应有的习惯。在高职院校教学中引入翻转课堂教学模式，并不仅是为了采用视频教学，还为了更好地实现教学目标。若教学内容并不适合视频教学这种直接传授的方式，那么不顾教学方式的合理性而一味引入翻转课堂教学，既不能实现教学目的，还会大大降低教学效率。因此，高职教学课堂采用翻转教学模式的时候，一定要注意教学视频的制作并不仅是为了引入视频教学，还因为需要或适合视频教学而采取这种教学方式。其二是要做好视频录制。教师在进行教学视频录制时，要从学生的需求出发，做到详略得当，节奏适宜。同时，制作的视频要能贴近学生的学习方法和习惯，以便学生更好地吸收教学内容和接受视频教学。另外，录制视频的环境对制作视频的效果也会产生影响。教师要注意录制教学视频的时候保证环境的绝对安静，嘈杂的环境会降低视频质量，也会妨碍学生观看视频。其三是要做好教学视频编辑。视频录制结束之后，需要对视频内容进行后期的加工，教师在视频编辑的过程中可以发现视频录制的不足甚至错误，避免之后录制视频出现类似错误。教学视频是为学生传授知识的，稍有错误便会影响教学内容的传达，这一环节恰好可以对教学视频进行查漏补缺。因此，教师在制作视频时要重视视频编辑步骤，对录制好的教学视频进行再编辑时切忌大意马虎。

第三，是要进行视频上传发布。翻转课堂教学模式中教学视频是关键内容，教师在制作好教学视频后需要选择相关平台将视频上传发布。教师在选择发布平台时，首要考虑的是学生观看的便利性。部分高职院校会将教学视频发布到一个在线托管的平台，学生通过登录账户进行视频观看。除了托管平台、网站等，教师也可以通过建立自己的云账户上传视频资料，学生直接进入网页即可观看相关视频。随着信息化时代的发展，越来越多的教师也尝试建立教学讨论群，在群里发布教学视频，学生可以通过移动客户端随时随地观看，同时教师还可以直接解答学生的疑难。其次，教学视频发布的平台除了观看便捷之外，还需要考虑其他影响因素，如网络、电脑等外部条件。在选择上传平台的时候，教师要充分考虑学生的情况。比如，对部分没有电脑的学生来说，其观看教学视频的时间和地点则受到较大限制。那么在这种情况下，视频发布的平台会直接影响到学生观看教学视频的情况。例如，教师可以将视频发布到校园多媒体中心，学生通过登录学生账号到校园多媒体中心即可观看到教学视频。一般情况下，不同的学校对教学视频的发布平台会依本地、本校以及本地学生的具体情况确定，教师可以通过具体情况采取一至两种方法满足学生的需求。

（二）学生活动

第一，学生要进入平台观看教学视频。课堂教学的主体对象是学生，课前准备阶段除了教师的准备活动之外，学生的课前活动也必不可少。传统的课堂教学模式，学生的课前预习活动通常是通过看课本来实现的。在翻转课堂教学模式下，教师对教学内容进行分析后，将适合直接讲授的课堂知识制作成教学视频发布到相关平台，学生则通过进入平台观看教学视频，进行课前学习。教师通过上传教学视频让学生能在课前熟悉教学内容，这种方式既减少了教学课堂时间的占用，也可以让课堂教学的节奏更加紧凑，使得课堂内容更加丰富。同时，这种翻转教学模式还可以让学生更好地把握学习节奏。学习力较强、理解能力较快的学生通过课前的视频学习，能更快速地掌握知识点。学习速度相对慢一点的学生，则可以避免因为跟不上课堂教学节奏而不能及时掌握教学知识等问题。学生可以根据自己对知识的掌握情况，对教学内容进行回看、停顿等，当学生在观看视频时遇到疑点，可以随时做相关记录，通过课堂教学得到解答。在这一过程中，学生通过观看教学视频对教学内容进行梳理和记录，能及时明确教学内容的疑难点以及自己的收获。学生在课前准备阶段观看教学视频有利于学生对教学内容的把握和教学节奏的跟进。

第二，学生要进行相关课前练习。教学视频的观看能够让学生初步了解教学知识点，但对于知识点的掌握还有待实践检验，因此在观看了教学视频之后，学生还需要进行相关的课前练习。学生做适量的课前练习，是针对学习教学视频内容的巩固性练习，通过实际课题练习可以发现学生对教学内容的疑难点和知识点的掌握程度，也可以帮助学生更好地消化教学视频的内容。从"最近发展区理论"来分析，教师在进行课前练习安排时，需要合理设置课前练习题的难易度和数量。课前练习的作用是加强学生对教学视频内容的理解和巩固，学生通过视频教学内容的知识点解题，完成对新知识的吸收。同时，在这一过程中，学生还可以通过学校设置的网络交流平台和老师互动，将练习的疑难问题反馈给老师，便于教师在课堂教学时进行疑难解答和重要知识点的分析。此外，学生在练习之后也可以和同学沟通交流。学生之间可以互相解答练习遇到的问题，也可以帮助学生培养发散性思维。

二、课堂教学活动阶段

课堂教学阶段是教学活动的主要阶段，也是翻转课堂教学模式的重要实施阶段。在这一阶段，将实现与教学前期准备的链接，对教师教学活动计划起到检验作用，也是学生实现知识内容、提升教学效率的重要阶段。在翻转课堂教学模式下，课堂教学促进了探究式教学、互动式教学的发展，主要实施步骤要点如下：

（一）确定问题，答疑解惑

在传统课堂教学活动中，教师在课堂占主导地位，通常以教师授课、学生听课为主，互动式教学、探究式教学相对弱化，翻转课堂教学模式则实现了这一转变。通过课堂前期的准备活动，学生可以通过观看教学视频以及课前练习事先熟悉授课的相关知识要点，在前一阶段的实施过程中，教师可以掌握学生对新知识点的相关疑问。因此，在课堂教学活动阶段的第一步需要确定问题，并进行答疑解惑。与传统教学模式不同的是，翻转课堂将充分发挥探究式学习的作用，教师在答疑解惑的过程中，引入了协作学习，交流解疑的方法。

由于学生个人的知识结构、学习理解能力以及对知识的认识角度不同，学生观看教学视频时产生的理解也会有所差别。因此，在教学前期的学习过程中，学生对新知识的理解吸收会有所差异，在此基础上，教师需要根据具体问题和情况进行分析，总结适宜进行课堂探讨的问题。首先教师要对学生观看教学视频和课前练习后提出的疑难点进行分析，提炼并总结具有探究性的问题，让学生依据自身的知识理解程度和学习兴趣对这些探究题目进行选择，展开协作探究。同时要注意的是，探究式学习中教师始终发挥着引导的作用，因此除了实现学生在课堂教学的主导地位，还要避免学生因个人因素产生随意、懈怠情绪。在这一过程中，教师需要对探究性问题做出合理设置，并积极引导学生选择合适的题目，让学生的学习思维得到最大限度的开发。

确定问题之后，教师根据学生所选问题进行分组。选择同一问题的学生成为一个小组，每组 4 ~ 5 人。小组内部可以对所选问题的类型和难易程度，根据自身学习能力进行分工安排，当问题涉及的内容较广，可以采用拼图学习法进行探究式学习。将小组问题分解成多个子问题，学生对子问题再进行探索，最后汇总形成整体探究。当问题涉及面相对较小，或不便分解的时候，最宜采用独立探究法进行研究，最后进行整体探究。

（二）独立探索，自主学习

独立学习的能力是学生在学习过程中极为重要的能力之一，也是学生的必备能力。学生在独立思考学习的过程中可以获得更多提升，教师的教学效率也会更高。因此，在这一阶段，教师要注重对学生独立学习能力的培养，并为学生在课堂练习中独立探索创造条件。

在传统教学模式下，课堂时间分配通常以教师传授知识为主，学生练习时间相对较少。尽管学生在课外时间有大量的练习作业，但有部分学生完成课外作业的态度消极怠慢，以完成任务的心态进行机械式练习，学生独立思考的能力没有被很好地开发。实际上，学生进行练习既是帮助学生对所学知识进行内化巩固的重要方法，也是培养学生独立思考、提升解题效率的重要方式。翻转课堂教学主张学生学习自主化，并通过课前视频教学和练习对教学内容有了一定了解，而这些知识的获取属于课前学习阶段，减少了对课堂时间的占用，学生可以在课堂进行独立练习，通过开展探究式学习增强学生的学习主导地位，为学生的独立自主学习提供了条件，促进学生完成知识结构的更新和巩固。

在进行课堂练习时，教师要适当地"收"和"放"。在翻转课堂教学模式下，为学生提供了自主学习的空间和时间，学生在课堂中需要独立自主地完成课堂练习，或独立进行相关实验。在学生学习能力有限的情况下，教师需要适时适度地引导，给予学生相关指导，促进学生任务的完成和新知识的理解吸收。但当学生独立学习能力得到充足的提升之后，教师要给予学生足够的机会进行独立自主学习。总之，独立学习能力的提升是学生学习能力提升的重要标志，也是翻转课堂教学要遵循的重要原则。在翻转课堂的活动设计中，教师采用学生独立进行课堂练习的方式，培养学生的独立学习能力。教师要将适度引导和学生独立学习探究的方式结合起来，将培养学生学习的独立探究能力深入整个课堂设计中，促进学生独立探究能力的提升，帮助学生掌握学习技巧和提高学习效率，让学生在独立学习中构建自己的知识体系和学习能力体系。

（三）交流协作，深度内化

在独立探索学习的阶段，学生通过课堂独立练习完善了知识体系的构建，对新知识的掌握得到了提升。为了进一步将所学内容和知识点深度巩固，学生需要进行交流协作学习。协作学习是指学生之间通过交流、探讨等方式对研究的论题进行论证的学习过程，学生的协作交流是达到学习目的的重要途径。

协作学习是学生获取新知识和学习新能力的重要方式，学生之间因为知识的碰撞交流，形成了交互性学习和探究式学习的融合，从而实现学生思维的有效交流和能力的有效提升。爱德加·戴尔通过实验研究发现，学生参与式和团队学习过程中的学习效果要远远优于独立学习的效果。在翻转课堂教学模式下，教师就是通过探究式和协作式的学习，进而提升学生的能力，促进知识的转化。同时协作式学习能够促使学生形成批判性和创新性思维，提高他们的沟通交流能力，形成彼此之间互相尊重的关系，因此反转课堂教学模式具有积极的作用。分析发现，在翻转课堂教学过程中，教师要高度重视对学生协作交流学习的设计。

在翻转课堂教学模式下，课堂形态也发生着变化。教师是课堂学习活动的指导者，通过教学设计安排学生开展互动性学习，学生们通常以组为单位，将在独立探索阶段获得的知识与同伴进行交流，并开展头脑风暴、意见探讨。教师不仅是讲台上的授课者，而是参与到学生探讨的参与者，能够及时掌握学生的动态。当学生在小组协作学习中发现有疑难问题时，教师要及时引导，通过多种方案解答问题，促进学生对知识的融会贯通，帮助学生思维的开拓和技能的提升。在传统课堂中，教师也会组织学生开展讨论学习，但由于协作学习和自主探索学习没有得到全面贯彻，教师没有激发学生的积极性和主动性，学生仍旧习惯直接传授式教学方式，大部分合作讨论仅是拘于形式。在翻转课堂模式下，学生的学习自主性和积极性受到激发，学生在交流过程中形成了批判性思维和独立思考的习惯，将协作学习融入课堂，既帮助学生转变了学习态度，促进了学生能力的提升，也实现了翻转课堂教学的积极实践。

（四）成果展示，分享交流

温故而知新，学习最忌讳的就是知之而为止。高职院校学生需要通过分享交流促进所学知识的转化，实现学习活水的源源不断。在翻转课堂教学模式的实施过程中，教师十分重视学生独立学习能力和协作能力的提升，尤其是高职院校学生综合能力的提升。在此基础之上，教师通过组织开展成果分享活动，可以促进学生在已掌握知识的基础上拥有新收获。

学生在自主探索学习和交流协作学习之后，会取得一定的学习成果。为了让学生的学习所得有进一步的提升，教师通过组织学生开展成果展示会、报告会、辩论比赛等，让学生可以通过这些多样的形式进行交流分享。学生的能力和水平各有差异，加之小组讨论的成员有所差别，其收获也就呈现一定区别。学生把自己的成果展示出来，并与同学进行交流分享，可以促进自身学习知识构架的完善和学习技能的查漏补缺。同时，在学生进行报告展示与分享时，教师起到指点的作用。教师对学生认知的点评可以帮助学生有新的收获，并对自己的优缺点有更全面的了解。教师在学生进行汇报的过程中，也能掌握学生学习的能力水平，以便日后教学的开展。

另外，在翻转课堂教学模式下，学生进行成果展示时，也可以融入视频录像的方式。例如，教师可以积极鼓励学生利用课后时间将成果展示制作成视频，上传至共享平台，学生和老师通过观看交流视频在课堂上展开讨论和交流。总之，不论何种形式，这一环节的重要意义在于转变教学方式，促进学生实现自主学习，让学生敢于自我表达，促进知识的深度内化和课堂教学效率的提升。

第五节　基于移动教学终端高职翻转课堂教学模式实证研究

一、翻转课堂教学模式下的教学理念

随着互联网时代的到来，信息技术被广泛应用到教育教学，移动终端教学平台被广泛使用，一些新的教学模式应运而生，诸如翻转课堂、翻转学习、慕课等。翻转课堂（Flipped Classroom）通常也称为颠倒课堂或翻转教学等。换言之，翻转课堂就是将教学环节分成课前、课中和课后三个阶段，教师根据学情特点，在三个不同阶段采取不同的教学方法，在培养学生自主学习的基础上激发学生学习热情。课前，教师通过网络教学平台为学生发布学习任务，学生结合自身实际，在课前，通过移动终端对视频、课件、文献资料等进行学习。课中，教师主要进行整体教学效果的提高，或者根据学生需要提供个性化教学。课后，教师通过布置拓展学习任务达到学生能力提升的目的。这种教学模式与传统教学模式刚好相反，因此将其称之为翻转课堂。在教学过程中，通过采用翻转课堂教学模式，使学生在课堂上获得更多讲解、讨论问题的机会，能够激发他们的学习兴趣，提高他们学习的主动性和积极性，以及分析和解决问题的能力，从而促进学生对所学知识和技能的掌握。

二、在《现代礼仪》课程教学中传统教学手段的局限性

礼仪教育最终目的就是要促进人由知向行的转化，学生要先知而后行，这就要求我们在教学过程中，在内容和方法上都要做到与现实相结合。在传统的教学模式中，这部分内容老师采取的教学方法是以教师讲解为主，一支粉笔、三尺讲台、一面黑板，虽有案例的分析和讲解，但缺少实践训练，使礼仪规范不能落实到行为中。学生作为教学活动的参与者，学生学习的兴趣点不高，很难全程参与到教学活动中去，在教学过程中处于被动的地位。学生对老师讲解的相关礼仪规范掌握不到位，无法应用与实际，未能达到课程的教学目的。如果教师在授课的过程中，能利用多媒体教学平台播放一些规范的礼仪动作、利用手机 App 平台发布礼仪规范要求，与学生建立互动的交流平台共同探讨视频中播放的礼仪规范及相关行业、实习岗位对礼仪的实际要求，那么学生就可以清楚直观地了解相应的礼仪规范，进而规范自己的言行。很显然，在互联网时代背景下，传统的教学模式已经无法适应当代大学生的学习要求。

三、信息化教学的必要性

当前，"互联网 + 教育"的理念席卷全国，互联网增加了学生获取知识的途径，这些被喻为信息时代的原住民的 00 后学生，互联网和大数据影响着他们适应世界、认知世界的思维方式。在信息化时代的大背景下，高职教育也应当转变教学观念及授课方式，传统的被动式教学模式已经不能适应现在学生学习的需要。教师应该结合学生的特点，合理设计教学内容，通过信息技术与专业课程的有效结合，在师生之间搭建一个庞大的虚拟信息交互平台，激发学生自主学习的热情，实现一种全新的、能充分调动学生自主学习意识及独立学习能力的信息化教学方式，使学生主动地获取知识，不仅能大大提高教学效率，突出课程教学宗旨，对于实现教学目标、优化教学过程都具有重要的意义。

四、信息化教学手段在《现代礼仪》课程中的应用

本文结合《现代礼仪》课程的教学实践，采取"互联网＋"新思维，基于多媒体、网络化教学平台、手机 App 互动教学软件等信息化手段，以"西餐宴请礼仪"为例，谈谈如何在课堂教学中使用多种信息化手段，丰富课程内容，强化教学效果。

（一）学情分析

本门课程的教学对象为旅游管理专业一年级学生。学生刚踏进大学校园，对未来的职业岗位了解不多，对特定岗位的专业礼仪知识十分缺乏。同时，现在的大学生基本上是"数码原住民"，从小就是在智能手机的陪伴下长大，获得信息的主要途径是看网络的流媒体，数字化、移动式、情景化、游戏化的学习已经成为当代学生学习的主要方式。因此，教师在教学的过程中，要合理选择教学内容，采用恰当的教学方法，行之有效地调动学生积极性，使学生积极参与教学中的各个环节。

（二）教学设计

根据旅游管理专业学生就业职业岗位群的任职需要，将现代礼仪课程分为礼仪概述、个人形象礼仪、仪容仪表礼仪、日常交际礼仪、商务接待礼仪、宴请礼仪六个模块，对课程进行整体设计，确定以培养学生具有较强的实践动手能力为目标组织教学。

西餐宴请礼仪对大一新生来说，是比较陌生的一个知识点，但在酒店管理岗位确实要求从业人员必须掌握的基本技能。因此，教师会采取项目导向、任务驱动的教学方法，引导学生从完成某一"任务"着手，通过故事、模拟实践、图像、音像、活动等多种途径设置问题，引起学生的兴趣，再通过网络资源、课堂讨论、案例分析或情景训练，使之完成"任务"，从而学会相关的知识或技能。这种把知识要点贯穿于各个任务中的教学方法，既突出了礼仪知识的"应用"，又可激发学生的学习兴趣，同时在师生共同研究、讨论和完成任务。

（三）信息化手段在教学中的应用

1. 利用多媒体手段辅助教学

教师在教学的过程中，采用多媒体技术将文本、图片、图像、动画、声音、影像等各种单一形式进行组合，使得枯燥的理论知识变得内容丰富多彩，有助于学生的记忆，能有效地提高课程的授课效果。如在西餐宴请礼仪中涉及西餐的餐桌布置、刀叉餐具使用、菜

系、位次排序等相关理论内容，教师可以借助多媒体课件、播放生活中西餐宴请礼仪的视频或者教学使用的 flash 动画等多媒体手段辅助教学，进行相关理论知识的讲解，同时在课堂中进行拓展教学，丰富学生的知识面，这样不仅能激发学生的学习兴趣，还能将书本上的前沿知识与专业发展的前沿紧密结合，这些都是传统教学手段所不能比拟的。

2. 充分利用网络课程资源平台开展教学

信息化教学与传统教学相比，教师与学生有了新的角色。教师必须开发和利用更广泛和更丰富的学习资源，来支持学生"学"，倡导学生充分利用网络资源平台，让他们在自学中思考。如西餐宴请礼仪模块，教师可以在网络课程资源平台上传大量西餐宴请礼仪相关的教学案例、教学视频、图片等资源来辅助学生学习，为学生搭建自主学习的平台。

3. 发挥智能化手机在教学中的辅助作用

充分发挥智能手机作用，利用雨课堂等手机学习平台，可以在教学中发挥很大的作用。例如在班级建立一个 QQ 群，用来交流讨论在《现代礼仪》这一课程中遇到的问题；下载学习平台手机 App 端，进行学生上课前签到、课上讨论、发布学生作业等；建立课程专用的微信公众号，教师发布最新的教学理念、教学方法、知识讲解、微课视频等，供学生共享学习；学生手机上安装与课程学习相关的 App 软件，在软件中自主学习等，这样不仅能拓宽学生学习的途径，也可以使学生获得更多的专业知识。

第七章　高职 BOPPPS 教学模式的构建

第一节　BOPPPS 教学模式的概念

一、BOPPPS 教学模式的概念

BOPPPS 模式最初由加拿大教师培训工作坊 ISW（ instructional skills workshop ）最早提出。BOPPPS 模型最初由温哥华大学 Douglas Kerr 团队于 1976 年创建，是北美高校教学技能研讨会（ISW）提出的有效课程设计模型。BOPPPS 模型的主要特征是强调参与式学习方法，具有明确的教学目标和教学对象。BOPPPS 教学模式将教学过程模块化，并根据过渡将课程分为六个阶段，即导入、目标、预测试、参与式学习、后测和总结。BOPPPS 模式将整个教学过程分为六个阶段，即 BOPPPS 的首字母缩写，分别是导入、学习目标、预测试、参与式学习、后评估和总结。BOPPPS 是一种教学模式，它包含六个与教学过程直接对应的元素。

因此，BOPPPS 教学模式基本上公认包括六个阶段，包括导入、目标、前测、参与、后测和总结。

二、BOPPPS 教学模式的发展

BOPPPS 教学模式的发展是随着在各个领域中的不断应用，逐渐丰富并改进了BOPPPS 的实践形式，以适应不同环境条件下的教学形式及教学内容呈现方式。

首先，加拿大教师技能培训（ISW）中广泛采用的 BOPPPS 教学模式以教学目标达成为核心，构建了引言、教学目标、摸底、参与式互动教学、检验评估和总结等确保课堂成功的六大要素。该教学模式实践性和可操作性强，为教师提供了一个指导课堂教学各个环节的理论体系，使得课堂教学的安排更加条理化、合理化。

其次，有研究将 BOPPPS 模型提供的基本框架进行重构，在把握翻转课堂基本理念

的基础上，融入翻转课堂的核心内涵，设计可操作的翻转课堂教学模式。在对 BOPPPS 的基本概念和含义进行阐述分析的基础上，尝试建立 BOPPPS 运用于大学英语翻转课堂模式下的可操作教学实践的模型，以期充分发挥两者优势从而达到最佳的教学效果。即是将 BOPPPS 教学模式应用在混合环境中的教学。

总之，BOPPPS 模式，一开始的目标是为改进课堂教学效果。随着实践中不断发展，实践形式是从刚开始的对教师技能培训，到后来实践课堂中的尝试应用，从课堂上的应用逐渐过渡到在翻转课堂混合环境中的应用。

三、BOPPPS 教学模式中教学活动设计

教学活动是指按照教学计划进行的各种活动，是学校的中心活动。它是一个完整的系统，有备课、上课、布置和批改课外作业、辅导答疑、学生成绩检查和评定等基本环节构成。教学活动是双边的，由教和学两方面组成。教师是教学的主导，有目的、有计划地教给学生知识、技能，发展学生能力。学生是学习的主体，教学的目的是使学生掌握知识与技能，成为德、智、体全面发展的人才。在学校教育中，教学活动是主要方面，是实现一定教育目的的基本途径。教学活动具有效率高、系统性强、实践性强及综合完成多方面任务的特点。与其他具有教育意义的活动相配合，如课外活动、生产劳动、组织生活等，更能全面提高教育质量。

教学活动是教学系统中教师的传授活动与学生的学习活动的总称。是为了促进及激发学习者学习的内部过程，相关人员或教师精心安排或组织的一系列外部活动。其组织形式以课堂教学为主，以课外活动、个别教学、家庭作业为辅。其方法包括讲授、对话、谈话、读书指导、练习、作业、参观访问等。

教学活动即为在教与学的过程中，教师设计并指导，使得学生参与其中，进行知识内容的学习，并且通过与他人交流发展自身，达到一定教育目标，形成基本能力的过程。

因为 BOPPPS 教学模式来源于课堂，所以文献大多重点在于课堂教学活动设计部分，随着实践形式多样化，将 BOPPPS 教学模式灵活运用于各种环境中教学活动指导，包括一些最新的与在线环境结合的教学活动形式，可以作为本研究中活动设计改进的参考依据。

盛群力提到了教师精讲、小组学习、全班交流与反馈、教师小结或师生共同小结等教学程序。并提出在进行这些教学程序时有效的教学策略和建议。钟智超等人归纳不同环境中 BOPPPS 六阶段的教学重点，课前主要引导学生积极参与、课中培养学生合作学习、课

后多元评价，提高学生学习成效。提高技术与 BOPPPS 整合的创新教学有效性。其主要观点是依据内容作为不同环境中技术与 BOPPPS 整合的关键因素。陈德琴设计了小组案例讨论式教学活动，为调动学习者的积极性，激发学习者学习兴趣，锻炼动手操作能力，主要是教师组织学生围绕案例进行讨论，鼓励学生积极发表自己的观点和看法，教师从旁补充，帮助学生构建完善的知识框架，有利于学生全面发展。周伟等人提到 BOPPPS 六个教学环节目标及作用，且重点指出参与环节的具体方式分为提问以及讨论两种。王妍将 BOPPPS 教学设计的优势与翻转课堂有机结合。课前安排目标和前测环节，其中前测可以使用提问、问卷和标准化测试；课堂安排导入、参与、后测和总结环节，参与可以进行针对性指导和课堂展示汇报交流，后测方式与前测一样可以使用提问、问卷和标准化测试。

总之，BOPPPS 教学模式下的教学活动设计为我们进行在线和课堂教学活动融合提供了较为科学的理论指导。

第二节　BOPPPS 教学模式的 SPOC 教学活动设计

一、SPOC 环境中的教学模式

在对 SPOC 的概念及其特点进行探讨之后，国内学者对 SPOC 的研究开始转向模式的构建，探讨如何将 SPOC 和实体课堂融合起来，研究主题包括翻转课堂的 SPOC 教学模式、混合学习 SPOC 教学模式、SPOC 教学流程的创新研究等。

SPOC 与翻转课堂结合形成的翻转课堂 SPOC 教学模式有很多实践案例研究。如康叶钦对 SPOC 的教学对象进行分类总结翻转课堂 SPOC 教学模式的基本流程。王朋娇等人认为 SPOC 的特点在于改善并重塑教学效果，利用小型的、专有的、在线的优质教学资源与教学设计融合，结合 SPOC 促进开放教育发展的作用分析，将教学设计理论和翻转课堂理念作为指导依据，以期改善并提升开放大学的教育质量。李海龙等人认为 SPOC 是线上的学习与传统课堂的学习互相补充，深度融合，最终使得课堂教学能够产生更好的学习效果。其中课下活动采用整体性的 MOOC 模式；课上则采用限制性、小规模、课内组织互动型 SPOC 教学模式。

对混合学习的 SPOC 教学设计模式的研究，主要讨论了如何更好地将 SPOC 和实体课堂融合起来，提出教学新模式，最大化实现 SPOC 对教育的价值。例如，陈然等人根据主动性、社会性和系统性等设计原则，设计了基于 SPOC 的混合学习模式，模式分为三个部分：前期准备、混合活动设计和活动的实施与评价，其中前期准备包括前端分析、学习资源的设计与开发，混合活动设计包括课前导学、课中研学和课后练习。曾明星、李桂平等人认为 SPOC 是将 MOOC 与课堂教学结合起来的一种混合式教学模式，是 MOOC 的继承、完善与超越。从 MOOC 到 SPOC，为学生从浅层学习转向深度学习提供了环境、资源与理念的支持。苏小红，赵玲玲等人在基于 MOOC+SPOC 的混合式教学的探索与实践中介绍了如何切实将在线资源与传统课堂教学互融合起来，实现线上线下结合、课内课外互相补充的混合式教学。姚林香、周广为认为以 SPOC 为代表的混合教育模式正在将浅层次、普及化的网络学习模式向深层次、专业化的教学模式推进。设计了一套 SPOC 混合教学模式方案，研究其应用效果，旨在建立更加合理的线上线下教学机制，建设更加完善的高校课程体系，形成更加有效的学生学习模式。

随着各种 SPOC 教学模式的研究深入，有必要对 SPOC 的教学流程创新进行关注。在重点分析 SPOC 的内涵与价值取向的基础上，对教学流程进行创新与重构。将传统课程转换为两条路径：传统课路径与 SPOC 路径。加上"学习形式"维度，形成基于 SPOC 的时间—空间—学习形式的三维结构。反映出课堂转型改革的一个发展过程，从一开始的传统面授到拓展时间与空间，即 SPOC 对于时间与空间的限制不再像传统课堂，同时也更加注重学习形式的多样化，SPOC 也为这种多样化形式的实现提供了一定基础支持。对 SPOC 的流程创新是为了追求课堂与在线结合后的教学模式有效性，充分挖掘 SPOC 内在的教学价值并发挥 SPOC 的课堂优势是探讨 SPOC 有效教学的关键。有效教学是教学实践的核心追求，在泛在学习环境中其教学情境、教学模式、教学路径、受众范围等都有所不同。分别从教学过程、知识整合、课堂交互及教学平台等方面探讨 SPOC 有效教学的设计过程。所以无论是翻转课堂 SPOC 教学模式，还是混合学习 SPOC 教学模式，其实都是在将 SPOC 中新型教学形式融入之前已经较为成熟的课堂教学形式中，更加充分发挥各种教学形式的价值。找到一种合适的 SPOC 教学模式，较好融合课堂教学过程，充分体现课堂教学改革质量的提升。

二、SPOC 中的教学活动设计

SPOC 中的教学活动形式是在 SPOC 环境中的活动设计，所以活动的形式不仅限于课堂环境或者在线的环境，是一种混合环境中的活动设计。所以活动的形式多种多样。

盛群力、丁旭提出记笔记、概念图和自我解释学习活动，结果表明，学习者在活动中的参与度越大，学习能力越能够得到增强。吕静静认为 SPOC 采用的是在线学习与线下面对面学习相结合的混合式教学。SPOC 为小规模、面向在校注册学生，并为收费模式，需要持续维护所以可持续性高。SPOC 针对在校学习者，学生同质性较强；相对来说学生人数较少，教师在上课的过程中可洞悉学生的各方面信息，可完全介入学生的学习过程，与学生进行充分交流答疑和讨论，甚至根据学生不同的学习基础，在课堂上的某些关键知识点主动要求部分学生做一些特殊的思考，适时对部分学习者做些面对面的"补课"。盛群力提到教学评估要放开时间、放开地点、放开答题形式。不能用统一的标准来检查所有学生，教师要学会按照内部心理模式和外部行为表现相统一的方式编写教学目标，使得教学目标指引学习活动，也可以尝试编制量规。胡小勇在研究混合学习策略时提到 SPOC 已经成为后 MOOC 时代的一种新型课程建设与应用模式。

综合以上文献所提到的学习方式、教学方式、教与学的策略等活动，都是在 SPOC 环境中，综合考虑各个因素，以促进教师的教和学生的学的过程。

第三节　BOPPPS 教学模式在创业基础课堂教学中的应用

一、创业基础是一门理论性、政策性、实践性要求较高的课程

在课程前期的实际调研中发现学生的创业意愿并不高，这极大地影响了学生学习的积极性，如何调动学生学习的积极性和主动性需要授课教师积极探索。在教学过程中需要做到理论教学与实践实训有机统一，教学内容与教学方法有效结合，进而激发、调动学生学习的兴趣。以武汉商学院为例，在课程教学中存在如下困惑：

（一）学生学习主动性不高

学校创业基础课程与创业实践平台之间的关联性不强，在校内还未形成很好的创新创业氛围。很多学生对于学校的创新创业政策不了解，把学习的课程知识停留在理论学习阶段，以通过考核、拿到学分为目的，不重视自身实践能力的培养。且为通识必修课，导致学生对课程的关注度不够，不愿投入大量精力和时间进行学习与实践。

（二）教学内容缺乏针对性

作为一门面向所有在校学生的通识必修课，教学内容统一，缺乏专业针对性。理论教学以讲授为主，虽有案例教学，但与专业的结合度不高。实践教学以课内实践为主，或与创新创业大赛赛事结合，且因学生所学专业知识与企业管理知识的欠缺、个别教师指导经验的不足，教学难以达到设想的创新创业教育课程教学目标要求。

（三）教学模式较为单一

创新创业教育课采用传统的课堂教学模式，课上理论知识以学习为主，虽教学课时以实践教学课时为准，但实践也是课内实践，主要停留在课上小组讨论、模拟创建企业上，且由于教师创业经验的局限，也难以给予学生较好的创业建议。因此，学生课程积极性和学习兴趣不高。

（四）专业师资力量不足

创新创业教育课教学隶属招就中心，由就业指导教师、专业教师、辅导员团队等校内专兼职教师从事课程教学，但相较于每年近 4000 名学生的教学，师资力量仍显不足，且校内教师理论知识较丰富，实践经验不足，难以给学生带来针对性的创业指导，即使部分学院聘请了企业导师，也未能给予学生充分的有效地创业指导。

二、BOPPPS 教学模式的内涵

BOPPPS 教学模式将课堂划分为 6 个模块。导入 B（Bridge - in）：通过一定的手段，如讲故事、说新闻、做活动等吸引学生注意力的方式，提升学生对教学内容学习的兴趣。学习目标（Learning Objective），即让学生明确课堂学习应达到的要求，明确重难点，明确要达到的知识、能力、意识方面的目标。前测 P1（Pretest）：该阶段可通过小测试、现场问卷调研、提问等形式开展，旨在了解学生掌握的先备知识，便于教师根据学情，合理调整课程内容的深度与进度。参与式学习 P2（Participatory Learning）：该阶段是课程教学的核心环节，是以学生为中心的主动学习，学生对新教学内容的学习、掌握是通过案例分析、合作探究、情景模拟、小组讨论、课堂实训、游戏等形式，使学生深度参与课堂教学活动以达到课程学习的要求，体现出师生互动、生生互动。后测 P3（Postassessment）：是对上一阶段参与式学习的检测，测评学生对核心知识点的掌握程度。总结 S（Summary）：是课堂教学的最后一个环节，通过归纳、总结引导学生巩固、反思知识要点，并引出下次课程的内容，让学生提前了解预习。

在 ISW（Instructional Skills Workshop 加拿大教师技能培训工作坊）的培训中，要求受训教师将课堂教学内容划分为 15 分钟左右的教学单元，并对这些教学单元按照 BOPPPS 模型要求的 6 个环节进行教学设计和授课。这是一种条理性、操作性强的课程设计模式，有效地帮助教师优化教学要素、改进教学环节，为教学提供了清晰的操作流程，提高了课堂教学的效果。但在实际教学中一次课的教学时长是 90 分钟，教师会基本遵循 BOPPPS 教学模式的顺序，依据课程教学的需要来进行重组与合并，合理设计教学过程。

三、BOPPPS 教学模式在创业基础课中的应用

创业基础课是一门注重素质教育的偏文科的、具有实践性的课程，很多知识点需要学生的发散性思维。该课程运用 BOPPPS 教学模式后，根据教学需要重组或合并后形成了时长不等的教学环节：如知识点——创业机会识别讲解时。首先，会用一张"车往哪开？"的图片测试学生分析问题的能力，让学生明确通过该知识点的学习，掌握如何进行创业机会的识别。其次，进入理论讲解，创业机会识别需要进行信息的收集和研究、需要识别的创业机会内容有哪些、如何进行创业机会开发，再用一个身边事如"硬币带来的创业机会"来测试学生对创业机会识别知识的掌握，最后进行知识点学习总结。

这是一个 BOPPPS 教学模式的重组，第一步：前测式导入说明教学目标；第二步：进入主要知识点讲解；第三步：进行学习后测试，最后总结。即 BP1O+P2+P3+S 的教学过程设计。

四、BOPPPS 教学模式的教学效果分析

BOPPPS 教学模式在实际教学应用中，教师根据课程需要遵循 BOPPPS 的教学理念、抓住 BOPPPS 的模式核心、依循 BOPPPS 的基本框架，合理地进行教学设计并实施，教学效果显著。

（一）学生课上参与度显著提升

互联网时代学生上课玩手机、看电脑的现象常有，如何让学生积极投入和参与课堂学习？这对授课教师提出了挑战。BOPPPS 教学法通过合理的课堂设计，从学生熟悉的事物、事件出发，对不熟悉的事物、事件引起好奇，不熟悉的事物、事件所蕴含的理论则是

课堂教学的核心知识点，激发学生学习的兴趣，产生学习的动机，进而进入教学主题，达到课程教学的目标。在创业基础课程上学生最初的学习是为了学而学，是被动去学，但 BOPPPS 教学设计后转变了学生学习的态度，在意识形态上发生了变化，变成了主动去学。因此，从最初的学生没有创业意愿，不想学这门课，到课上积极参加、主动发言，学生的参与度提升。

（二）学生课堂内容掌握度提高

以商业模式设计为例，运用 BOPPPS 教学模式设计导言、目标、前测、参与式学习、后测、总结的教学过程，结合案例教学、视频教学、提问式教学、参与式教学、任务驱动法、归纳法等教学方法的联合使用，培养了学生分析问题、解决问题的能力，再通过归纳法系统地讲解理论，从而让学生更好地掌握商业模式设计的重点和难点，课上的相互交流也培养了学生合作探究的精神，最后课程总结部分提炼了授课重点内容，且布置了下次课的实训任务，激发了学生课下研讨的积极性。

（三）学生动手实践能力加强

BOPPPS 教学缓解了学生长时间听课的疲劳，开阔了学生的视野，提供了实践和训练的机会，在课堂讨论和互动过程中学生们展示了自己的优点，也发现了自己的不足，认识到任务的完成需要有团队合作精神，在课程学习过程中也锻炼了学生的沟通能力和演讲能力，也能更成熟地站在多个角度全面地看待问题。不少同学在学习中找到了自己的团队合作伙伴，一起参加创新创业大赛，把课上的创业项目搬到了创新创业大赛中去，并取得了很好的成绩。

五、不断改进和完善教学方法的反思

正如著名教育家叶圣陶说的：教学有法，教无定法，贵在得法。我们只要善于把所学的教学方法有效地和课程教学联系在一起，就能够得到好的教学效果。

（一）从教师的角度反思

教学有法，所以教师应认真研究教学方法，站稳讲台必须得到学生的支持，而正确的教学方法可以点燃学生学习的兴趣，让教师成为深受学生欢迎和尊敬的教师。鼓励教师要有先进科学的教育教学理念，善于把教学内容与教学方法有机结合、教学目标与考核测评有机结合，让学生学到知识、培养能力。教学过程中运用 BOPPPS 教学模式让教师明确教学目标和教学预期效果，所有的教学环节都是围绕着教学目标进行，同时需要教师能清楚、全面地掌握课程理论知识及其相关领域的前沿知识，能高屋建瓴地梳理知识之间的内在联系，进而科学合理地进行教学设计。

（二）从学生的角度反思

现阶段学生的发展是多样性的，若教师不进行创新性的教育就很难满足学生多样性的发展需求。若教师不进行创新性的教育就会被网络教学、在线开放课程所取代。所以教师应站在学生的角度看学生的需求，充分利用课堂教学的学习环境，强化课堂教学的学习效果，强化实践教学对理论教学的促进作用。BOPPPS 教学法对线下课堂教学设计有着较好的效果，但基于现阶段线上教学的开放程度越来越高，也要求教师要掌握学习通、慕课、QQ 直播、腾讯会议等线上教学工具，真正实现线上与线下课堂的融合。

由此可见，让教师在教学中不断探索教学方法改革、教学流程设计，把课程打磨得更精细、更符合教学对象的需求，才能更好地达到教学的目标。BOPPPS 教学模式在一定程度上实现了课程设计规范化、严谨性，但在实际运用中必须与课程实际结合才能达到预期教学目标。

第四节　面向智慧教室的 BOPPPS 教学模式及应用

十九大报告指出必须把教育事业放在优先位置，加快教育现代化。课堂教学是职业院校人才培养的"最后一公里"，是最为关键和困难的环节，提高课堂教学质量依然是个长期的规划目标，教学质量的提高离不开行之有效的教学模式。然而，随着互联网技术不断发展，传统课堂教学模式日渐成为提高教学质量的瓶颈。在以学生的兴趣和需求为出发点，如何在教学过程中充分发挥互联网信息的共享性，是当前高校教学革新的一个突破口，"互联网＋教育"成为教育革新的必然趋势。在学习空间、信息技术等方面，智慧教室都有着顺应学生需求和吸引学习兴趣的优势。所依托的智慧教室主要指通过物联网、学习分析技术等构建学习环境，再探究有助于主动交互学习的教学方法与策略，以提高学生高阶认知为目标的教学环境。为此，将智慧教室优势最大化离不开行之有效的教学模式。

一、传统课堂教学存在的问题

现阶段高校教学仍以传统课堂教学为主导教学模式，然而随着互联网技术的发展和学生需求的变化，传统课堂教学模式存在的局限性日渐凸显。

（一）"以教为中心"的传统教学模式占主导

传统的课堂教学方式以"传递—接受"式为主化过于注重知识的系统讲授，抑制了学生的能动活动，难以激发学生的学习动机，不利于促进学生的综合素质发展。

（二）现代化教学手段欠缺

多媒体教室教学内容呈现方式单调。受教学平台和教学模式的限制，现有的教学信息呈现方式往往局限于板书和 PPT，难以辅助学生注意力的持续集中。

（三）教学过程浅层交互，学生不易获得高阶认知

传统课堂教学的互动局限于"教师—学生"问题式，学生的认知往往处于低阶的记忆知识和简单应用阶段。缺乏"学生与学生"和"教师与学生"间的研讨合作型的有效深度交互，直接导致学生难以获得合作精神、创新思维等高阶认知。

（四）教学评测滞后，难以及时分析教学效果

提高教学质量，传统教学模式下对教学效果的考核往往集中在期中测试和期末测试，鲜少与教学周期同步的教学评测。教师无法及时、全面地掌握教学效果，不利于教师优化教学方法。

综上所述，传统的教学模式难以适应本科培养的内涵式发展要求，难以推动本科教学从"教得好"向"学得好"转变。为此，借助数字化的现代教学环境，引入参与度更高的 BOPPPS 教学模式，强调"以学生为中心"的研讨式教学理念，探索面向智慧教室的 BOPPPS 教学模式在参与式教学中的应用。

二、面向智慧教室的 BOPPPS 教学模式的构建

（一）智慧教室教学平台

目前，市场上软件公司所构建的智慧教室教学平台结构各不相同，但整体功能架构主

要涵盖在线考勤、微课录制、交互教学和云端存储四大功能模块，促进参与式教学的展开。在智慧教室教学平台的基础上实现交互式教学，力求以学生为中心，将教学目标由传统的"教得好"向"学得好"转变。相对于传统按行排列的座位，智慧教室可以采用 8×8 的分组布局，即 8 组圆形会议桌，每组最多 8 位学员。

1. 在线考勤

学员需要连接教室局域网登录学生端系统，并在 App 中设置姓名和学号，故教师可避开传统课堂中考勤在时间和频次上的限制，通过学生视图实时了解学员出勤情况。教师可在学生讨论、评测等时段，自主快速完成在线考勤，不受频次和时长限制。考勤的详情视图显示签到人数、活跃人数等数据，可查看签到学生的姓名、学号、设备 ID、签到时间等，保证学员考勤的唯一性。

2. 微课录制

通过微课录制工具，教师通过一键录制可实现授课的同时就完成录播，主要用于回播。一方面可分享给学员，用于巩固上课讲解过程。另一方面有助于教师回看授课过程、学员课堂状态等，进而获得更具体全面有效的教学反思。

3. 参与式交互教学

首先，智慧教室教学平台支持教学主屏、副屏、教室平板、小组大屏和学生屏（兼容 Android、IOS、Windows 系统）的五屏互动技术，为参与式教学的开展提供了强有力的硬件条件。其中副屏支持白板功能，能包容教师在传统教室授课时对板书的依赖性。其次，教师可通过评测模块，在授课过程中适时地将授课内容设定为评测题目，自动发放给学员作答，其中答题方式支持选择、判断、抢答、主观题等。学员可通过选项按键作答，或者笔画拍照投屏方式作答。教师可以实时看到学生提交情况和答题结果分析。评测可采用单人作答和小组研讨两种模式。其中小组研讨结果将通过小组大屏展示，教师亦可通过发起投票，引导全体学生参与各组结果的评价。此外，智慧教室教学管理系统还提供作业发布的功能，教师可通过试卷编辑器编辑作业及试卷题目，并要求学生在制定时间内完成作业提交，通过系统可直观快捷地显示学生作业结果，包括学生分数、各题目正确率、各选项占比等统计信息。

4. 云端存储

云端通过教师的账号存储其授课过程记录，特别是评测和作业等交互数据，支持通过题型、时间进行筛选，并支持导出到其他电脑查看，可作为教师分析学员知识内化程度的直观参考依据，进而指导教师依据实际学情调整教学内容安排，达到提高教学质量的效果。评测结果能够保存下来，通过评测结果查看功能方便课后查看，帮助老师了解学生对于知识的掌握情况。

（二）BOPPPS

BOPPPS 是强调以学员为主体以目标为导向的参与式教学模式，也是现今在国内外教学技巧讲座 ISW 广泛推行的教学模式之一，其基本原理由导言（B，bridge-in）、目标与期望（0，objective）、前测（P，pre-assessment）、参与式学习（P，participatory）、后测（P，post-assessment）和总结（S，summary）六项要素构成。

（三）教学模式

借助智慧教室教学平台，构建 BOPPPS 教学模式。通过教师—学生、学生—学生双模式完成深度交互与教学评价，将智慧教室教学平台的智能化灵活融入 BOPPPS 教学模式中，进而引导学生研讨、思考，达到"学得好"的教学目标。

1. 多样化教学工具支撑"以学为中心"的教学理念

一方面是以人为本，以学生为中心。结合学生的学习习惯，在授课过程中有机融合对手机、平板、电脑等工具的使用，打破传统课堂授课束缚于 PPT 和板书的局限性。另一方面，通过多样化的互动方式，提高学生课堂中的注意力，引导学生参与授课过程，由"以教为中心"向"以学为中心"转型。

2. 深度的教学互动

通过 BOPPPS 的前测、参与式学习活动等环节，有效设置参与式教学互动环节。第 1 种模式是教师—学生间的双向互动，通过屏幕广播、投屏技术结合教学内容适时进行双向互动，形式多样化。第 2 种模式是学生—学生间的互动。一方面是小组研讨，另一方面是学生参与投票、抢答和学生示范。多样化的方式既能吸引学生注意力、提高学生参与感和学习兴趣、有助于老师快速分析学情，又能引导学生获得知识技能、发散思维、合作意识等高阶认知，有利于促进学生综合素质发展。

3. 及时可持续的教学评测

相对于传统教学模式下，面向智慧教室的参与式教学模式对教学效果的不局限于期中测试和期末测试，通过 BOPPPS 后测和总结环节，结合智慧教学平台的评测和作业等互动方式，实现教学评测与教学周期同步，按学情适时适当地进行可持续的有效教学评价。为此，教师可以更及时、全面地掌握教学效果。此外，通过回播微课录制的授课视频，有利于教师更立体审视自身以及学生们的课堂表现，为教师优化教学方法提供更为全面的考察因素。

第五节　基于 BOPPPS 模型的线上线下混合式课堂教学模式构建

一、BOPPPS 模型 + 任务驱动的教学模式

BOPPPS 模型是近年来比较受推崇的教学模型，能实现课堂的有效设计。该模型将知识点教学过程依次划分为：导入（bridge-in）学习目标（object/outcome）、先测（pre-assessment）、参与式学习（participatory learning）、后测（post-assessment）以及总结（summary），简称为 BOPPPS。由于其中的预测环节需要及时获得学生的反馈信息以调整后续内容的难度和节奏，该模型在北美实施时最佳师生比为 1：16，这与我们高校目前的师生比情况不相符。此外，该模型只是对一次课的有效设计，并未考虑课程的整体性，因此只是简单机械地引入该模型，只能起到有效调节课堂气氛的作用。

二、MOODLE 平台 + 雨课堂 + 实验室的实施模式

为了更好地实现 BOPPPS 模型 + 任务驱动的教学方法，课题组采用 MOODLE 平台 + 雨课堂 + 实验室的线上线下混合实施模式。MOODLE 平台是建设多年的现代化信息平台，有较为齐全的功能，可以实现教学资源分享、作业上传、师生互动等。雨课堂是学堂在线

与清华大学在线教育办公室共同研发的智慧教学工具，可以提升课堂教学体验，让师生互动更多、教学更为便捷。

课程组教师事先在 MOODLE 平台和雨课堂上传本次课程的预习内容，包括视频资源、PPT 课件等。在每次课程的实施过程中，基本按照 BOPPPS 模型的六个环节展开。引入环节，以线上的资源为主，介绍与本次教学内容紧密相关的前沿技术实例，吸引学生的兴趣，大概 5 分钟左右时间。紧接着，引出本次教学的目标，以提纲式的条目出现，言简意赅。然后针对本次教学目标所需的前修知识和能力进行预测，此环节在线上进行，教师事先在雨课堂上设计并上传预测内容，要求学生在规定时间内完成，教师可以迅速得到预测结果的反馈，根据反馈结果调整后续内容的节奏与难度。参与式学习，是六个环节的主要内容。此环节采用线下方式，边学边做，利用实验平台完成知识、能力和素质的锻炼与培养。后测环节是对参与式学习的成绩检验。为了防止学生们的相互抄袭或模仿，教师需要事先在雨课堂设计测试内容，每位学生随机抽取，线下独立完成。教师根据完成情况进行评价。最后是总结环节。可以挑选优秀的学生进行演示和总结，也可以由教师进行总结，以线下为主。结合课程内容，在雨课堂和 MOODLE 平台布置适量的课后笔头作业和编程作业，以巩固所学的知识，延伸课堂，进一步提升学生的能力。

三、实施效果

与单一的任务驱动式教学模式相比，本模式可以更好地调动学生的主观能动性，激发学生的学习积极性，课堂气氛更加活跃。由于雨课堂平台的强大在线数据统计功能，教师能便捷地得到每位学生的预习、复习数据，学生们的认真程度大为提高，预习、复习效果也大大提高。课中每人一题的测验环节以及快速的测验结果汇总反馈，可以有效制止学生相互抄袭和克服因人数太多带来的不利，督促学生更加认真地主动学习。

第六节　基于 BOPPPS 教学模式实证研究

——基于 BOPPPS 教学模式的《旅行社经营与管理》课程教学设计及思考

一、旅行社经营与管理课程学习现状

目前，我国职业院校旅行社经营与管理课程的授课内容与企业岗位的知识需求存在一定脱节，相关学习内容无法满足实际岗位工作需要，教师教学的内容理论过强，无法激发学生学习兴趣。学生学习中主要存在以下几个问题：

（一）学生学习的主观能动性下降

受传统学习理念的影响，旅行社经营与管理课程学习依然未能摆脱以教师为主导的课堂学习模式，学生在课堂学习中仍处于被动地位，学生几乎无法针对学习中存在的问题与教师进行交流，学习的积极性、主动性明显偏低。

（二）实践能力的缺失

旅行社经营与管理工作有着较强的实践性，在校学习期间，学生所接触的主要是对理论知识的学习，由于缺少足够的实训机会，学生的实践能力也就普遍偏低。以旅行社接待业务流程为例，课程学习过程中的流程与实际流程之间存在着较大差异。

（三）教学模式的单一化

目前，很多职业院校由于实训教学条件有限，在该门课程的教学过程中，由于缺少足够的实训，教学模式比较单一，学生动手操作能力普遍不高，课程学习氛围不活跃，教师习惯性地采取理论概述的方式进行教学，这种机械式的教学方式使学生感觉学习过程中枯燥、乏味。

二、BOPPPS 教学模式简介

BOPPPS 是一种教学设计方法，包含六个教学环节，即导言（Bridge-in）、目标（Objective）、前测（Pre-assessment）、参与式学习（Participatory Learning）、后测（Post-assessment）和总结（Summary）。重点用来解决"学生在上课时为什么不能专心？""讲课到一半学生开始打瞌睡？""学生下课一条龙，上课一条虫？"等课堂常见问题，教学中使用了"凤头、猪肚、豹尾"的设计元素。应用此教学模式展开教学，能有效地激发学生的学习兴趣，改善传统教学模式学生学习积极性不高的弊端，从而实现有效课堂教学。

三、BOPPPS 教学模式在旅行社经营与管理课程中的应用

（一）B（Bridge - in）导言

导言是一节课的开头，是旅行社经营与管理课程的进入阶段，教师在教学设计过程中，合理设计课前引入环节，通过信息化教学手段启发学生独立思考，使学生能够对相关学习内容产生足够的兴趣，吸引学生的注意力，诱导学生产生学习动力。如在讲解旅行社接待管理任务时，先引入"游客取消旅游计划，旅行社是否负责"的案例，启发学生思维，并引出为什么游客会取消旅游计划、旅行社如何为游客提供优质服务、出现临时取消旅游计划这种突发事件旅行社应如何进行应对等一系列问题，引发学生思考。同时利用微课、动画等信息化手段辅助教学，提高学生学习兴趣。

（二）O（Objective）目标

根据学情特点及旅行社经营与管理课程标准合理确定本门课程的知识目标、能力目标和素质目标：让学生通过学习旅行社服务与经营管理的基本理论和基础知识，熟悉旅行社运行与管理的基本程序和方法；熟练应用旅行社产品开发、销售、运行监控等服务技能，并能胜任旅行社主要部门的基层管理工作；进而加强学生思想政治方面的教育，具备旅行社服务相关的能力要求和理论知识；具备现代旅游市场调研与分析的能力和自主创新的能力。

（三）P（Pre - assessment）前测

每堂课在教学过程中，要针对课前学习任务安排，进行学生自学学习效果检测，汇总

学生检测结果，结合学生自学效果及时调整教学策略和教学内容，因材施教。

（四）P（Participatory Learning）参与式学习

参与式教学是课程教学设计的主体，要体现"以学生为中心"的教育理念，采取项目化教学，对学生进行分组实训，辅助信息技术手段，显著提高教学效果。教学过程中，合理应用学习通、云班课等教学平台，保证学生随时可学，处处能学，教与学全过程信息采集。对于旅行社营销管理、票务业务、发团业务这些教学重难点，可通过动画演示学重点，使教学内容具体化；可通过仿真软件破难点，旅行社接待业务过程复杂，难度较大，耗时长，通过虚拟仿真，激发学生学习兴趣，让学生熟悉旅行社接待业务流程及工作要点，突破教学难点。

（五）P（Post – assessment）后测

教学过程中，除了要关注学生的学习效果，同时对于教学目标的达成率更要关注，因此，在每个知识点讲解完之后，都要及时进行知识点检测，做到堂堂有测试、时时有测试，进而有效达成教学目标。

第八章 高职微课教学模式的构建

第一节 微课的基本含义

随着"互联网+"时代的发展，"微"时代的到来深入各行各业，微信、微博、微商、微淘、微电影、微小说、微工场、微店等新形态产品逐渐融入并影响着大众生活。在教育行业出现了微学习与微课。微课的产生与发展是"互联网+"与教育相结合的必然产物，也是时代发展的必然需求。

一、微课的定义

随着微课在国内教学实践的不断发展，微课的定义也不断被完善。目前，关于微课的定义学界尚未有统一的定论，国内学者根据自己的理解从不同角度对微课的定义进行了阐述。关于微课的定义可以划分成三个类别：第一种类型，从"课"的概念出发，强调微课是一种短小精悍的教学活动；第二种类型，从"课程"的概念出发，强调微课的主要组成要素，涉及教学计划、教学方案（微教案）、教学内容（课程知识点）、教学资源（微课件、微练习）等；第三种类型，从"教学资源"的概念出发，突出微课是课程教学的重要资源，如数字化学习资源包、在线教学视频。

内涵上是有共同之处："教学内容简短、特定的教学目标、以微视频为主要载体且视频长度较短、教学结构完善。"目前，在各高职院校微课实践教学、各种微课比赛中的微课也都满足这些要素特点。从媒体类型来看，微课就是一段与某个学科知识点相关的教学视频。这些微课教学视频在没有学生这个参与主体进行使用的时候，也就不会产生师生的互动教学过程，自然不能简单地将其称之为微"课"。

微课是围绕某个学科知识点或教学主题构建的网络教学资源，其教学载体是微教学视频。微教学视频是教师录制的、5至8分钟（通常在10分钟以内）的教学视频，这些教学视频亦是微课的教学核心，它们有着特定的教学主题，内容短小精悍，集中阐述某个具体的问题或知识点。微视频通常包含和教学内容相匹配的教学资源，如微课件、微教案、微练习、微点评等拓展性资源。在微课教学方式下，能支持自主式学习、协作学习、移动学习等多种学习方式。微课的教学目的是围绕教学内容，通过合理的课程设置，以教学视频为表达方式，实现教学效果的最佳化。

要注意的是，微课与传统意义上的完整课堂的某个视频片段有所区别，微课一般指的是一个相对完整的教学课程设置。因而在传统课堂教学实践中，用以辅助教师课堂教学的视频都不属于微课范畴，如时长 50 分钟的传统国家网络精品课程、讲课所用的多媒体课件、课堂教学实录视频切片等都不能理解为微课。

微课教学是在"互联网 +"教育下产生的新型教学模式，它的出现是时代和教学发展的必然。作为一种新型的教学资源，微课成为教学资源建设过程中迅速发展的重要力量。微课以其自身独特性备受教师和学生青睐，它既能帮助教师进行课程设置，为教师教学提供教学资源，也能实现学生多种学习方式的集合，为学习提供灵活方便的学习素材和学习途径。高职微课资源是学生学习知识的重要载体，遵循微课教学的二八法则：80% 的微课教学内容取向雷同，20% 的微课内容趋向差异化与个性化；前者教学内容适用于多数学生的学习程度，面向大多数教学活动，后者则因学生自身的学习水平和能力各异，其适用程度有所差别，面向个性化的教学活动。微课以其内容短小精悍、时间简短、教学方式多样、教学平台便捷、涵盖领域广泛等多种优点相结合的特性而成为现代教学模式中备受欢迎的教学手段。

二、微课的组成要素

课程资源是课堂教学的主要内容，也是实现课程教学目标和课堂教学得以顺利实施的基础构成要素。同时，课程资源也是教育资源的重要构成要素。教育资源涉及内容较为广泛，常见的图文教育资源，还有"互联网 +"时代下发展的数字化、网络化教育资源都包含在内。教育部信息化技术标准委员会发布的"CELTS-41 教育资源建设规范"则将教育资源进行了详细的划分，教学课件、教学案例、教学媒体素材、教学测试题目、教学考卷、网络教学课程、常见问题解答、文献资料、资源目录索引等 9 种类别的资料都属于教育资源。

微课作为一种新型的数字化教育资源，从微课的主要内容来看，其主要组成要素是课堂的教学资料，且以微型教学视频为核心。其中还包含了与教学有关的设计思路、课件内容、教学反馈、随堂测试和学生反馈、教师评点等教学辅助资源，这些内容共同组成了一个主题式的应用资源。因此，微课是在传统的课堂教学模式、教学课件设置、教学效果反馈等教学资源和手段的基础上，继承并发展起来的一种新型教学模式。

不论是从"课"或"课程"属性对微课进行探讨，在广义上来说，微课始终都是一种教育资源。正如上文所言，微课是一种新型的数字化教育资源，因此，将从微课的"教育资源"属性出发，对微课的组成要素展开分析，并提出微课的五大构成要素观点。从微课在高职院校的实践情况来看，一个典型的微课其构成要素包括教学目标、教学内容、教学活动、交互工具、多媒体工具（交互工具和多媒体工具又合称为教学工具），且这五个要素之间相辅相成，互不可少。

（一）教学目标

教学目标是指在教学过程中，教师在教学活动前期制定的关于微课教学模式适用程度的预想，以及微课教学在教学应用中期望达到的效果。具体来说，教学目标包括微课应用目的和应用效果。微课应用目的，是指开发设计微课的原因和作用，微课模式的应用在教学的课前阶段、课堂教学阶段以及课后学习阶段都有重要价值。通过对微课教学以及学生情况进行分析，以期望在高职教学中引入微课会发挥哪些具体作用，如可以为学生在课前学习和课后学习阶段提供个性化的指导，通过设计制作的微课视频为学生了解知识点和解题提供帮助，同时促进课堂教学互动式教学的实施。微课应用效果，是指教师在引入微课教学之后，对教学活动的实用性和使用成效进行的预估。如微课教学方式能否促进学生学习能力的提升，能提升至何种程度；微课是否可以让学生解题技能、解题效率得到提高，提高成效是否显著；与传统教学相比是否更优，教学实施能到达何种阶段等。微课的教学目标一般具有直接明确、目标单一的特征，对微课的内容选择和应用形式起到导向作用。

（二）教学内容

教学内容是指为促进微课预期教学目标的完成，与学科教学内容相关的教学素材和资源。教学内容是教师实施课程教学，实现微课预期教学目标的重要信息载体。微课内容是教师根据课程教学内容、微课教学目标、学生学习情况、课程教学应用阶段等教学实际因素，进行的有针对性的特定教学学科内容的综合设计。微课教学内容的设置对教师的教学活动以及教学目标的实现都会产生直接影响。因此，高职院校类教师在进行微课教学内容设置时，要紧密结合高职教学的特点，以及当前受教学生的学习情况进行教学内容设计，以期更好地实现教学目标。由于微课通常较为简短，教学内容一般具有主题鲜明、内容短小精悍且独立的特点。在简短的教学过程中，可以涵盖的内容是相对有限的，因此要求教师要对教学内容进行合理科学的选择和设计，让教学内容在这简短的时间能突出教学主题，又能清晰且较为全面地展示教学内容的核心要点。合理设计教学内容对课堂教学活动能起到良好的助推作用，同时也可以促进教学目标的达成。

（三）教学活动

教学活动，是指活动主体和周边环境互相影响的动作过程。

活动环境包括活动主体、影响活动的客体、与活动相关的其他主体。微课的教学活动，则是指以教师为教学活动的主体和微课教学内容这一客体影响，对学生这个其他主体产生作用的教学活动过程。通过这一教学活动过程，使得主客体在互相作用的情况下，向学生传授教学内容，同时引起学生对教学内容进行思考理解、内化巩固和知识建构。教学活动是实施教学内容，实现教学目标的方法，教学方法是影响教师开展教学活动的重要因素。教师讲授、教师操作、教师演示、师生互动（言语分析、实践探讨等）等都属于教学方法的范畴。在微课教学活动中，可以通过多种教学方法相结合的方式传授教学知识。教学方法并非一成不变的，教师可以通过教学活动实践，根据不同教学内容特点，选择不同的教学方法。尤其是在高职院校实行微课教学活动实践前期中，教师要对教学活动进行总结，不断促进教学活动的完善。总之，高职院校类教师在开展微课教学活动时，要结合教学内容选择适合的教学方法。让教学内容的传递更快、更准确，使教学活动的有效性得到最大发挥。

（四）教学工具：交互与多媒体

在教学过程中，教师开展微课教学活动需要借助相应的工具得以实现。教学工作在教学活动中发挥着重要作用，是实现学生与微课相互产生作用的桥梁，只有教学工具这一载体教学活动才能顺利开展，教学内容才能传播。在微课教学中，教学工具有交互工具和多媒体两种。交互工具，是学生在微课学习过程中，实现学生与微课之间进行操作交互和信息交互的辅助手段。交互的类型主要有操作交互、信息交互和概念交互，这些交互类型的表达形式，即交互形式也各有不同。在微课学习中，教学内容多样，其传递的形式随之而产生变化，学生在接收到教学信息时的交互对象也因此不同。通常微课学习的一个完整过程，需要多种交互方式的结合。其中，多媒体工具在交互过程中也发挥着重要作用。多媒体是学生学习过程时接收教学内容的信息呈现工具，通过多媒体工具的辅助来实现教学内容的展示、教师教学的表达。同时，通过多媒体工具实现学生学习时与教学资源之间进行操作交互和信息交互。微课中的教学课件、教学视频、教学动画、教学图像等都属于高职教育微课教学中的多媒体资源，在进行微课学习时，学生需要通过多媒体工具来接收这些多媒体资源传递的教学信息。通过这些教学工具的作用，学生才能接收到微课教学内容传递的信息，继而对微课教学内容进行认知、理解和吸收内化。

三、微课的主要特点

（一）教学时间短

在教学时间上，微课教学的时间较短。微课教学以微型教学视频为主要内容，由于教学视频内容通常集中于一个特定的主题，例如某个教学知识要点或考点、难点等，因而微教学视频的时长通常在 10 分钟以内。高职类学生其学习能力相对较强，对知识理解和内化的时间也相对较短，教师通过精简教学内容，突出特定的教学主题，既减少了课堂教学时间的浪费，也能提升教学效率。在高职校园开展微课实践教学的结果表明，在集中的时间进行微课教学，高职学生能将注意力高度集中，且教师对教学知识起指导作用，尽可能促进学生主动学习，能有效激发学生的学习力，教学效果也能更佳，因而微课教学时间以 5 至 8 分钟为主。因此与传统教学中的 45 分钟课堂教学课时相比，微课教学时间明显较短。因而，也有一些学者从微课的时间特性上对微课进行定义，将微课称为"微课例"或"课例片段"。

（二）教学内容少

在教学内容上，微课教学的内容简短精悍。微课通常是围绕一个特定的教学主题展开课堂教学，其教学内容往往是学科教学中的疑点、重点或考点内容。通过简明扼要地讲述这些知识要点，对学生理解知识加以指导。微课的教学时间与教学内容互相关联。微课教学时间短，决定微课的教学内容不能过于复杂；微课的教学内容集中扼要，也形成微课教学时间简短的特点。因而高职教师在进行微课教学实践时，需要对教学内容进行精心规划，精简教学主题，突出教学内容，让学生能在较短的时间内对所传递的教学知识进行理解和吸收。与传统的教学课堂相比，微课的教学内容聚焦于某一点，主题十分突出，也比较适合高职类学生完成课堂知识的内化。基于微课教学内容短小精悍的特点，也有学者将其称之为"微课堂"。

（三）教学资源容量小

在教学资源容量上，微课教学的教学资源容量小。微课教学的主要资源是教学视频，同时辅以配套的相关教学辅助性资源。由于教学视频时间短、内容少，教学视频的容量通常不会很大。加之，这些教学视频和辅助教学资源都需要上传，所以对这些资源的容量和格式都有相关要求和限制。视频总容量一般不会超过一百兆，以几十兆居多；视频格式需能满足在线播放的媒体格式，如 flv、wmv 格式等。随着信息技术的发展，以及"互联网+"教育的普及，教师开展教学活动、学生开展学习都更倾向于引入网络教学资源。在高职校园开展微课教学时，教师可以通过微课设计教案、下载课件等教学辅助资源，进而制作教学视频。学生则可以通过在线观看教学视频、实例演示等学习课堂知识。同时，师生都可通过平台进行视频下载、保存、观看等，实现移动式学习。总之，微课教学资源容量小的特点，既是受教学内容短小决定，也是为便于教学资源的观看和保存所需。

（四）教学资源整体性

在教学资源的构成上，微课教学资源的构成具有整体性。微课教学的教学资源有教学视频和多种教学辅助性资料。微课教学以教学视频为中心，涵盖教学设计、教学课件、教学案例、多媒体素材，以及教学互动反馈、教学反思、专家点评等相关教学资源，这些教学资源构成一个主题鲜明、结构紧凑、类型丰富的学科主题教学资源包。通过多种教学资源组成的微课教学内容，在教学资源的构成上具有明显的整体性和连贯性。在微课+高职校园的教学实践中，教师通过合理的设置将教学课件、教学案例、多媒体素材整理设计成教学内容，再通过课堂教学、教学互动以及教学点评、反思开展教学活动。在微课教学中，这些教学资源的应用并不是单一的，而是一个相互影响、相互联系的整体。课堂教学活动的实施离不开这个特定学科的主题教学资源包，当教学资源包的任何一部分缺失，都会影响到教学活动的开展和教学目的的实现。总之，教学资源的整体性，即是微课教学的特点，也是教学活动的必然要求。

（五）教学主题突出

在教学主题上，微课教学具有教学主题突出的特点。首先是体现在教学内容上的主题突出。微课教学的教学内容是某个特定学科的知识要点，一个课程重点讲述一个教学主题，通俗来说就是一节课说一个事。在高职微课课堂教学中，微课教学具体研究的问题或是学科的一个知识难点、重点或考点，或是某个教学实践中的具体的问题，或为生活思考、教学反思，或为教学方法、教学观点、学习策略等。其次是在教学活动中体现了主题突出。教师针对教学要点展开教学设计，通过对教学资源的整理和设计制作成教学视频，并在此基础上开展课堂教学。在高职微课课堂教学时，教师也需要紧紧围绕教学主题进行课堂设计，知识传授、课堂互动、课堂实验等课堂活动都与教学主题密切相关。不难发现，在前期准备和课前教学活动，以及课后总结中微课都有一个特定集中的主题，也就是说微课教学活动的全过程都是围绕同一个教学主题展开。在教学主题的引导下，教师对教学内容的总体把握更精准，高职微课课堂教学活动效果也能更好。因而，微课教学主题突出既是微课教学活动的重要特点，也是微课教学活动实践的基本要求。

（六）教学传播形式丰富

在教学传播形式上，微课具有教学传播形式丰富多样的特点。首先，从传播平台上来看。微课教学以互联网为传播载体，而互联网的传播途径十分丰富，例如视频传播、语音传播、手机传播以及微博讨论等，因此微课教学的传播形式丰富多样。其次，在教学传播目的上来看，微课教学始终是以课堂教学、传递知识为目的。为拓展教学资源的来源，扩大教学视频的传播面，需要丰富多样的传播途径和传播形式。高职微课课堂教学内容难度相对较大，需要进行补充的教学资源也相对较多。高职教师和学生需要从互联网的多种平台挖掘相关知识，以促进课堂教学或教学学习效率的提升。加之，高职学生的学生自主性较大，且与传统教学相比，在"互联网+"教学模式下，课堂教学的效率得到了很大提升。教师通过从互联网上获取的教学资源制作微课教学视频开展教学，学生可以通过课堂学习和自主学习获取知识。例如，学生可以通过教师上传的视频学习知识重点。同时，通过手机传播扩大教学视频的传播面，并且通过网上讨论（微博讨论等）与学生和老师进行探讨。这样既扩大了教学传播的范围，也丰富了教学学习的方式，促进了学习效率的提升。

（七）教学研究者多样

在教学研究者上，微课教学的研究者多样。微课教学的研究者不再是局限于教师和学者，呈现出明显的草根研究、自主创作的特点。首先，微课的创作者是研发者，使用对象则可以是教师或学生。研发者可以是教师，也可以是任何创作课程的人。可以是需要进行课堂教学的教师，或是对某课堂感兴趣的学生，抑或是分享相关经验的学者等。其次，微课研发者在进行微课创作时具有极大的自主性。微课研发者可以通过自身理解对教学内容进行自主化创作，由于创作者的学识程度、研究目的、创作资源等条件的不同，其创作的教学视频也有所差异。在高职微课教学中，学生对知识的需求程度和需求范围都有所不同，教师则可以通过利用微课教学研究者的多样性，对不同的微课资源进行整理，取己所需；对不同教学内容、教学阶段、教学活动选择并制作出最适合的微课教学课程，满足不同学生的学习需求。微课教学研究者的多样性，对高职微课教学的差异化教学和自主性学习都有益处。

（八）教学反馈及时

在教学反馈上，微课具有反馈快速及时、针对性强的特点。

在微课教学中，教师通过教学视频向学生传递教学知识，学生观看教学视频后，可以通过网络互动平台与教师进行沟通交流，实现教学互动反馈。在传统的课堂教学中，以教师讲授知识为主，学生表达自己观点的时间较少。在课堂练习中，教师只能通过随堂测试、考试等测试大致掌握学生的学习情况。学习与教师的互动交流机会也相对较少，对教学的反馈相对缓慢。尤其在高职学习阶段，学生的学习自主性增强，当学生遇到学习疑难时，若不能及时解答会影响新阶段知识的吸收。在"互联网 +"教学的背景下，师生进行互动的平台不仅局限于课堂，可以是多种网络平台，如视频播放平台留言互动，或是微博评论互动、讨论组互动等。教师能够通过更为广泛的传播渠道进行教学互动，反馈更加快速及时。高职教育与微课的结合，可以帮助学生及时地与教师进行沟通、互动，教学反馈及时，使教学的效率大大提升。

第二节　微课在高职教学中的作用

一、微课与高职课程的关系

随着"互联网 +"教育的迅速发展，各大院校不断加强教学模式的改进与完善。近年来，随着教育院校引入微课教学模式的兴起与发展，为高职教学微课教学的实践提供了良好的借鉴。促使高职院校微课教学模式实践不断深入，微课与高职课程教学的互相融合，既促进了微课教学的发展，实现了高职课程教学体系的新构建，也促进了高职教学的发展与完善。随着高职课堂微课教学的逐渐发展，学界对微课在高职教学中的作用研究也渐趋增多。

以为，要探讨微课对高职课程教学的作用，不妨先深入分析微课与高职课程教学的关系。对微课与高职课程的关系有了进一步深入的了解之后，有利于全面分析微课在高职教学中的作用。

在我国，高职教育课堂教学的形式主要分为两种，其一是基础的理论课堂教学，其二是综合的实训课程教学。总的来说，无论是为了夯实学生的理论基础，还是为了提升学生的综合实践能力，微课都能够为高职教师提供充足的教学资源，为学习者搭建便利的互动平台，通过师生共同合作，提高高职课堂教学的灵活度和有效性，增强高职课堂教学的效率，促使高职教师顺利完成授课计划，实现教学总目标。一般而言，可以从课前教学设计、课中教学实施和课后教学评价等方面来探讨微课和高职课程教学的关系。微课全程贯穿高职课程教学的课前、课中以及课后三个环节并发挥作用。

（一）微课教学设计与高职课程教学

做好课前教学设计是高职教师有序开展课程教学及其相关工作的基础，微课教学设计则是开展高职微课课程教学的基础条件。微课是高职院校为实现课程教学目的而引入的一种新的课程教学模式。微课课前教学设计是高职微课教学活动的基础步骤，而微课教学作为高职课程教学的重要教学模式，微课活动是高职课程教学的重要教学活动。因而，微课课前教学设计是高职课程教学的重要步骤。

微课教学设计与高职课程教学活动互相关联，互相影响。微课教学设计主要包括分析设计、资料收集、视频制作三个步骤。教师在进行高职微课教学设计时，需要对高职课程教学情况进行分析，其中包括高职微课课程教学要求及任务、具体课程教学的主要内容、高职学生的学习情况等多项内容。微课教学设计的合理性以及适宜性也会直接影响高职课程教学的效果。因而，教师在进行高职微课教学设计时，要紧密结合高职课程教学的具体情况，使得微课教学设计与高职课程教学实现完美融合。

（二）微课教学活动与高职课程教学

微课教学模式是高职开展课程教学的重要方法，微课教学是"互联网＋"背景下高职课程教学的重要实践。高职课程教学包括教师开展课程教学的全部活动，如教学设计、课堂教学、教学反思、教学评价等。在"互联网＋"信息化时代的影响下，高职院校引入了微课教学模式。微课教学作为一种教学方式深入高职课程教学的各方面。微课教学包括微课课程教学、微课教学反馈、微课教学设计等教学活动，教师通过微课视频教学的反馈情况，可以对高职课堂教学内容进行调整与修改。而通过高职微课教学互动，教师可以及时了解学生的学习动态，掌握学生的学习水平和学习情况。教师也可以通过微课教学情况，调整改善高职课程教学的整理方案。总之，微课教学为高职课程教学带来了诸多便利，为教师开展高职课程教学提供了便利的教学平台以及丰富的教学资料，微课教学活动的开展有利于改进和完善高职课程教学效果，微课教学活动的教学效果亦是影响高职课程教学整体情况的重要因素。

二、高职微课教学的影响因素

一是微课在高职教学中的服务功能，这是影响高职教学效果的重要因素。由于微课存在服务功能，因此在高职微课的教学中注重发挥这一功能。微课在告知教学过程中，其服务功能主要体现在两个方面。一方面微课作为一种教学资源，是学生开展自学的一种重要资源，服务于学生的学习。为了能够促使学生熟练地掌握某一方面的知识或技能，教师可以把传统的课程教学内容划分为多个 5 至 10 分钟的系列内容，通过微课的形式，组成专题式教学或者构建相对比较完整的知识体系，从而方便学生的学习，这就体现了微课服务学生学习的共鞴。另一方面是微课可以作为教师开展教学的手段，服务于教学的课堂教学。在这个过程中，教师可以提前将教学过程中存在的难点和重点内容制作成微课，让学生在上课之前提前学习，这样在课堂教学的过程中就更具有针对性，课堂就变成教师解答疑惑的载体，成为师生互动交流的载体，有效地激发了学生的学习积极性，实现了教学形式的转变，实现了教学的内外结合。同时教师还可以将教学内容放置在教学之后，让学生通过课后回顾的形式，帮助学生对教学内容的记忆，为后续的学习奠定基础。

二是高职课程教学的微课制作技巧。这是影响教学表达的首要因素，因此要高度重视教师制作微课的技巧。首先，教师要站在学生的角度考虑。教师在制作微课教学课件的过程中，要充分结合学生的学习水平和心理等方面的特点，制定适合学生的微课。在微课的制作过程中，选题要合适，要具有针对性，要适合采用多媒体这一载体。同时还要将微课变成另外一种形式的传统教学，制作的微课课件要短小精悍同时内容充实。如果仅是借用视频进行表达，只重其形而忘其本，那么微课教学的引入对高职课程教学并无多大意义。其次，教师在制作微课视频时要保证画质清晰，文字方面没有政策和科学性错误，语言也适合学生的特点，通俗易懂。要做到声、情、貌俱佳，从而吸引学生的注意力，激发学习者的学习热情。再者，一些视频制作的小细节也是影响微课视频表达的因素。例如，教师要在适当位置设置暂停、重听或者后续活动的提示，便于学生浏览微课程时转入相关的学习活动。

三是高职课程教学的实际情况，这是影响微课在高职课程教学实践的关键因素。因此，在高职课程教学中引入微课教学时要坚持教育教学从实际出发。首先，不同的高职课程学科其微课教学的适用范围不同。不同学科专业其知识的侧重点不同，能适用微课的内容也会有所不同。例如信息技术类的学科偏重实践性教学，在进行微课设计时会更注重实践案例教学；理论文学类的学科偏重写作性教学，教师在制作微课时则主要进行方法论的指导；口语表达类学科侧重表达与写作教学，教师在制作微课时则需要注意情境设计与写作方法的指导。其次，不同课程的教学知识内容其微课教学的适用范围不同。在进行微课设计时，要时刻铭记具体问题具体分析，同一学科专业在不同的学科其微课教学的适用都有所差别。例如，在学科史的课程教学中，教师可以进行重点事迹的微课制作和学科发展史的脉络分析等，而在学科实践课程中，教师通常会以微课案例分析为引而传授方法论的指导等。再者，微课教学的使用程度有所不同，微课教学能有效地提高学生的学习积极性，也有利于教师教学效率的提升，但不能滥用微课教学。常规教育技术手段能够较容易实现教学目标就不适宜搞微课开发，简单的微课制作方法能实现的就不用复杂的，不搞华而不实的信息技术"秀"。

总之，每个高职学校或专业中的课程教学都有其自身特点，学生情况也有差别，学校要开发符合本校、本专业实际的微课资源，教师则应从教学实际情况出发，开发制作适宜教学课程、教学学生、教学内容的微课教学资源。

三、微课在高职教学中的作用

课堂教学是实现教学目的，达成教学任务和目标的重要实践。近年来，在"互联网+"的迅速发展下，高职院校为增强网络教育教学资源的利用和开发，逐渐深入实施微课教学。随着信息技术的发展以及电脑和智能手机的普及，微课教学在高职教育教学中优势作用的逐渐显现，高职校园的微课实践教学也进入新的阶段。高职教师通过制作微课学习视频上传到传播平台，学生通过观看或下载教学视频即可实现知识的获取，这种便利的教学方式对学生学习与教师教学有重要辅助意义，对传统的高职课堂教学起到良好的补充作用；同时，也对信息化时代下的高职教育发展起到重要的推助作用。通过结合微课的特点，以及微课的教学实践，总结出微课在高职教学中的作用。

（一）微课在高职学生学习中的作用

第一，微课学习有利于调动学生学习的积极性。在教学方法上，微课的教学方式更加生动丰富。微课教学方法巧妙地融合传统教学，同时加入了信息时代下的新型教学方式，使高职学生的课堂学习和课后学习更加丰富。传统的教学方法较为单一，以教师讲授知识为主，学生的学习积极性难以调动。而微课教学方式则把视频教学融入了课堂教学，不论是理论性的还是操作性强的知识点，学生都可以通过观看教学视频资源展开学习。生动的教学视频更加生动，资源也更加丰富。学生在课前观看教学视频初步了解课堂教学的知识点，对教学内容有基础的把握后上课时更能跟上课堂节奏。在课后观看教学资源的相关视频，则可以对知识进行巩固和内化。同时，学生在观看视频时可以根据自己的理解进行节奏的调整，改变了传统教学只能跟着老师走的局面。学生可以自己掌握学习的节奏，也能调动学生的学习积极性。在教学资源上，微课的教学资源十分丰富。学生在网络平台既可以快速地获取教学资源，遇到不懂的问题也可以实现实时互动交流，答疑解惑的效率更高。学生遗留下的学习难点更少，学习积极性也会更高。总之，将微课教学方式融入高职教学课堂，能让高职学生的学习更加畅快，对知识的把握更全面，有利于提升其学习的积极性。

第二，微课学习有利于实现学生自主性学习。在学习资源上，教学视频是微课教学资源的主要载体，同时辅以与之相关的辅助性教学资料，如教学课件、教学案例、练习习题等。这些资源能帮助学生较为系统全面地了解某个特定学科的相关教学知识点。高职学生在学习时，遇到疑点、难点可以观看这些教学视频以及辅助资料进行自主学习，解答疑难。在学习平台上，微课教学以网络媒介为主要平台。教师将微课资源上传至平台，学生可以通过网上观看或下载教学视频及辅助性教学资源进行自主学习。如高职学生可以通过视频学习了解知识点，然后下载相关习题进行练习，加深对知识的理解和深化。遇到疑难问题时，学生还可以通过网络互动平台进行交流展开讨论，对教学知识点或其他相关学习内容与教师或学生进行探讨，进而实现自主学习。总之，在高职校园积极实践微课教学，可以让学生充分利用微课资源进行自主学习，有利于提升学生学习的主动性。

第三，微课学习有利于提升学生学习的灵活性。在学习内容上，微课教学的教学内容短小精悍，教学资源容量较小。一个教学知识要点的教学视频与辅助学习资源的总容量一般只有几十兆，便于学生观看和下载学习视频。在学习时间上，高职学生的课程安排相对宽松，课外学习时间更加丰富。学生学习不再局限于课堂，而是延伸至课外，深入生活。微课学习恰好可以让学生延长学习时间，在学生想要学习的时候为学生提供学习的教学视频、多样学习资源和交流互动平台等，进而帮助学生灵活学习。在学习工具上，微课学习的学习工具十分方便。随着笔记本电脑、智能手机以及平板电脑等现代化移动设备在高职学生中的普及，学生可使用这些移动设备进行微课学习体验。再者，在学习节奏上，微课教学能适应不同学习能力的学生，让学生调整自我学习的节奏。不同学习能力的学生可以根据自己的基础和接受程度，控制微课的学习节奏。总之，在微课学习中，高职学生可以根据自己的学习情况，通过使用电脑或智能手机随时随地实现网上学习，增强了学生学习的灵活性。

（二）微课在高职教师教学中的作用

第一，微课教学有利于完善教学活动。教师的教学活动一般分为课前教学准备活动、课堂教学、课后教学活动三个环节。微课在教师教学活动的全过程，即教学活动的三个阶段都发挥了积极作用。首先，在课前教学准备时，微课教学能帮助教师优化备课活动。微课教学与传统教学的课前准备阶段不同，教师通过制作微课教学视频，让学生观看好教学后对教学内容进行初步学习。然后根据对学生的初步学习的情况设计课堂教学活动，因而课堂设计针对性更强，效率也更高。同时，微课的辅助教学资源十分丰富，教师可以利用微课教学课件、教学案例等资源，丰富教学设计内容。其次，微课教学可以充实上课环节，丰富教学形式。通过微课教学后，教师课堂传授的知识更丰富，且课堂教学的形式更多样。如教师可以对本节重点、难点做点拨，利用典型示例的讲解，引导高职学生进行自主探究或合作探究学习。再次，微课教学可以完善课后环节。与传统的教学模式相比，教师除了通过安排课后习题对学生的学习进行巩固之外，还可以引入相关教学辅助资源，帮助学生由知识到技能的转化，课后教学方法更加丰富简便。总之，微课教学活动通过信息化教学，使得教学活动更加简便、丰富，有利于高职教师教学活动的完善。

第二，微课教学有利于提升教师教学水平。首先，有利于提升教学的网络化教学能力。在教学内容上，微课教学以微型视频为教学载体，教师需要制作教学视频，因此对教师的网络化教学能力提出了更高的要求，教师为更好地实现微课教学需要进行自身能力的完善。微课教学视频虽短小，但内容精悍、全面。教师需要对教学视频进行合理设置，既突出教学重点，又能全面讲授教学知识点涵盖的内容。其次，教师能在教学设计中提升自身的教学设计能力。微课教学活动实际与传统教学有着较大差别，教师需要通过更全面、更充足的教学设计来开展教学工作。在教学设计上，在教学活动的各个环节中，教师需要做大量的准备工作：课题选择、教学环节设计、教学课件准备及制作、视频制作、配套习题设置、教学反思及评价等。这一系列的教学实践活动设计，都需要进行合理安排，以促进教学目的和目标的实现。在教学活动实践的全过程，都对教师的教学能力有了更高的要求，教师能通过教学实践提升自身的教学设计能力。再者，教师能够通过师生互动、教学反思与评价对教学活动进行总结，进而提升自身的教学水平。总之，在高职院校引入微课教学，有利于教师改善教学设计和完善教学方法，提升教师的教学水平。

第三，微课教学有利于提高教师教学效率。首先，教学活动设置有利于提高教学效率。在教学前期活动中，学生可以通过观看教师制作的教学视频进行学习，教师的教学活动延伸至课前活动环节，大大提高了教学效率。在课堂教学环节中，教师针对学生课前活动的动态，进行了课堂教学设计，课堂教学内容更具有针对性，且减少了课堂教学时间的浪费。课堂教学的内容更丰富，且针对性更强，教师教学的效率自然能提升。在课后学习中，教师可以通过教学辅助资源帮助学生学习，或是通过网络互动平台进行课后指导。教师的教学指导深入学生的课后学习中，学生的学习效率提升，教师的教学效果也更佳。其次，搭建了教学互动平台有利于提高教学效率。教师可以通过互动平台进行师生互动，及时为学生答疑解惑，促进学生的体系构架的完善，也有利于提升学生的学习能力和技能，进而提升了教学的效率。同时，教师可以通过师生互动平台，对学生的学习动态进行全方位的了解，促进后期教学实设计的改进和完善，进而促进教学效率的提升。此外，学生可以根据自己的学习兴趣和需求，自由选择微课教学资源，进行自主学习和交流，而不再局限于课堂教学与学科教学，教学效率有显著提升。总之，微课教学可以优化教学设计，改善教学效果，促进教师教学效率的提升。

（三）微课在高职实验实训教学活动中的作用

高职院校人才培养目标是使学生的理论知识、实用技能得到全面提升，让学生成为实用型、技能型的职业技术人才。随着现阶段市场经济的发展，以及企业的发展，对人才的能力提出了更高的要求。高职院校开展教学活动时需要两手抓，一手抓好学生的理论知识，一手抓好学生的动手能力。因而，高职微课教学活动中，实验实训教学是必不可少的，甚至在某些学科中占有很大的比例。对于实践性强的课程，大部分高职院校会安排学生在实验室自主操作，在实验过程中，学生对实验设备、操作要领存有陌生感，对实验的实施过程也仅停留在理论记忆阶段。对照实验讲义按部就班，这样的训练过程并没有提升学生的实验技能，反而错误不断，场面混乱。而在高职课堂教学中引入微课后，实验实训教学活动的效率将大大提升。教师通过教学设计将相关的实验素材做成微课，学生可以提前观看教学视频，或进行同步实验。对于某些关键步骤，老师也可以亲自示范，制作成微课教学视频，学生在提前观看教学视频之后，会使实验中的错误率大大降低。

学生也可以将自己的操作与老师的视频进行对比，发现自己的问题，不断改进完善。长此以往，学生的细节操作会更到位，动手能力也会有较大提高。对于一些大型设备，学生无法亲自动手，过去只能通过模拟软件训练，或者联系相关的工厂进行实地参观，时间难以配合，学生人数众多，很多细节也无法保证人人都了解到，而高职校园引入了微课教学之后，教师就可以针对这一状况，邀请车间师傅一同制作微课，学生可以反复多次观看，既生动、详细又便利。

第三节　高职微课的应用开发

一、微课在高职课堂应用开发的原则

高职微课教学模式的应用开发相对传统的教学模式更为复杂，不仅是对教师的教学能力和水平提出了更高的要求，对教学活动的规范也有了更多需遵循的原则。这主要是受高职微课资源应用和开发的复杂性和丰富性影响，也是由教育教学行业的专业性所决定的。总的来说，微课在高职课堂应用和开发的原则主要包括：简洁性、生动性、整体性、发展性、效用性、反馈性等原则。

（一）简洁性原则

这一原则是对微课教学内容而言的，它要求高职教师在微课课程教学中注重教学内容的简短精悍。高职微课教学主要是以微型教学视频为传播载体，通常以简洁明了的教学视频呈现教学内容，以最短的教学时间集中表达最重要的教学知识点，因而将微课引入高职课堂应该遵循简洁性原则。在教学时间上，微课教学视频的时间通常控制在十分钟以内，时间较短。相较于传统教学方式，微课教学的表达时间十分有限，教师需要在十分钟以内充分展现教学要点，但这不意味着教学内容可以"偷工减料"，反而对教师的教学设计能力、教学内容的把握分析能力等提出了更高的要求。由于学生是通过观看教学视频后再进行知识点学习，因而教师在进行微课制作之初就保证教学内容简洁，且主题突出。教学效果上，微课教学的重要特点就是在短时间内提高学生学习自主能动性，提高其学习兴趣。

如果内容烦琐，就失去其简短的效用。一旦教学视频内容冗长，主题不集中、重点不突出，学生的学习兴趣将大大降低，微课教学的效果也将大打折扣。因而，微课教学的简洁性原则就要求教师在开展微课教学活动时要围绕一个主题或某个概念进行，而且要直接、不绕弯子，时间控制在十分钟以内，主题越突出、语言越简洁其效果就越明显。在讲课时要用简洁的语言引导学生发散思维，增强学生的思考力，提高其自主能动性。

（二）整体性原则

微课的整体性原则是针对高职微课资源之间的关系来讲的，它要求教师以整体的眼光来思考和利用高职微课资源。在教学资源上，微课是一种新型的教学资源，它以微教学视频为主要内容，同时以丰富的与教学主题相关的资料包为辅助资料。微课教学视频是围绕某个特定教学主题（如教学难点、考点、易错点等）展开的教学内容，而教学辅助资料也是与这个统一的教学主题相关的教学资料。简而言之，微课与其辅助资料需保持教学主题的统一性，在教学内容的连贯上保持整体性。例如，在关于学科史相关知识的微课制作时，教师可以将学科发展历程制作成一个教学主题内容，将发展历程史的重点事迹介绍制作成辅助资源，学生在了解了主要发展历程之后，则可以深入了解相关时期的具体内容。坚持微课资源的主题统一性原则，师生在选择和利用教学资源时能更便捷。尤其是学生在学习中遇到了相关难题时，可以自己观看或下载微课资源进行解答，实现自主式学习。在教学活动实践上，每一次微课教学的全过程都要符合整体性原则。这要求微课教学设计、微课课堂教学、微课师生互动、微课教学评价等微课教学活动的完整过程都集中围绕这个教学主题展开，并保持活动的整体性与连贯性。如此一来，学生通过一次完整的微课教学可以对这个教学主题的相关内容有全面、详细的学习和了解，这样才能促进微课教学的顺利实施与教学效率的提升。

（三）生动性原则

微课教学的重要特点就是提高学生的学习积极性，微课教学在要求简洁明了的同时，还要求生动精美。在教学内容上，微课教学要求言简意赅，即教学主题清晰、教学结构流畅、情节完整，从内容引入、高潮到结论都要具体、生动。在微课教学中的坚持生动性原则，教师可以通过采取多种教学方式相融合的方式开展微课教学。例如，在讲授某个教学知识点时，通过将这个教学内容与实际例子结合起来，在讲述例子的过程中渗透教学内容，这样更易于学生理解，一个合适的案例对教师授课还会起到事半功倍的效果。在课堂教学上，教师讲课不仅要语言简洁，还要生动形象。通过创造悬念精心梳理问题并对其层层递进巧妙设计，利用提问的形式激发学生的好奇心理，在此基础上循序渐进逐层解析，使学生了解与所讲主题相关的内容。通过总结使学生对主题有更深刻的印象并利用课下时间查找其在学习微课过程中需要发散思维的问题，使其主动学习。在教学设计上，微课教学讲究重生动精美。教学视频是微课教学的主要传播途径，教师的语言表达是教师表达内容的呈现方式。不能忽视的是，教学视频兼具声画传播、文字传播等多种特点，教师可以通过丰富教学视频的表现形式提升微课教学的生动性。从课程背景音乐、画面和文字方面要做到音乐动听、画面美观、布局合理、文字精练、结构紧凑。而且在选择音乐的过程中，尽量选取与所讲述的主题相关的、使学生在轻松愉快的氛围中集中注意力获取某个主题的知识。

（四）发展性原则

微课教学的发展性原则针对的是微课教学活动的全过程，教师在开展微课教学活动时需以发展的眼光进行设计开发，以发展的要求和目标实施教学。在教学设计上，教师在微课制作、课堂教学、课后习题、微课资源等环节进行设计时，需要综合多种教学影响因素进行合理设计。例如，在进行微课制作时，需要考虑学生学习的整体水平，教学内容的难点和重点，教学内容的表现形式，以及教学资源包的配置等；在课堂教学阶段，则需要合理分析学生视频学习的反馈，合理设置课堂互动环节及互动内容，把控好课堂教学节奏等；同时，要重视教学反馈和评价，通过师生互动平台与学生展开互动交流，实时了解学生的学习动态等。在教学反思上，教师在微课实施的各个阶段，开展微课教学活动的全过程，以及微课课程教学的整体活动等，进行合理分析与反思并总结经验。例如，教师可以通过师生交流、教师与教师互动交流等进行多方面的交流；或是将微课视频发送至网络平台，通过互动探讨进行优缺点分析。除了交流探讨，教师还需要不断开发微课教学资源，在新的实践中获取经验，通过多种方法的对比分析，得出某个知识点的最佳效果方案等。正确的教学反思可以帮助教师查漏补缺，提升微课教学的质量，进而促进微课教学的发展。

（五）效用性原则

微课的效用性原则主要是针对微课教学的目的，高职教育就是面向就业的教育，也是提升个体职业素质的教育，微课应让学生具备良好的职业素质并能够顺利就业。因而，微课教学的效用性原则是微课教学的必然要求。在教学质量上，微课教学有着诸多优势，但是微课教学也有其自身的特殊性，教师引入微课教学时应该以提升教学质量为出发点进行开发设计，而不能盲目滥用。由于高职专业学科以及课程各有差异，微课的应用程度和范围会有所差别，教师在引入微课教学时，需重视教学内容的特殊性，有针对性地开发微课资源，而不能滥用微课教学。例如，教师可以通过对教学内容进行分析，将微课教学与传统教学融合起来，促进教学效率的最大化，促进教学质量的提升。在教学方法上，教师开发微课资源时，要对教学内容、教学表现形式、教学方法等进行合理设置，针对教学内容选择出最合理的教学设计。例如，高职课程教学注重学生专业技能的培养，而传统的教学模式下，教师只能通过讲述操作步骤、要点等进行传授，教师则可以通过引入微课教学，将实践项目的要点制作成视频，学生通过观看教学视频直观、全面地了解教学要点，且教师可以通过课堂实践课程，让学生可以亲身体验，并课后将教学视频与自己的操作进行对比，对特定的知识点进行查漏补缺，进而全面掌握和提升学生的专业技能。总之，高职课程引入微课教学的最终目的是完成教育目的和教学目标，教师进行微课开发时应始终贯彻效用性原则。

二、微课在高职课堂应用开发的策略

（一）要构建以微视频为核心的教学环境

在传统教学模式下，课堂教学通常以教师讲授教学内容为主，教师通常作为课堂教学的引导者甚至是主导者。这种教学模式虽然有利于教师传达教学知识，但由于缺少教学互动，通常课堂教学成为灌输式教学。而高职教育讲究课堂教学的实用性，注重学生专业技能的掌握和提升。微课教学以教学视频为表现形式，教师通过录制微视频将教学内容简洁明了地传达给学生，无论是理论知识还是技能实践，都可以进行教学视频录制。如此一来，学生的专业知识和实践技能能够实现两手抓，同步提升。在微课教学模式下，高职课程教学通过引入微教学视频开展教学活动，学生可以根据自己的学习安排，自主观看教学视频。同时，微课教学还包含了围绕教学主题相关的辅助性教学资源，为学生提供丰富的教学习题、教学案例等，学生可以通过下载教学辅助资源展开自主学习。此外，在微课教学模式中，教师还通过网络互动平台与学生进行实时互动交流，为学生答疑解惑。不难发现，微课教学模式以教学视频为核心，以互联网等信息化平台为传播媒介。因而，在高职课堂应用和开发微课教学模式，首先需要构建以微视频为核心的教学环境。

第一，微视频是微课教学环境的核心。首先，微视频是一个内容完整且连贯的教学资源链，而非若干个无关联的教学视频个例。各个教学知识点也并非松散的、毫无联系的内容，而是相互联系、相互作用的，是构成学生学科知识体系的重要内容。微视频作为教学内容的传播载体，其传播内容也具有教学知识的整体性、连贯性等特点，教师在构建以微视频为核心的教学环境时，需要注意微视频资源的完整性和连贯性。有了完整的微教学视频和教学辅助资源，学生在了解一个知识点时，即可自行下载或观看相关教学资源，实现自主式学习。其次，高职教学注重教学的实用性，教师在进行微视频制作时也要注意相关教学内容实践操作的重要性。教师可以将微视频按照其适用性，分为知识类教学视频与应用类教学视频。知识类的微视频主要介绍教学理论知识、教学案例、预备知识以及课堂拓展知识等；应用类的微视频则以实践内容为主，如教学项目实践操作过程、教学重点案例剖析等。知识类微视频主要帮助学生初步了解教学内容，学生可以在课前观看微视频，对教学案例、教学知识点引入等内容初步了解，熟悉教学知识点；课堂拓展知识以及其他预备知识则可以在课后进行拓展训练，帮助学生拓宽知识面、开放思维等。应用型视频则帮助学生了解实践操作类项目，并在观看了详细的介绍后自行操练。教师也可以在课堂讲述实践类教学知识点的操练要点，而后播放相关视频内容，这样理论与实践相结合，学生在观看视频后进行操练遇到难点之后跟教师进行互动交流，教师则可以通过课堂探讨、互动交流进行答疑解惑。

第二，课程教学资料是微课教学环境的重要组成内容。与传统教学环境相一致的是，微课教学环境也需要教学设计、课程教学的训练资料等课程教学资源。值得注意的是，微课教学资源与传统教学资源既相互联系，又各有差异。传统课程教学资源通常是教师按照教学进度展开设计，而微课课程教学资源则需要根据微视频的视频资源链进行制作。首先，教师要对微视频链进行合理分析，对微视频资源链的教学内容和辅助资料进行合理配置。教师则应用这些课程教学资料对微视频的相关知识点展开详细分析，便于学生在自主学习中能通过这些课程资源充分了解知识要点。其次，教师则需要根据学生在课前观看微视频的学习反馈再对课程教学内容展开设计，教师在合理的设计后，根据教学需求选择相应的教学资源对课程教学内容进行调整与修改。同时，教师要根据学生的自学动态与课堂教学情况，对微视频教学资源链进行合理的补充与调整。学生在经过了课堂学习后，对知识有了进一步的了解，教师补充调整后的教学资源链，主要是促进学生对知识的进一步掌握。此外，学生可以利用课程资源的教学训练资料，进行课后巩固练习，促进对知识点的理解与内化。

第三，教学互动平台是微课教学环境的重要传播媒介。微课教学模式是一种新型的网络化教学模式，是信息化时代的产物。微课教学模式下，教学视频以及教学资源的上传、观看、下载，教学互动等都离不开互联网互动平台。因而，微课教学模式必须具有一个操作简便、沟通便利的教学互动平台。首先，教师可以通过互动平台分享制作的教学资源，并通过互动平台及时了解学生的学习动态，不断更新教学方案。同时，教师可以在互动平台与学生进行交流，在学生遇到学习困难时帮助学生答疑解惑。其次，学生则可以在互动平台观看和下载微视频以及教学辅助资料。学生经过课前对微视频进行学习，可以对不懂的地方进行记录，以便课堂解答。同时，学生也可以把要点知识制作笔记，以便学习巩固回忆。学生在下载教学资源包之后，可以自行进行巩固深化练习，然后通过互动平台与教师或学生及时探讨，促进疑难的解答与知识的内化。总之，微课教学的互动平台是教师开展教学活动的重要媒介，也是学生进行学习活动的重要平台。教学互动平台的必要性与有用性都表明，教学互动平台是构建微课教学环境的重要构成部分。

（二）要围绕教学环境形成新的教学模式

微课教学环境是开展微课教学活动的基础条件，微课教学模式则是开展微课教学活动的主要方式。由于传统教学模式与微课教学模式有所差异，在微课课程教学中，教师不能直接采用传统教学模式开展教学活动。因而，在微课环境构建完成后，教师需要根据教学环境调整教学方式，进而开展课堂教学活动。但值得注意的是，在高职校园采用微课教学模式，并不意味着完全摒弃传统教学模式，更多的是将传统教学模式与微课教学模式融合。传统教学模式能够适应课堂教学的部分，则进行保留与完善。而传统模式在无法满足微课教学模式课堂教学的情况下，教师则采用微课教学模式的新型教学方法。例如，将微视频教学与课堂教学融合；或者将微课教学与课堂探究式教学结合起来等。总之，在微课教学环境中，信息化技术的使用可以促进教学活动的便捷、有效。教师需要根据教学内容的表现形式，对课堂教学模式进行合理设计，针对不同的教学内容采取不同的教学方式，实现教学内容与教学模式的契合。合理的教学模式可以促进知识的传达与课程教学效率的提升，帮助教师教学取得事半功倍的效果。

第一，课外学习活动方面。在课前学习阶段，教师通过分享微视频传达教学知识，学生通过观看或下载教学视频展开学习。通常，这一阶段的微视频以概念性知识点为主，学生只需一部电脑或者智能手机即可实现随时随地学习。微课教学模式在学生课前，即通过这种便捷的方式完成课前知识传授。在课后学习阶段，由微课教学模式的微视频以教学微视频与教学辅助资源共同构成，学生可以通过下载教学辅助资料，进行拓展学习或深度巩固练习。同时，在学生的课外学习活动期间遇到了疑难问题，可以通过与学生或老师互动，展开讨论进行解答；或将学习难点告诉给教师，教师对这些问题进行整理，将学生的普遍性难点在课堂教学期间进行解答。这种传统教学与微课教学模式的融合，通过简洁精悍的微视频实现了教学内容的高压缩性与直观性，又充分有效地利用了学生的学习时间，既扩展了教师的教学内容，又延长了学生的学习时间。总之，采用何种教学模式需对微课教学内容进行合理设计，教师也需要在长期的微课教学实践中，不断总结经验，更新教学模式。

第二，教学互动方面。首先，在学生课前学习活动中，教师根据学生的学习反馈调整教学方案，对学生的疑难问题进行整理在课堂进行解答。对于个别学生的学习难点，则可以有针对性地一对一进行指导。其次，学生在课前通过自主学习已经掌握了相关的知识点，教师则主要起引导作用，因而与传统教学模式相比，微课课堂教学更加注重培养学生的独立思考力以及实践探索能力。在这一过程，教师可以通过创建情景案例、组织小组探讨、开展项目分析等教学方式，引导学生在课堂教学期间开展课堂互动。学生之间可以通过交流探讨，协作学习完成知识的吸收。另外，在学生课外拓展学习期间，教师主要任务就是对其进行针对性指导。课堂基础知识的学习较为简单，也具有普遍性，教师可以在课堂进行指导。而在拓展学习阶段，学生的学习兴趣和学习能力各有差别，学生的学习内容也具有特殊性，因而教师则主要利用互动平台，对学生进行个性化指导与交流。总之，在教学互动上，微课教学模式相对传统模式具有更多的开放性与特殊性，教师的引导者地位也更突出。由于不同学科的教学内容不同，教师的教学模式也会有差异。因此，高职教师需要集合教学情况探索不同的教学模式，并在互动教学中更新教学方案。

第三，实践学习方面。高职课程教学注重学生实践技能的培养，然而由于课堂教学时间有限，高职学生的课程实践活动只能在课后进行。在传统教学模式下，学生只能通过课堂上教师关于实践操作要点说明了解到实践训练的相关内容，若课后学生由于设备有限无法进行实践操练，则大多数实践练习沦为纸上谈兵。在实行高职微课教学后，学生则可以通过观看微课教学视频，同步学习实践操作技能。同时，可以通过教学辅助资料自主学习，并解决实践操作中遇到的问题；或者通过教学互动平台，与同学、老师进行讨论交流，进一步完成知识内化的学习过程。微课教学模式对高职院校开展实践教学提供了便利的教学资源与交流平台，有利于实现提升学生专业技能与实践能力的教学目的。因此，在培养学生专业实践技能时，教师可以通过合理设计教学课件，优化应用微课教学模式，改善高职学生专业实践能力培养方案，进而促进学生专业能力与业务能力的全面提升。

（三）要搭建微课教学模式评价体系

微课教学模式的评价体系主要包括教学环境的构建、教学实践效果、教学互动情况、教学总结与研讨等内容。

一是构建教学环境的评价。对于教学环境的评价主要是从教师课堂教学资料的合理性与完整性，教学互动平台构建的完整性与使用程度，微课程教学资源及其教学辅助资料的完整性与合理性等方面进行全面的评估。二是教学实践效果的评价。效果评价的内容，主要包括教师开展微课教学的有效性；学生微课学习的成果，以及教师微课课程设计等方面。最直接的方法就是组织学生参与问卷调查。学生是微课教学的直接体验者，通过学生对微课的教学进行直接评价和打分，可以直观地了解到学生学习的心理需求以及教学体验评价。三是教学互动情况的评价。对教学互动情况进行评估时，主要是指教师是否掌握课堂教学和学生的基本情况，可从课堂教学和教学平台两方面的互动进行评价，课堂教学可通过让学生对教师打分进行评价，教学平台互动可从学生提问和教师回答率、平台访问量和提问量等指标考核。四是教学总结与研讨的评价，主要指教师对微课的内容和效果进行总结分析并通过多参加学术交流会方式来提升课程内容等。评价体系的搭建可以指出教师的优缺点，从而扬长避短。

总之，微课教学以简洁的教学视频为传播载体，以丰富的教学资源为学习资料，以简便的教学互动平台为交流媒介。高职微课教学模式可以帮助学生实现随时随地地自主学习，使学生通过观看简洁生动的教学视频学习理论知识与专业技能知识，有利于培养和提升学生的专业技能。同时，通过教学互动平台与评价体系的构建，促进教学互动与沟通，有利于实现微课教学活动的良性循环。

三、微课在高职课堂的应用开发

（一）微课应用的平台化和网络化

微课作为"互联网+"教育发展的产物，其开发与应用与信息化网络手段紧密相关。在高职微课课堂教学模式下，教师开展教学活动，学生进行知识学习，以及师生互动等都离不开网络技术。教师与学生均能通过计算机、平板电脑、手机等各种方式访问微课；微课则能够以多种形式部署在云计算中心，便于教师与学生灵活地通过互联网进行访问。

一是微课教学的网络化。网络化、信息化技术是开展微课教学的技术基础。微课应用的网络化深入教学活动的各个阶段，并对微课教学发挥着积极作用。在微课教学活动中，教师通过对教学情况以及学生学习状况进行分析，制订出合理的教学计划。在此基础上，教师利用互联网进行教学资料的收集与制作。微课教学资源的设计除了教师进行教学视频录制外，还需要制作与教学主题相关的辅助性教学资料，互联网即为教学者提供了丰富的教学资料以及教学案例等教学资源。教师将教学视频与教学辅助资料上传至教学互动平台，学生即可进行观看与下载。此外，教师还可以根据学生的学习情况，以及学生的学习兴趣等，下载或制作相关的拓展训练习题，帮助学生进一步实现知识的内化。总之，网络化、信息化的应用体现在微课教学活动的各个阶段，且微课教学网络化应用的程度对微课教学的开展有着重要影响。

二是微课教学的平台化。微课应用的平台化体现在微课教学的使用媒介上，微课教学的平台是开展微课教学的重要条件。教师与学生只有通过教学平台才能实现微课资源共享与互动交流。微课教学主要是利用学生在课外学习的时间，进行网上学习。在教师方面，则需要利用互联网平台进行微课教学资源的上传与分享，教师只有将教学资源分享给学生，才能开展微课教学。其次，教师还需要通过教学平台，了解学生的学习动态，以及帮助学生进行疑难解答，全面掌握学生的学习情况。在学生方面，学生通过课前学习了解教学内容，吸收教学基础知识。在课后学习期间则可以登录网络平台，下载相关辅助性资料，通过深度练习进行巩固训练，或是通过学习拓展知识面。此外，学生也可以通过教学平台，与教师或同学进行网上互动交流，通过网络平台进行答疑解惑。

（二）微课程的规划

制订教学计划是开展教学的必要准备活动，也是实现教学目标的重要环节。因此，开展微课课程教学也需要进行微课教学的课程规划。微课课程教学的规划主要分为制定微课教学目标、构建微课教学体系，以及完善微课教学方案三方面。

第一，制定微课教学目标。明确的教学目标有利于教师针对性地开展教学活动，也有利于实现教学目的，提升教学效率。在教学整体目标上，高职教学注重学生综合能力的培养与提升，教师在制定教学目标时应充分考虑教育目标与课程要求。对于专业操作性极强的专业，课程目标应体现出较强的实践性，教师在制订教学目标与教学计划时，应依托行业，分析职业岗位典型工作任务与能力素养要求。从技能角度出发，充分体现专业能力、方法能力以及社会能力。对于学术性较强的专业，则应注重培养学生的知识积累与表达，以及知识面的拓展等。在具体教学目标上，课程教学是一个长期的过程，教师在制定了整体教学目标之后，还需要对各个阶段的教学活动制定详细的、具体的目标。在微课教学的实施过程中，教师逐渐了解了学生的学习水平，可以有针对性地根据不同的教学内容制订教学目标与计划。

第二，构建微课教学体系。高职学习内容丰富多样，涉及的专业内容、知识范围较为广泛，微课简短集中，不能充分涵盖多个教学知识点；而微课教学资源体系则能够更好地扩充教学内容，满足多知识点、多课程，甚至是多专业的个性化知识需求。尽管微课简洁短小，但是不同微课具体表达的知识内容丰富多样，且微课教学辅助资源涵盖内容十分广泛。这是由高职课程的多样化与体系化所决定的。微课教学内容直接传递的是高职课程教学内容，而微课辅助资源则是充分挖掘高职教学内容的辅助与延伸知识，因而微课内容即是传递高职课程教学内容。构建微课教学体系主要是指建立多层次的、多维度的内容索引，成熟的索引体系既便于师生查找教学资源，也便于知识内容的体系化呈现。微课教学体系以教学知识点为中心构建微课体系，实现微课跨课程、跨专业的共享。高职课程可以通过二次成型实现，即课程的初次组织形成微课，强调标准化和普适性；课程的二次组织形成课程，强调针对性和个性化。

第三，完善微课教学方案。高职课程教学不断发展，教学内容随着社会的需求也不断变化，微课开发与应用重视可持续化发展，因而，为增强微课应用的时效性与可用性，需要对微课教学方案及微课版本进行及时更新与完善。首先，随着经济社会的发展，微课教学内容会有差别。教师需要结合市场需求、教育方针等现实条件对微课教学方案进行调整与完善，例如，结合新案例对教学内容展开分析，使得学生掌握的知识技能适应社会发展的需求。其次，在教学版本上，微课教学的表现形式丰富多样，针对不同的教学内容其最佳的表达方式有所差别，教师需要根据学生的学习情况以及教学效率进行调整。且不同的学生对知识的接受程度以及对知识的需求面等都有所不同，在新的课程教学中，教师需根据学生的学习水平进行调整与更新。

（三）微课的设计与制作

1. 微课教学模型

微课教学模型主要是指具有普遍适用性的微课教学设计的模型，涵盖了微课教学的主要步骤及要点。了解微课教学模型，有利于教师熟悉微课教学活动的全部过程，实现微课教学的设计与制作。微课教学主要包括分析、设计、开发、实施以及评价等过程。其中，

Analysis——分析：是指教师对开展微课教学要达到的教学目标、教学任务、教学主体、教学环境、以及教学内容等进行全面的分析。Design——设计：是指教师对要开展的微课教学活动进行课程设计。Development——开发：是指教师针对已设计好的课程框架、评估手段等进行相应的课程内容的撰写、设计和测试等。Implement——实施：教师对已经开发好的课程进行教学实施，同时提供实施上的软硬件支持。Evaluation——评估：教师对已经完成的教学课程及学习效果进行评估。

2. 微课设计与制作的步骤

首先，要分析微课的应用范畴。微课教学具有极强的针对性，微课教学视频与辅助教学资源均是围绕同一个教学主题展开；微课教学资源也并非孤立的、互相无关联的单个教学视频，其教学内容是层层影响、互相补充的。因此，教师在进行微课设计与制作时要针对微课的教学应用范围进行合理分析与设置，增强教学内容的实用性。同时，微课教学的不同阶段，学生对教学资源的使用内容有所差别，学生在课前学习主要是了解教学基础知识，在课后学习阶段则主要是进行拓展训练与知识延伸，因此，教师需要结合微课教学的各个环节进行微课应用的开发与设计。总之，教师在进行微课教学资源的设计与制作时，要结合应用范畴进行综合分析，使教学内容融入教学活动的各个环节。

其次，要选择微课的教学内容与表现形式。微课作为新型的教学资源，为高职课堂带来了全新的教学体验。在高职课程开展微课教学时，教师要注意微课教学内容的选择，以及教学形式的表达。首先，根据教学需求进行微课制作。教师在进行微课制作时，要根据教学需求对需要开展微课授课的教学内容进行微课制作，而不能随意滥用微课教学。好的微课教学视频可以促进学生对知识的理解，提升授课效率。反之，非但不会提高教学效率，还浪费教学资源与学习时间等。对于适宜用微课授课的教学内容进行微课教学设计。其次，教师要根据不同的教学内容选择适宜的微课形式。对于需要进行探究式教学的内容，教师则可以采用微课教学与传统教学相结合的形式，学生在课前即自主学习理论知识，对于深层次的内容则可以通过课堂探究式学习或协作学习等方式，提高学生的思考力与学习力。

最后，要制作微课教学视频。微课教学以教学视频为核心，教学视频的制作需要教师进行精心设计。教师要结合学生的学习情况、教学要求等制订教学计划；然后根据制定的教学计划进行资料收集，确保微课教学视频表达的内容简洁、精确；最后教师要进行教学视频的录制与剪辑，确保微课教学视频的表达符合教学内容与教学需求。微课教学分为理论型微课与实践型微课，不同类型的微课录制场所、教学形式有所差别。对于理论型微课，教师可以选择教室教学的方法，并辅以 PPT 文档的内容开展教学。而对于实践型微课，则可以选择实践活动现场进行讲解，例如讲解实物的使用过程以及重要步骤等。

3. 微课的制作方式

微课的制作流程主要包括微课选题、教学课件、微课教学设计、教学视频资料收集、教学视频录制与编辑、教学视频发布等环节。但是从微课内容的表达形式上来看，微课主要有直接录像式、讲解批注式两种制作方式。

第九章 高职慕课教学模式的构建

第一节 慕课时代高校教学模式改革的理论基础

慕课时代对高等院校进行教学模式的改革主要理论依据如下：

一、以学习者为中心的理论基础

（一）掌握式学习理论

慕课教学模式采取课前学生自主学习的形式。一方面，学生自己在家看教学微视频可以控制时间；另一方面，教师给学生明确地解释课前的学习任务及目标，向学生提供学习线索或指导，满足学生的不同需求，保证每一个学生能够得到了解该生实际状况个别辅导。

（二）主动学习法

主动学习法是在不断反思战前德国的教育弊端后提出的一种教学方法。主动教学法基本含义是强调发挥学生的主体作用，教师通过激发学生主动学习的动机，提供认知学习的环境并给予适当指导，帮助学生自己完成知识的掌握和能力的提升。

主动学习法不仅符合启发式教学原则，体现教师在传授知识方面和学生在学习、掌握知识方面的双主体作用，而且符合中学生的已有一定的知识基础和认识事物能力的生理特点，以及他们希望独立思考和独立行动的心理特点。

关于教学微视频的自主学习，教师应从单纯知识内容的准备转到学生认知过程的条件、规律的准备上来，引导学生去独立地思考、认识新概念。对于以学习者为中心的课堂则实行教学民主，尊重学生，给学生创造一个和谐的学习环境：让学生不仅在课堂上有充分展示自我的空间，在与同学们讨论问题时能独立地发表自己的看法，能给别人的思想、观点以评说。而且让学生长期沉浸在这种需要动口、动手、动脑的实际活动中，开拓他们的思维，使掌握知识和发展能力在学生身上得到有机的统一。

（三）协作学习理论

协作学习（Collaborative Learning）是学习者以小组形式参与，为达到共同的学习目标、在一定的激励机制下为获得最大化的个人和小组习得成果而合作互助的一切相关行为。在教学目标上，协作学习强调通过成员之间密切而主动的对话、交流、协作，发挥每位成员的思维来理解和应用知识，同时改善成员的情感与态度等社会交往能力。

慕课主要以小组协作形式开展高级思维活动，从而正确引发学生深入学习。慕课强调小组成员合作互助，以共享信息与资源、共负责任、共担荣辱为原则，采用对话、商讨、争论等形式对协作学习主题的问题进行充分论证，最终增强学生个体之间的沟通能力以及对学生个体之间差异的包容能力。

（四）探究学习理论

所谓探究学习即从学科领域或现实社会生活中选择和确定研究主题，在教学中创设一种类似于学术（或科学）研究的情境，通过学生自主、独立的发现问题、实验、操作、调查、信息搜集与处理、表达与交流等探索活动，获得知识、技能、情感与态度的发展，特别是探索精神和创新能力发展的学习方式和学习过程。

这个概念表述说明对于慕课的教学模式：所有的探索活动都是学生"自作主张"，教师只是引导、协助学生发现现实生活中实际问题，指导学生选择合适探究学习的内容，并结合具体情况给予其他的方法辅导。整个探究学习过程是学生亲身参与真实情景，掌握解决实际问题的方法，同时获得积极的情感体验。探究学习以问题为导向，问题是学生学习的载体，教师应该了解学生关注和感兴趣的问题是什么，培育创造性地运用知识、加工知识的能力智慧。

二、混合学习理论

混合学习（Blended learning）是继网络学习后，教育领域出现的又一新名词。对于混合学习，李克东教授认为"混合学习是人们对网络学习进行反思后，出现在教育领域，尤其是教育技术领域较为流行的一个术语，其主要思想是把面对面教学和在线学习两种学习模式进行整合，以达到降低成本，提高效益的一种教学方式"。何克抗教授将混合学习更简单地概述为："混合式学习就是要把传统学习方式的优势同网络化学习（E-Learning）的优势结合起来。"既发挥教师的引导、启发、监控教学过程的主导作用，又充分体现学生作为学习主体的主动性、积极性与创造性。将这二者结合，使其优势互补，能够获得最佳的学习效果。

从总体上看，混合学习包括了学习理论、学习资源、学习环境和学习方式的混合。在混合学习中，既体现教师的主导作用，又体现学生的主体地位；网络学习资源和传统教学资源相融合：既创设了网络学习环境，又有传统课堂环境。从学生视角看慕课，使学生课前根据自己的需要，选择适合自己的步调观看教学视频，开展网络学习，完成知识传递；在面对面的课堂中，当学生遇到问题时，随时寻求老师或同伴的帮助，在老师的指导下，同伴间协作解决问题，实现知识内化。由此可见，慕课正是网络学习与传统面授的结合，它将面对面的教学与在线学习进行优势互补，通过创造性的使用技术和微视频的学习活动，提升学习的效果。

三、建构主义学习理论

建构主义学习理论内容丰富，其思想主要来源于认知加工学说，维果斯基、皮亚杰和布鲁纳等人的思想，是近年来流行的一种新型学习理论。建构主义学习理论最先由瑞士心理学家皮亚杰提出，他认为学习者知识的获得，不仅取决于其自身积极主动地获取知识的精神，还需要借助他人（如教师、同伴）的帮助或者查找必要的资料，在与外界客体的交互中获取知识。建构主义学习理论包含情景、协作、会话和意义建构四大环境要素，利用情景、协作、会话等学习环境发挥学生学习的主观能动性，实现对所学知识的意义构建。慕课设计与实施遵循了建构主义的基本思想，以学生作为学习的主体，教师提供必要的资料，并帮助创设情景、协作和会话环境，让学生在自主学习、协作学习中实现知识的意义建构。建构主义学习理论为慕课的可行性和科学性提供了有力支撑。

四、现代认知迁移理论

梅耶在加涅和安德森对知识分类的基础上，提出知识分为三大类：言语知识，即加涅和安德森提出的陈述性知识，这种知识用来说明"是什么"；程序性知识，包括智慧技能和动作技能等一般性的程序性知识，这种知识主要说明怎么做，是一种执行概念；策略性知识，专指认知策略，这种知识主要说明应该怎么做，是一种方法概念。为了统一各学者对知识的说法，认为，知识可以分为三类：陈述性知识、程序性知识和策略性知识。几个主要的现代认知迁移理论分别对这几种知识的迁移做了研究。

布鲁纳和奥苏贝尔将迁移放入学习者的整个认知结构进行研究，提出有意义学习迁移理论。有意义学习迁移理论认为：①一切有意义的学习都是建立在原有认知结构的基础上的，不存在不受原有认知结构影响的有意义学习；②迁移并非单向迁移，而是双向迁移，迁移以认知结构为中介，之前学习的经验并不直接与后继学习相互作用，而是通过影响原来认知结构的有关特性，间接地影响新学习，相互影响的后果可能是正迁移也可能是负迁移；③原有的认知结构变量始终是影响新学习的关键；④教师对学生学习方式的指导也会对学生认知结构的迁移产生不容忽视的影响。有意义学习迁移理论较好地说明了陈述性知识之间的迁移。

罗耶的信息加工迁移理论有两个假设："①记忆是高度结构化的储存系统，人们以结构化的方式在系统内获取和更新信息；②知识结构的丰富性并非始终一致。"罗耶认为：要实现迁移，领会必不可少，但并不代表领会了就能实现迁移，迁移还取决于记忆搜寻过程中遇到相关信息或技能的可能性。因此，要想帮助学生建立抽象的知识结构和认知图式，应尽可能向学生呈现相应的实例和应用情景，而且这些例子最好与真实的生活背景相联系。信息加工迁移理论较好地说明了陈述性知识迁移到程序性知识的过程。

五、自我效能感理论

班杜拉发表论文《自我效能：关于行为变化的综合理论》，提出自我效能感的概念，之后不断地丰富自我效能感理论，并发表《自我效能：控制的运用》，全面论述了自我效能感理论。

班杜拉认为行为的启动及行为过程的维持主要取决于行为者对自己行为技能的预期和信念，这种信念在许多领域都扮演着十分重要的角色，这种信念就是自我效能感。班杜拉认为，知识和技能往往并不能很好地预测人们的行为，因为影响他们行为的是人们对自己行为能力的信念（即结果期望）和他们努力结果的信念（即效能期望）。

班杜拉指出，人们接收并整合直接经验、替代性经验、言语说服及活动过程中的生理、情感状态这几方面的效能信息，形成自我效能感。形成自我效能感的四个因素之中，对自我效能感影响最大的是直接经验。

自我效能感影响人们的认知过程、动机过程、情感过程和选择过程。高自我效能者在面对挑战性任务时往往会更相信自己，更能坚持，懂得放弃无效的策略，最终能取得较好的结果。而低自我效能者在面对挑战性任务时往往容易逃避，不愿意付出努力，容易焦虑且不懂变通，固执地运用无效策略，结果往往不太理想。

六、主体间性理论

主体间性（intersubjectivity）是当代中西哲学视域中的亮点，其基本内涵是在主体与主体的相互关系中所包含的内在规定性，是人与人之间的统一性的关系。

Ａ·莱西在《哲学辞典》中将"主体间性"定义为："一个事物是主体间的，如果对于它有达于一致的途径，纵使这途径不可能独立于人类意识。　主体间性通常是与主观性而不是客观性相对比，它可以包括在客观性的范围中。"尼古拉斯·布宁和余纪元编著的《西方哲学英汉对照词典》认为："心灵的共同性和共享性隐含着不同心灵或主体之间的互动作用和传播沟通，这便是它们的主体间性。"

"主体间性"概念由现象学大师胡塞尔首先提出。胡塞尔先验地认为，每一个人都可以称为一个具有独立性的"自我"，"自我"之外也同时存在着一个或者多个"他我"，由于通过拥有一个共同的世界，所以自我与他我最终成为一个共同体。这样一来，单一的主体性便逐渐让位于主体间性。"我的原处的自我通过共现统觉　构造出那个对我原处的自我而言的另一个自我，由此那种在共实存中原初不相容的东西变得相容了。"因此，他提出应该使交互主体性或主体间性逐渐取代个人主体性。胡塞尔在主体间性理论方面的巨大贡献就在于明确地提出了主体间性是一个极其重要的认识论问题，并进一步强调了主体间的主观性、能动性对于主体间性理论的基础性作用。胡塞尔之后，主体间性理论得到了进一步发展，海德格尔从存在论的视域展开，认为主体间性既是主体与主体的共存，也是主体与主体间的共存，是作为主体的"我"与"我"之外的他者主体之间在生存上的共同联系。海德格尔的主体间性理论并不否认主体性，而是对主体性的批判性超越。伽达默尔的主体间性理论主要集中于文本与读者之间的关系，虽然有着独特的主体间的倾向，但并不是完整形态和完整意义上的主体间性，不过这仍然为主体间性在存在论意义上成为可能奠定了基础，这一点既是对先验主义也是对主体主义的超越。哈贝马斯的主体间性理论不是为了解决纯粹的认识论问题，也不指向于确立一种理想化的生存方式，而是在基于现实的、具体的社会实践活动的基础上，一方面确立主体间交往的历史发展论意义，另一方面探究合理的交往方式能够成为现实的可能。

第二节　慕课在高等院校教学模式改革中的应用

一、慕课在高校教学模式改革中的价值功能

慕课在高校教学改革模式中的价值功能主要从社会角度和教育角度两方面来进行分析。

（一）社会角度

MOOC 会推动教育公平化，目前社会上存在的教育硬件和政策不公平问题是可以克服的，但师资的公平、均衡问题却难以解决。MOOC 这种新在线课程模式，快速得到各界的认可，诸多名校将绝大多数课程放到网上，有了互联网的支撑，优质的教育资源得以高效的传输，教学、师资可能不再是问题，教育公平也有了新的突破点；学习者通过 MOOC，深居简出就能够取得名校的学分；MOOC 还会促进学习化社会的形成。

（二）教育角度

MOOC 打破了不同国家和不同高校之间的教育阻隔，促进了国际教育资源的共享，促使高校的职能发生转变；MOOC 颠覆了以往的教学模式，以往的以"授"为主的教学模式不能跟上网络时代下学生日益增长的求知欲，MOOC 将"学"为本的教学价值体现了出来，让高校教学达成静态知识内容传授向智能教育的改变。学生可以不受时间和空间的限制，享受来自世界任何一所大学提供的高质量的课程资源，更高地提升学生的主动性，可以对课程提出质疑和意见，也可以对教师和课程进行评价，而教师的任务也会由传道讲授向激发鼓励转变，实现教师与学生之间真正的亦师亦友；MOOC 引领的翻转课堂教学方式也会培养学生的辩证思维能力和动手能力，促进学生的全面发展。

二、教学模式改革的动力：慕课学习行为的特征

21 世纪是信息时代，信息技术对社会的大推动显而易见，技术变革带动的社会变革广泛而深远，但其对教学的推动明显滞后。具体表现在两方面，一是信息技术作为深层的

"变革动力"还没被关注，信息技术影响下大学生思维模式、学习方式的改变还没有真正影响到教学。二是信息技术作为浅层"辅助手段"在教学中的应用还不深入，信息技术对具体教学策略的影响还不普遍。换言之，人们还少有"用技术学习"的行动，更缺乏"向技术学习"的理念。作为最具与时俱进品质的高校课堂，在其教学模式变革的进程中，信息技术的兴起理应成为重要的影响因素，基于信息技术的大学生的在线学习行为变化和特点则应成为推动高校教学模式变革的强大动力。通过在线教育公司所做的通识课学情调查，我们发现，大学生的在线学习行为具有"四大特性"，这些学习特性值得引起我们的关注和关心，并为教学模式的建构提供依据。

（一）学习目的多样性

信息技术和互联网在大学生学习和生活中的地位日益重要。网络不仅是大学生学习的重要阵地，也是人际交互的重要载体，基于网络的在线学习方式更加多样，学习空间得以由课内向课外拓展，学习目的更加多样。

数据显示，大学生每天使用电脑的时间，56.91%（424 人）的人在 2 小时以内，35.44% 的人在 2 ~ 4 小时之间，6.17% 的人在 4 ~ 6 小时，1.48% 的人甚至达到 6 小时以上，说明电脑等高科技产品已经成为大学生重要的学习工具。以学习尔雅通识课的学生为例，82.02% 的学生每天利用 2 小时时间进行学习，15.03% 的学生会学习 2 小时以上，部分学生学习时间更长，在线学习已经成为大学生重要的学习方式。除此之外，大学生使用互联网做的较多的事情依次是：QQ 聊天、人人网、与朋友沟通（433 人，占 58.12%）、看电影（372 人，占 49.93%）、浏览新闻、资讯（337 人，占 45.23%）、学习专业知识、为就业做准备（302 人，占 40.54%）、了解自己感兴趣的新知识，如旅游、时尚、数码等（201 人，占 26.98%）足以见得，网络在大学生学习生活中的作用日益凸显，上网已经成为大学生活重要的组成部分，学生上网的目的以学习为主，但也兼顾了社交、娱乐等多种需求和目的的达成。网络不仅是大学生课程学习和课外学习的重要阵地，也是其人际交往和娱乐休闲的重要载体。

基于网络，大学生的在线学习方式更加多样，在学习时间的选择上，35.03%（261 人）的大学生每天登录学习，26.44%（197 人）的大学生周末登录学习，22.28%（166 人）的大学生不固定时间学习，仅 16.24%（121 人）的大学生严格按照院系规定的时间、机房进行学习。在学习地点的选择上，42.68%（318 人）的大学生在寝室进行在线通识课程学习，26.44%（197 人）的大学生在机房学习，21.48% 的大学生在图书馆、自习室、教室学习，

6.85%（51 人）的大学生在网吧学习，还有 2.55%（19 人）的大学生不固定学习地点学习。得益于网络学习的无处不在和便捷性，80% 以上的学生得以从以往僵化的教学安排中解脱，能自主安排学习进程，选择学习方式，在学习地点上，传统意义上不太发挥学习功能的寝室也成为最主要的学习场所，成为课堂教学的有效延伸，固有课堂的时空界限被打破，意义非凡。

（二）学习方式移动性

调查表明，移动学习是大学生学习尔雅通识课的主要方式，但上网条件仍是制约在线教学发展的一大瓶颈。

接受调查的 745 名学生中，有 325 人（占 43.62%）拥有电脑，自有比例较高，为信息化教学提供了条件和支撑。学生学习尔雅通识课的主要数字设备依次为笔记本电脑 46.31%（345 人）、台式电脑 43.36%（323 人）、智能手机 6.58%（49 人）、平板电脑 2.42%（18 人）、其他设备 1.34%（10 人）。笔记本电脑是学生进行网络在线学习的最主要数字设备，其与智能手机、平板电脑等共有的可移动性特点，为移动学习带来便利，也更加符合网络在线学习的特点和学生碎片化时间的利用和管理。但不容忽视的是，台式电脑仍是网络在线学习不可或缺的电子设备，它在很大程度上解决了移动数字设备缺乏状态下的在线学习问题。调查显示，36.51% 的大学生通过自有电脑进行学习，30.07% 的大学生利用学校机房的电脑进行学习，15.3% 的大学生借用同学的电脑进行学习，9.66% 的大学生在图书馆电子阅览室学习，6.85% 的大学生在公共网吧上网学习，还有 1.61% 的大学生采取多种载体进行学习。换言之，自有电脑设备（包括同学之间互借电脑）解决了 50% 以上的在线学习条件问题，但学校机房、电子阅览室、网吧等公用电脑也成为另外 50% 左右学生的学习载体。这也较好地解释了为什么学生自有电脑持有率较高，但上网设备仍是制约在线教学发展的一大瓶颈的原因（53.83% 的学生认为，在线课程学习遇到的最大困难是"上网条件、设备不理想"，这一比例与学生群体中无自有电脑者比例大体相当）。这一现象需要引起我们重视，开展网络在线教学，进行网络硬件设施建设刻不容缓，在线学习不可能依靠学生自我解决所有的上网条件。网络教学要实现通畅，就如传统课堂教学需要安排好教室、教师，确保教室多媒体设备运转正常一样，需要架设高速、便捷、随处可用的网络，需要数量充足、设施精良、方便易得的电脑、智能手机等网络终端。我们在加强教学资源等软件建设的同时，还要充分关注无线网络、教学平台、公用机房等硬件建设，以满足跨时空、无边界学习之需。

（三）学习内容开放性

在线学习的最大吸引力在于其弹性和学习内容的开放性，传统教学与在线学习的有机结合是教学方式变革的新走向。与传统教学相比，在线学习的内容全面开放，学生可以进行无障碍的学习。关于传统课堂授课的最大弊端，55.3%的大学生认为是"有时间、地点限制"，20.81%的学生认为"比较不自由"，而与之对应，学生认为能够促使其参与网络在线学习的最主要原因依次是："网络学习功能多且有趣，学习资源丰富"（39.19%）、可以自己安排学习，学习过程自由"（28.32%）、"学习活动设计新颖有趣、充分交流"（20.81%）。可见，在线学习符合弹性学习的理念，有利于保障学生的学习自由，体现学习的主体性，其高度开放和共享的特点，又能满足学生对多元知识的渴求和多向交流的向往，增强教学的信息量和互动性。

（四）学习过程互动性

在线学习成功的关键在于增进教学互动。调查显示，在线学习不能吸引注意力的原因主要包括客观和主观两方面。客观方面，占据前四位的分别是：课程缺少交互性（42.68%）；学习资源不够丰富，影响学习兴趣（39.06%）；缺乏全面、及时、便捷的学习支持服务（30.47%），缺乏有效的网络学习过程评价、监督体系（22.82%）。主观方面，占据前四位的分别是：网络学习能力、操作水平不高（35.3%）；自我控制能力不强（31.95%）；工作、生活占用的时间多、压力大（29.26%）；受其他同学的影响（13.29%）。

由此，在线学习的成功需要主客观多方的努力，既需要从学习内容、学习资源、学习评价、学习支持等方面提供相应的条件，建立相应的系统，营造良好的学习氛围，提供必备的制度保障；又需要从学习者的自我学习能力、自我控制能力、时间分配能力和自我成就意识方面加强教育和引导。只有双管齐下，外塑其"形"，内练其"功"，内外兼修，在线学习才能迸发出生机和活力，也才能取得超越传统教学的效果和效益。而所有主客观努力的最终目的都在于激起师生双方的教学互动，增进师生的教学活力和热情。在线学习中，学生需要老师做的事情，依次是：参与讨论，引导我们进行积极思考（46.98%）；及时解决提出的问题（34.63%）、及时反馈作业情况（15.3%）。学生喜欢教师安排的网络课程教学活动排名靠前的是小组讨论（33.29%）和教师在线答疑（28.59%），学生最希望增加的资源是课程互动学习资源（25.5%）。91.54%的学生赞同或者比较赞同教师在网络在线课程教学中采取小组合作学习的方式，而84.16%的学生认为，传统课堂教学的最大好处在于"和老师同学面对面，沟通交流更方便，学习氛围更好"。63.62%的学生在学习网络通识课程时会与老师、同学交流，43.22%的学生会经常与师生交流网络学习经验。81.21%的学生认为，即便进行网络在线学习，也需要老师进行课程辅导。可见，在传统教学与在线教学的双向比较中不难看出，增进课程教学的互动性是激发学生的学习兴趣，提高课程教学有效性之关键所在。应该看到，在线学习在超越传统课堂教学的课程互动性方面具有自身的优势，比如网络社区所形成的生生互动的空间就能有效打破传统课堂的地域、时空限制，让师生、生生互动更加频繁、迅速和便捷。可以预见，随着在线学习对师生教学互动问题的有效破解，其对学生的吸引力会进一步增大。

大学生在线学习行为的"四大特性"，是我们变革教学模式的重要参考依据。

三、基于 MOOC 的高校教学改革模式

（一）MOOC 建设的整个流程

1.服务器的建设和确立

首先第一步就是要甄选服务器，也就是 MOOC 存放的平台，要建设一门 MOOC，服务器是不可或缺的。MOOC 一般都是高清的录制视频，访问量一般都很大，在建设一门 MOOC 之前，不仅要考虑课程存放的主服务器，而且要选择存放视频内容的网络服务器。主服务器主要考虑它的各方面的影响力（知名度、学术认可度等）、MOOC 学习者的来源和对学习者的号召力等，网络服务器主要考虑它的专业技术能力、视频访问速度以及其他附加要求等（例如植入性广告、视频水印等）。目前国内技术比较成熟、影响比较大的网络服务器有网易、优酷、百度云盘、腾讯微云等。

2.课程教师的选择

当 MOOC 的服务器平台确定之后，授课教师就应该开始对自身进行审查，由于 MOOC 相对于以往的精品课程所要付出的精力和投入更大，自己讲授的内容和讲课风格是否适合 MOOC，教授的课程是否值得开设 MOOC，教学效果是否会有质的改变，这都需要仔细权衡。主要有三方面：①教学水平。需要客观地衡量自身的教学水平和评价自身的教学理念，如果在业界有特色和相关优势，这就值得放手一搏。②MOOC 学习者。如果学习者本身对

于这门课兴趣不大，那么制作再精心的 MOOC 的选课量也不会太多，这就涉及学校对其的宣传力度和教师在学生中的影响力等。③同行的竞争。如果已经有同样的课程发布，并且人气很旺盛，那么教师就要衡量是否参与竞争。这就需要教师拥有与众不同的优势或者独树一帜的授课手法，例如教师的 MOOC 课件做得十分精美、教学理念和教学思路另辟蹊径等，都可以为判断课程是否适合做成 MOOC 提供帮助。

3. 学习者的选择

高校原本的课程都有固定的学生。作为授课教师对于学生的姓名、性别、专业和年级等都会有基本的了解。当此门课程改为 MOOC 时，如 EDX 上的一些课程在选课时就会注明学习者所需的专业和所要具备的基础知识，还有些课程的学习者不仅是学生，一些社会人员（如公司职员、警察等）也会选学这些课程，所以对于学生一些基本信息的了解就需要重新考虑。总而言之，必须在注明和明确课程所针对的学习者的学历层次和所需基础之后，才能更好地制定教学大纲、选用教材等。

"课程收费"项目是这两年新提出的一个项目。如 Coursera 在 2013 年提供的"收费差异化"服务：当学习者交纳费用后，在学习和考试的时候平台会提供人工和脚本两种学辅服务，通过对学习者身份的确定，从而提高考试证书的价值。而 MOOC 发布的教师会从中抽取部分利益，而且不需要额外的操作。

（二）MOOC 课程的内容：线上内容和线下内容

线上教学内容是由教师的课程制作和学习者的参与互动组成的，教师负责的内容有课程视频、快速测试、课程作业、课程考试和补充讲解；学生参与的内容有课程维基的建设和其他形式的互动。而线下内容主要有三种常见的形式：线下见面交流会的受众比较有限，一般是由学校附近的学习者自发开展，在约定的时间在约定的地点学习者聚集在一起进行学业交流；学习社区多数是由网络公司组建的，少数由学习者自主建立的，由于不受时间和空间的限制，学习者可以更便捷地进行学业交流，同时也是 MOOC 推广的一个重要平台；翻转课堂也是线下内容的一种，但是仅限于学校开设了与慕课一致的常规课程，它的受众一般是学校内选修该门课程的学生。

第三节　慕课时代高校教学改革对策

一、教育主管部门的政策和制度支持

国外MOOC多为非营利性，学校财团和相关附属机构成为其在建设过程中的主要支撑，也有小部分在建设过程中与风投公司进行商业化的合作。国内高校主要是依托政府投资的单位，高校的MOOC建设也需要政府的政策制度和财政支持。MOOC进入国内的时间不长，目前仍处于初期阶段，在发展的过程中避免不了行为失范与乱象。这就需要教育主管部门出台相应的政策和制度，从宏观上对MOOC的发展进行引导，以防出现"三分钟热度"的情况。

综观国外MOOC的典范"Coursera""Udacity"和"edX"发展过程，他们从建设初始到如今的成功离不开国外宽松自由的制度环境。国内教育主管部门在拟定MOOC相关政策和制度时不应太过详细，对新事物的了解和认识是需要一个过程的，过于拘束的环境会抑制其发展。但是在MOOC基础建设领域需要教育主管部门出台相关规范。如：MOOC提供者的资质水平要求、高校开展国际交流合作、MOOC学分认证、MOOC建设中政府投资和民间投资等。

二、企业的风险投资和技术支持

目前国外MOOC平台"Coursera""Udacity"和"edX"都得到了风险投资公司、银行基金会等企业的注资。

虽然MOOC平台尚未形成完整的盈利体系，但在未来MOOC有趋势发展出多样化的盈利渠道。例如：平台提供的附加服务项目如作业评估、VIP社区建设等。MOOC平台的高访问量也会吸引广告商的加盟。这些收益模式都有可能为高校MOOC建设吸引大量的投资。

从技术支持角度来看，目前国内MOOC公司主要分为两类：一是有专业MOOC制作业务的公司。二是平台供应商，如泛亚等，这类公司占多数。在建设MOOC的过程中要根据自身情况选择合作公司，如果只重视平台的建设而忽视了MOOC制作的技术支持，那么开设的MOOC也只有"空架子"，上线之后必然会让学习者失望，最终沦落为无人问津的精品课程和国家公开课。

三、高校加强 MOOC 教学改革力度

第一，高校应认清传统"大讲堂"式教学的不足，要在明确 MOOC 教学的实践意义和必要性的基础上，把握机遇推进教育改革，鼓励教师在课程开放和教学设计等方面进行 MOOC 尝试。

第二，高校要借用 MOOC "以学习者为核心"的理念，开展教学改革和创新。在课程的设置环节，开设教学试点的，给予教师政策和技术的支持；从内容的设置环节中实现课程内容由"结构"主义转化为"解构"主义，学习内容整合重组、模块式划分，教学方式从单一的讲授式扩展为线上、翻转课堂等混合教学方式。

第三，将市场运营机制引进高校 MOOC 建设，与第三方机构进行合作加盟，宏观地规划和协调整个建设过程。协调社会组织如各用人单位、各种协会、科研机构参与到评估环节，借此完善高校 MOOC 教学评估体系。

四、高校教师加强 MOOC 教学实践

MOOC 的到来不仅改变了传统教学产业，同时也改变了传统教学职业。教师在传统的教学模式下基本上是独自完成课程备课、课堂讲授和作业批改。MOOC 会让教师更像是一个产品经营者，除了专业必备的能力之外，还需要熟悉媒体新技术以及其他与 MOOC 相关的应用技能。高校教师要认清即将到来的挑战：

首先是与学生的位置发生交换，传统的课堂教学多采用灌输讲授的方式，而 MOOC 打破了这一传统教学理念，重视学生的个体需要。这就要求教师在角色转变过程中开展有针对性有特色的教学设计，否则学生就可能选择其他名校名师的 MOOC 课程，因此教师要认清高校教育的发展趋势，根据课程的特性，寻找出自身优势或发掘出创新角度，勇于开展 MOOC 相关的教学实践。

其次是同行之间的竞争，MOOC 的到来打破了原有的教学模式，所有的教师无论资历都处于同一起跑线，要么制作出广受欢迎的慕课课程，成为名师，要么是在竞争中被淘汰，转型为教辅人员。

最后是理性的选择，MOOC 不是万能的，教师在实现教学创新和改革的过程中不能盲目地全盘吸纳 MOOC 模式，要"取其精华，去其糟粕"，也不能走形式主义，要从根本的思想理念上进行转变，这样才能更好地推进和落实 MOOC 教学改革。

第十章　高职专业课程思政教学改革与实证研究

第一节　课程思政的内涵

一、高校"课程思政"的基本内涵

"其他各门课都要守好一段渠、种好责任田，使各类课程与思想政治理论课同向同行，形成协同效应"。这句话来自全国高校思想政治工作会议上习近平总书记对"课程思政"理念的表述。也正是基于这次会议上的讲话，"课程思政"的理念在全国得到重视和推广。这次会议之后，高校的学者在响应中央精神的前提下，对"课程思政"进行了研究，其中就包括对"课程思政"的概念界定进行了探索与论证。本章节总结出了对"课程思政"内涵解释的几种代表性意见。

高德毅认为"课程思政"的实质是将高校的思想政治教育融入课程的各方面，"课程思政"并不是简单地增设一门课程，也不是一项活动。高德毅认为，高校开展"课程思政"建设，需要在各门课程中发掘出思政元素，将思想政治元素融入各类课程的教学过程中，从而实现教学过程知识传授与价值引领的统一，充分实现思想政治理论课程的显性思想政治教育与其他非思想政治理论课程的隐性思想政治教育的有机统一。在这个过程中不仅需要高校教师实现对专业知识的深度理解和运用，同时还要探寻出知识点中蕴含的思想政治教育元素，从而实现对学生的知识传授与价值观教育。

梁暹对"课程思政"的理解是这样的，高校的"课程思政"建设需要发挥教师的主体力量，高校教师在对学生进行知识传授的基础之上，让学生将所学习到的知识转化成为内在的德行、自身精神系统的构成要素，从而成为个体认识和改造世界的一种能力和方法。对"课程思政"的解释主要体现出教师的主体作用，教师不仅需要将知识对学生进行传授，同时还需要引导学生将专业知识的学习与自身道德建设结合在一起。

狭义的解释是除思政课程之外的课程当中融进思想政治教育。即"课程思政"的实施范围是在思政课程之外的所有课程，实施的方式是在相关课程中通过融入的方式进行思想政治教育。相对应的广义的"课程思政"，指的是以思政课、专业课、综合素养课程三种课程类别共同对受教育者进行思想政治教育。广义"课程思政"的开展不仅可以借助课堂教学的形式进行思想政治教育，而且还有包括科研、实践、互联网等其他非课堂渠道对学生进行思想政治教育。"课程思政"的广义和狭义概念之间的区别主要体现在课程实施范围和实施方式上。在课程实施范围上，狭义的"课程思政"是不包括思政课程在内的所有课程，而广义的"课程思政"是包括思政课程在内的所有课程；"课程思政"在实施方式上，狭义的"课程思政"实施的方式是课堂，而广义的"课程思政"在实施方式上主要是包括课堂形式在内的其他多种非课堂形式。

学界专家对"课程思政"有不同的理解，但是综合上述学者对"课程思政"概念的解释，可以得出对"课程思政"概念的公认基本观点。"课程思政"的内涵可以这样表述，"课程思政"既不是增设一门课程，也不是开设一项活动，而是一种教育理念，这种教育理念是通过教师有效地引导、发挥各类课堂的主渠道作用，在各类课程当中融入思想政治教育元素，使思政课程与其他课程在育人上同向同行，实现对学生的立德树人教育。本文在撰写时，主要就是在这一概念的基础上，通过高校管理、教师队伍建设、课程设置三个研究视角对高校建设"课程思政"的原则与路径进行探索。

二、高校"课程思政"的理论特征

（一）全面性

"课程思政"具有全面性的特征。这一特征主要指的是"课程思政"在高校建设时所体现出来的全员、全课程、全体系育人的特点。

全员育人的特点指的是，高校建设"课程思政"时，需要各类课程的教师充分挖掘课程中的德育因素，全体教师共同参与到"课程思政"的建设中，发挥出课堂育人的主渠道作用，实现对学生知识传授与价值引领的统一。就高校层面来讲，除了教师参与"课程思政"建设之外，高校的管理人员也需发挥所在部门的作用，以实现高校立德树人任务为目标，推进高校"课程思政"的建设。全课程育人的特点，即"课程思政"的实施范围是所有的课程，"课程思政"是显性德育课程和隐性德育课程共同育人的统一。这里所讲的显性德育课程就是高校开设的思想政治理论课程，隐性德育课程就是除思政课程之外的所有课程。正如韩宪洲所提到的，"课程思政"提出之后，课程的育人由零散的转化为系统性的，认为，这里所讲的课程育人的系统性指的就是所有课程共同参与、育人资源的整合性。全面性的另一个体现就是全体系育人。高校的人才培养体系涉及学科、管理、教学、教材以及思政这五方面的体系，高校建设"课程思政"需要高校管理层的共同参与，以及全体教师在学科本身、教学过程以及教材上挖掘思政资源，"课程思政"在高校的推进中需要将思政体系贯通于其他四种的体系之中。"课程思政"的全面性特征还体现在学生在高校学习的全过程中，学生在高校的学习从入学开始就需要接触到课程学习，从入学到毕业所学习到的各类课程都会体现出思想政治教育的因素，在学生学习、成长、价值观形成的过程中，都会通过润物无声的方式接受思想政治教育，实现自身道德修养的提升，最终高校实现对学生的立德树人教育。

（二）自主性

自主性是高校"课程思政"的第二个特征。自主性的主要体现是就高校层面来讲，高校可以根据本校的特点以及发展目标，根据本校的实际发展情况，遵循学生的学习发展规律，规划出适合本校建设"课程思政"的形式。例如，以上海海洋大学为例，该校是以海洋类的专业为主，在新时代的发展目标之一是在2020年，将学校建设成为海洋、水产和食品三大主干学科优势明显的特色大学。结合这样的发展目标，上海海洋大学在"课程思政"的推广中，将《鱼类学》这门课程作为"课程思政"建设的重点课程，将其作为重点的发展课程，是为实现建设成海洋学科优势明显的特色大学做准备。因此说，高校在进行"课程思政"建设时是具有自主性的，自主性的发挥需要高校在进行"课程思政"建设时结合本校的实际情况，探寻出本校的特色所在，规划出适合本校特点的"课程思政"方式。就教师层面来讲，教师在推进"课程思政"建设过程中，需要结合学生的特点和课程的内容，将自身的教学自主性进行充分的调动，最大限度地整合课程中的思想政治教育资源。以《大学英语》这门课程为例，这门课程主要是学习西方的文化，在学习西方文化的过程中，如果教师引导不当，容易引起学生对西方价值观与我国价值观的冲突。因此，作为英语教师在课程中推行"课程思政"时，不仅需要将西方的文化讲解明晰让学生认识，同时还需要有效引导学生对我国文化的价值认同，培养学生的家国情怀。综上所述，高校"课程思政"具有自主性的特征，自主性的特征主要体现高校统筹规划以及教师课程设计，需要依据"课程思政"的要求以及自身实际情况，进行自主的规划。在"课程思政"教学理念的引导下，通过自主性的发挥激发起高校教育者在实际教学中对"课程思政"教育理念落实的积极性，使"课程思政"理念在课程中得到有效的运用。

（三）时代性

"课程思政"概念的提出是基于全国高校思想政治工作会议，经过这次会议，"课程思政"的概念得以衍生。全国高校思想政治工作会议的召开表明中央对高校思想政治教育工作的重视，"课程思政"正是加强高校思想政治工作的教育理念，落实该教育理念，对于解决我国高校在思想政治工作方面遇到的问题起到助推作用。"课程思政"是响应国家的号召，为解决高校思想政治工作的问题，顺应高校思想政治工作发展情况而提出的，"课程思政"教育理念是与时俱进的，同时也是具有问题导向的，"课程思政"教育理念是随着时代的发展而提出的。再者，习近平总书记讲到，高校培养的人才应当具备进行社会主义建设的能力。这就需要高校培养的人才要达到德智体美劳全方面的发展，把"德"放在第一位，说明高校对人才的培养要重视德育，推进高校的立德树人教育任务。"课程思政"这一教育理念正是高校立德树人教育的体现，是对学生德育的重视。"课程思政"教育理念的提出与国家的教育思想是一致的，同时教育思想的提出也是与时代的发展相一致的，是为解决目前高校学生的社会主义核心价值观缺失而提出的有效举措，对于解决当前高校学生的教育问题具有推动作用。"课程思政"教育理念的提出，与新时代的背景是相符的，是新时代背景下教育理念的发展。因此，"课程思政"教育理念是随着时代的发展而提出的，是与时俱进的，具有时代性的特征。

第二节　高校"课程思政"的理论基础

一、人的全面发展理论

实现人的全面发展，是马克思和恩格斯的理想追求。马克思主义中对人的全面发展的研究，涉及《德意志意识形态》《共产党宣言》等著作，都有对人的全面发展理论的阐释。马克思曾明确指出未来的理想社会是"以每一个个人的全面而自由的发展为基本原则的社会形式"，将人的全面发展作为未来社会发展的基本特征。马克思主义中关于人的全面发展涉及人的能力、社会关系、个性等方面。同时，马克思主义有关人的全面发展的学说是一个实践性的过程，这个实践的过程需要通过生产力、教育和学习。时代在变迁，社会在进步，人才的发展需要与社会的发展需求相一致，中国特色社会主义社会需要有理想、有本领、有担当的时代新人，"课程思政"正是为顺应时代的人才需要而提出的高校教育理念。

高校的"课程思政"正是通过教育和学习的方式将人的全面发展向前推进。高校的"课程思政"建设是与时代的发展相一致，适应社会的发展趋势而提出的。高校进行"课程思政"建设是在各类课程中融入思想政治教育的因素，使思想政治教育贯穿于教育教学的全过程。这个过程中，以学生为中心，使学生在知识学习的过程中兼具道德水平的提升，从而促进学生的全面发展，为实现人类自身的自由和解放做准备。"课程思政"教育理念的目的是为国家培养出进行社会主义建设的人才，培养出德智体美劳各方面都得到发展的社会主义人才，"课程思政"的教育任务紧紧围绕对学生的立德树人教育而进行。高校进行"课程思政"建设与马克思主义人的全面发展学说是一致的，并且人的全面发展学说是"课程思政"建设的理论基础和价值引领。高校"课程思政"的建设是马克思主义有关人的全面发展学说在我国运用的新实践，是具有中国特点的高校教育新理念，同时也为共产主义的实现起到了促进作用。

二、潜在课程理论

潜在课程理论最早是由美国的杰克逊提出，潜在课程是相对显性课程来说的。多个国家的学者都对潜在课程理论进行过研究，学者柯尔伯格认为，可以将潜在课程作为促进道德成长的方式；学者林江青认为，潜在的课程是隐藏在正式课程以外的课程。

综合两位具有代表性观点的有关潜在课程的理解，可以总结出这样的结论，潜在课程具有隐蔽性的特点，潜在课程是教师在非正式的课程中对学生进行的德育。这一特性与"课程思政"的理念正好相符，进行"课程思政"建设所涉及的课程包括思想政治教育理论课程和隐性的思想政治教育课程。显性的思想政治教育课程就是思想政治理论课，隐性的思想政治教育课程包括综合素养课程和专业课程。高校进行"课程思政"建设的重点是在非思政课中挖掘出德育因素，即能够在思政课程以外的其他课程中融入思想政治教育的价值观。运用潜在的思想政治教育课程对学生进行思想政治教育不同于思想政治理论课程的教育，思想政治理论课是一门专门对学生进行德育的正式课程，而"课程思政"是重点是在专业课和综合素养课程中融入思想政治教育的元素实现对学生润物无声的德育教育。高校的"课程思政"建设充分地将思想政治教育的隐性课程进行发掘，发挥出高校开展思想政治教育的隐性课程，运用隐性课程实现高校的立德树人教育目标。按照这样的逻辑理解，潜在课程理论为"课程思政"在高校的建设提供了理论层面的指导。

三、建构主义理论

建构主义理论最早是由瑞士的皮亚杰提出，该理论与心理学直接相关，这一理论的核心理念是认识的过程是在已有知识结构的基础上进行的重新建构。建构主义的学生观认为，要以学生为主体，注重学生对知识的主动建构与自主探索。建构主义要求教师在教学过程中，要在学生已有知识结构的基础上，依据学生已有的知识基础重新建构起新的知识结构。

高校进行"课程思政"需要对教学方式以及课程进行改革，实现对学生润物无声的道德教育。建构主义理论对高校教育的启示是，教师在教学的过程中，应当充分发挥学生的主动性，改变注入式的灌输课堂形式，有效运用课堂的教学情景，在学生已有知识结构的基础上让学生进行知识的主动建构。例如，教师在将专业课程当中的思政教育资源进行选取时，需要考虑学生的知识基础，选取与学生联系紧密的案例，同时又能引起学生的共鸣，通过这样的方式在高校推进"课程思政"建设，能够加强学生对"课程思政"的认可，对教师在课堂上落实"课程思政"教育理念方式进行接受，在学生接受的基础上，实现对学生的思想政治教育，潜移默化地实现对学生的立德树人教育。高校进行"课程思政"建设，是让教师充分的挖掘课程中的德育资源，实现对学生润物无声的德育。高校"课程思政"的推进，可以运用建构主义的理论来进行指导。"课程思政"的实施过程中，课堂教学中融入对社会主义核心价值观的教育是"课程思政"的目标之一，为实现这一目标，教师需要以学生为主体，结合学生已有的价值观，并且分析学生已有价值观的成因和实质，对学生进行正确价值观的引导，让学生在已有价值观的基础上建构起新时代所提倡的符合社会发展要求的社会主义核心价值观。

第三节　高校"课程思政"建设的原则

高校的"课程思政"建设主要是在专业课程中融入思想政治教育元素，发挥思政课程的引领作用，各类课程落实好立德树人的教育任务。结合高校进行"课程思政"建设的挑战与成功经验，以及学术界中专家学者对"课程思政"建设的研究，本章节对高校"课程思政"建设的原则进行了探索，通过对"课程思政"的原则进行探索与研究，能够总结出"课程思政"建设遵循的基本规律所在，同时最终要将"课程思政"的建设原则落实在高校的建设中，指导高校的"课程思政"建设，为"课程思政"的建设提供依据和方向。通过对"课程思政"的理论分析以及实践经验总结，对"课程思政"的具体原则进行了总结，分别有德育为先原则、以人为本原则、整体设计原则、有机融入原则、特色发展原则。

一、德育为先原则

德育是高校教育的灵魂所在，党的十八大报告中首次提到要将立德树人作为教育的根本任务，国家对高校进行学生培养的任务进行了规定，这就需要教师的教育教学活动要围绕"立德树人"来进行，重视德育，把德育教育作为高校人才培养的第一要务。"课程思政"建设的原则当中要以德育为先，这正是对立德树人任务的回应。教师教学过程中始终将德育为先作为其教学原则，对促进思想政治教育思想在教学过程中的落实具有推进作用，同时能够对高校的办学性质和方向产生决定性的影响。德育为先原则要做两点：其一有效发挥德育的导向和保证职能；其二明确德育为先不是以德取智，而是实现课程教学的价值引领与知识传授相统一。

中央16号文件指出"要把大学生思想政治教育摆在学校各项工作的首位，贯穿于教育教学的全过程"。按照中央的要求，高校在对学生进行培养时，不仅要注重对学生智力的培养，同时也要加强对思想政治教育的重视度，要将对学生进行思想政治教育置于首位，教学过程中注重德育教育。"课程思政"建设的主要范围是学校开设的课程，德育对学校中的其他教育具有一定的制约和影响作用，主要是指德育对学校其他教育的定向、驱动和保证作用。德育的导向和保证职能不仅对受教育主体产生直接影响，更是对学校的其他教育产生间接的作用。学校的教育最直接的形式是教育主体运用教材对受教育者进行教育，在这个过程中课程教学的理念设置对受教育者的教育效果有引导性作用，在各类课程的理念设置中将德育设置为首要的原则，能够有效发挥德育的导向和保证职能。"课程思政"建设中坚持德育为先原则，可以引导受教育者的思想政治观点、道德观念，以及对今后从事的政治、经济等方面的实践产生一定的方向性指引作用。因为受教育者在接受知识后是一个内化于心、外化于行的过程，在这个过程中学生的个人品行对其行为产生导向性的作用。教师教学过程中坚持德育为先原则不仅保证高校的办学方向能够与社会主义的办学方向一致，同时对受教育者来说有效保证了其道德的发展与新时代所提倡的大学生思想品德发展要求相一致。

"课程思政"建设中教师要坚持德育为先原则，同时也要摆正德育的位置。德育为先原则并不是指以德代智，也不是指为了德育发展放弃其他方面诸如体美劳方面的发展。德育为先原则要有效做到以德行的教育对其他方面的教育产生影响，进而在课程教学中实现德育潜移默化的影响力，"课程思政"建设主要是为了推进高校培养出德智体美劳全面发展的人才，贯彻和落实全国高校思想政治工作会议精神，以国家的教育思想为指导，实现对学生的立德树人教育。

二、以人为本原则

教师是对学生进行教育的直接关系人，教师对学生进行教育时，需要坚持以人为本的教育原则，教师的教学活动始终以促进学生的发展为目标。"课程思政"建设是落实立德树人教育的途径，是对"三全育人"体制机制的健全，目的是为国家培养出合格的社会主义建设者和接班人，"课程思政"建设需要教师发挥出专业能力，挖掘课程中的育人资源，实现对学生的德育。高校进行"课程思政"建设需要教师充分落实以人为本的教育理念，以学生为根本，注重学生德智体美劳全方面地发展。以人为本需要将教育的目标的设定与促进学生的全面发展进行结合，以人为本在"课程思政"的推进过程中体现出高校教育以学生为中心，教育活动紧紧围绕学生进行，体现出教育的主要目的，以学生为主体的教育能够引起高校教职工对学生的重视，关注学生的成长，为学生的成长提供良好的环境，促进学生对知识的探寻以及正确价值观的形成，实现对学生的全方面发展起到推动作用。

"课程思政"的核心在于立德树人，其目的在于育人，人是德育的中心。将立德树人作为"课程思政"的核心，与马克思主义理论当中的人的全面发展理论是相互关联的。在理论层面马克思主义对人的全面发展理论是这样阐释的，全面的发展体现在人的某些方面得到充分而自由的发展，这些方面包括人的精神和身体方面、个体性和社会性方面；同时，人的发展方向、发展方式、发展程度受到社会条件的影响。立德树人的教育任务回答的是教育应当培养什么样的人，这个教育目的的确立与我国社会的发展有关，当前我国处于新时代，新时期对人才的要求是德智体美劳全面发展的综合型人才。新时代对于人才的培养需要精神和身体、个性和社会性都得到充分的发展，同时在这个时期培养的人才应当与社会的发展方向相一致，与新时代我国的发展特点相结合，培养出能够为实现两个一百年奋斗目标而起到推动作用的人才。"课程思政"中的立德树人教育是对教育本质的阐释，因为教育的本质在于育人，育人是对人的全面发展的促进，体现的是以人为本。"课程思政"中的以人为本，就是以学生为本，以学生的全面发展为本，培养出具有德才兼备特点的学生。教育的过程中以学生为本要在建构主义学说的前提下对学生进行教育。建构主义的学生观认为，学生内心世界是巨大且丰富的，是有巨大发展潜力的，并且学生之间存在着差异，因此要根据学生自身的发展特点培养学生，实现立德树人教育。当然，除了要明确"课程思政"以学生为本外，教育过程中教师要始终明确自身的职责，起到对学生的价值引领作用，教师要发挥自身的引导作用，组织实施"课程思政"的建设。

此外，以人为本的原则还需要归结到高校教育目标上，高校的教育需要对"为谁培养人"进行明确的回答，教育目标的设定需要明确高校培养出的人才最终服务于谁。正如，习近平总书记讲到的，高校培养的人才应当是德智体美劳全面发展的，能够对社会主义建设做出贡献的接班人和建设者，即高校培养出的人才需要在中国特色社会主义建设的过程中发挥出自身的优势，贡献出自身的力量。那么，我国的社会主义建设最终是为谁服务呢？中国共产党的宗旨能够对这一问题进行回答，即全心全意为人民服务。社会主义建设成果的最终受惠者是人民群众，高校需要培养出为社会主义建设起促进作用的人才，因此说，我国的社会主义建设是"以人民为中心"展开的，高校的人才培养是为人民群众服务的，高校是为了人民能过上幸福的生活而进行人才培养的。所以，教师在教学过程中始终要坚持以人为本的原则。

三、整体设计原则

整体设计原则主要是指"课程思政"的建设是一个全局、全程、全方位过程。"课程思政"是推进高校三全育人的有效举措，"课程思政"涉及各类课程、全体教师以及育人的全过程。同时，高校"课程思政"建设的最终目的是培养出高水平的人才，因此，"课程思政"建设还需要在高校、家庭与社会之间形成教育合力，发挥三方面的作用，共同培养出适合时代发展的人才。

课程之间是一个整体，逐步解决学科之间各自为政的问题，做到在各类课程在育人目标和育人方向上保持一致；同时全体教师要加强学科之间的交流，找出课程中的德育资源；育人的全过程体现在"课程思政"的建设要求高校不仅注重课堂的育人，对实践、科研等方面也要体现育人的元素。"课程思政"涉及各类课程，贯穿于课程教学的全过程，涉及包括显性课程和隐性课程在内的全方位的过程。以整体性的视野开展思想政治教育，对各类课程中影响人的品德发展的因素进行有效的整合，发挥出整体的效用，使整体思维超越孤立思维，避免思想政治理论课单向育人的孤岛化现状弊端。落实"课程思政"的整体性原则的前提是要明确哪些因素可以为"课程思政"的建设起到促进作用，即首先要确立起"课程思政"建设的各个要素，只有在目标确定之后才能发挥这些要素的整体性作用，促进"课程思政"的实施。习近平总书记讲到，要将做人做事的基本道理、社会主义核心价值观的要求、民族复兴的历史任务作为"课程思政"的讲解内容，将这三方面的内容体现在各类课程的目标设计上，是高校"课程思政"建设整体性目标的要求。

"课程思政"的整体设计原则还要注重对学校环境的建设，例如学校的校园文化环境建设、教室文化环境建设。"课程思政"建设的过程中重点是充分发挥课堂的作用，实现对学生的教育。与之相应的高校的文化环境能够对学生的教育起到隐性教育的作用，加强对校园文化的建设，利用好校园环境，例如宣传牌、建筑设计理念的展现等都可以作为学生道德教育的方式。另外，学校的校风建设也可作为"课程思政"建设的助推力。学校校风在建设的过程中，需要结合"课程思政"的内容，通过学校发生的实际案例，对能够促进"课程思政"建设的体现出良好校风的实际案例在学校进行宣传与推广，为学生提供价值遵循和行为指导。对于教室文化的建设，例如可以成立专门的社团，通过在教室的黑板上更换名人名言的方式，引导学生形成正确的价值观，实现对学生润物无声的德育。高校的"课程思政"建设要充分发挥好整体性原则，发挥好教师、课程、校园文化的作用，共同促进高校的"课程思政"建设。

高校大学生的成长除了高校对其进行培养之外，家庭和社会也发挥着重要作用。家庭作为学生个人品质形成的基础，高校直接对学生进行品德培养，社会是对学生品质检验的介质。高校"课程思政"建设过程中，需要发挥家庭对学生教育的辅助作用，将社会所提出的良好家风建设通过一定的方式传递给学生家长，实现家庭对学校教育的支持与推动；再者，高校可以通过校企合作的方式与开展社会实践的方式，帮助学生接触社会，通过社会实践检验学生各方面的能力。学校与企业的合作，可以建立校外实习基地，聘请实践经验丰富的专家兼职学校教师,实现实践育人。同时,高校也要运用好社会资源实现对学生的德育,例如通过当地的博物馆资源、革命遗址资源、纪念馆资源等实现对学生的教育。因此,高校的"课程思政"建设不仅需要高校自身的力量得到发挥,同时需要将家庭和社会的力量进行联结,实现对学生全方面的培养,塑造学生健全的人格,实现学生的立德树人教育。

四、有机融入原则

"课程思政"与思政课程都是实现立德树人教育的重要途径,思政课程是对立德树人教育任务完成的关键课程,是具体性的课程;而"课程思政",需要发挥出所有课程的课堂育人功能,该理念的侧重点在于所有的课堂需要发挥出育人的作用,育人的主要形式是通过所有课堂作为育人的主要渠道,进行高校的人才培养,实现立德树人的教育任务。"课程思政"是在各类课程中融入思想政治教育思想,是对课程理念的更新与变革,是为培养全面发展的人才进行的路径拓展,是落实立德树人教育任务的有效措施,"课程思政"的建设需要遵循有机融入的原则。"课程思政"建设中落实有机融入原则,需要把握好各类课程与思政课程之间的联系,明确各类课程不能代替思政课程,在对学生进行思想政治教育中始终要发挥思想政治理论课程的主阵地作用,使"课程思政"对思政课程的育人目标起到有效的促进和补充作用。

遵循有机融入的原则,需要将各类课程与思政课程的育人方向保持一致,各类课程做好与思想政治理论课的有效衔接,需要做到在各类课程的教育内容设计上体现出"课程思政"的教育理念。各类课程与思政课程在方向上保持一致,就需要将各类课程的教学理念与思想政治理论课程的教学理念进行有效的结合,使各类课程的教师明确教书的目的还在于进行立德树人教育。将立德树人的教育理念融入各类课程中,使各类课程的政治方向、文化方向、育人方向与思政课程保持同向性。明确政治方向,运用马克思主义理论,确立正确的世界观和方法论,要将马克思主义的指导思想融入各类课程中,这样才会避免思想政治理论课被边缘化,避免思想政治理论课所倡导的政治方向与其他课程产生脱节的现象。文化方向的一致,"课程思政"要与思政课程所要求的文化方向保持一致,就新时代我国的发展来讲,文化方向上主要是指要弘扬中华优秀传统文化,坚持正确的价值观引领即坚持社会主义核心价值观所提倡的目标。坚定文化方向的一致性,是对中华优秀传统文化的价值认同,通过对文化的价值认同促进受教育者在意识形态上对国家达到一种自信的状态。

从而促进受教育者对国家的认同、对民族的认同，在认同的前提下才会积极投身于实现中华民族伟大复兴中国梦的实践中去。育人方向的一致性，教育的目的在于育人，"课程思政"的建设要与思想政治理论课的育人方向保持一致。"课程思政"的核心任务是实现立德树人教育，思想政治理论课是对学生进行德行教育的主阵地和主课程，在育人方向上"课程思政"要与思政课程的育人目标保持一致，促进各类课程与思政课程育人方向上的一致。

将其他各类课程与思政课程进行有机的融入，关键问题是要明确高校的教育培养人才的目的以及为谁培养人。习近平总书记在 2018 年的全国教育大会上指出，高校教育要为国家培养"德智体美劳全面发展的社会主义建设者和接班人"，明确提出高校教育的目标和任务。因此，在实现"课程思政"与思想政治理论课程育人方向一致性上，要以培养具有新时代特点的青年人即有理想、有本领、有担当为目标，培养出为中国特色社会主义建设事业而实践的时代新人。遵循有机融入的原则主要是解决各类课程与思政课程共同育人的问题，融入的过程要发挥"课程思政"与思政课程相互促进、相互补充的功能。

高校的教育中长期以来主要将思政课程作为对大学生进行思想政治教育的主课程，并且当前的思想政治教育面临着边缘化、孤岛化的境地，因此，单靠思政课程来实现对大学生立德树人教育的力量是薄弱的，"课程思政"要发挥有效的功效，做到各类课程与思政课程的合力育人。"课程思政"建设中，要善于发掘各类课程中的思想政治教育资源，结合各类课程的特点汲取理论营养，以学科理论知识为基础，调用课程中的思想政治教育元素，实现各类课程与思政课程合力育人，促进在其他各类课程中有机的融入思想政治教育元素。

第四节　构建"课程思政"建设路径

一、顶层设计，多措并举

（一）校党委重视

高校的发展和建设需要坚持党的领导，坚持党的领导能有效保证高校的教育目标与国家要求相一致。高校进行"课程思政"建设要坚持校党委的领导，发挥校党委的作用。高校思想政治工作的方向与基本要求需要与国家所要求的目标一致，要实现这个目标就需要发挥校党委的有效领导，通过校党委的领导，深入研究思想政治工作的基本要求和发展的内在规律，探索出符合新时代加强思想政治工作的有效措施，为思想政治工作的开展提供方向性的指引。因此说，高校坚持校党委的领导对思想政治工作的落实起到积极的推进作用，并且坚持校党委的领导，才能把握好高校的发展与党的领导路线相一致。"课程思政"建设也是如此，坚持校党委的领导，"课程思政"在推进的过程中才会保持与党中央对高校的发展目标的要求所一致。"课程思政"在高校的推进过程中，校党委要发挥好带头作用，对"课程思政"在高校的建设进行重视，担当起对"课程思政"教育理念落实的职责，通过实际行动推动"课程思政"在高校的建设。

"课程思政"建设中，首先，校党委要有"课程思政"意识，确立起思想政治工作在各类课程中推进的意识观念，在意识的指导下引领各级学院确立"课程思政"的课程，保证各类课程在实施"课程思政"的过程中始终以马克思主义为指导思想，以立德树人为育人目标，与各院系的领导者和教师共同促进"课程思政"的落实。其次，可以成立专门管理"课程思政"建设的校党委领导小组，组建专门的校党委人员引领"课程思政"的实施。通过专门队伍的直接负责，能够有效保证"课程思政"的高效率实施，从而保证了"课程思政"实施的针对性。最后，为有效保证"课程思政"的实施，各高校校党委之间可以进行交流与合作，通过交流的形式相互借鉴"课程思政"建设的有益经验，这样的方式有利于校党委在引导"课程思政"建设中开阔思维，运用多种方案去推进"课程思政"建设。

（二）宣传部引领

高校宣传部与校党委的工作方向具有一致性，二者都与党中央的思想保持相同方向。高校宣传部门的主要职责之一是开展意识形态工作。高校思想政治工作的开展，以及党中央思想的落实与推进，需要校党委和宣传部之间共同发挥作用。因此，高校进行"课程思政"建设，除了校党委重视之外，宣传部的意识引领作用也需要加强。

高校进行"课程思政"的建设，需要通过宣传部门的有效宣传，将"课程思政"的教育理念通过思想宣传的方式被高校师生所认知。通过宣传部的思想引领，让高校师生对"课程思政"的认识进一步加强，通过意识的作用潜移默化地将"课程思政"教育理念被高校师生所认可。具体而言，对于教师来讲，宣传部进行"课程思政"的意识宣传工作，会让高校教师明确党中央对高校的工作要求，掌握高校教育理念变化的最新动态，即思想层面会加强教师对"课程思政"的理解；实践行动方面会让高校教师积极与国家对教育发展的要求相一致，自觉在教学实践中落实"课程思政"的教学理念，从而推进高校"课程思政"的建设；对学生而言，宣传部在舆论和文化建设方面积极推进"课程思政"的建设，能够促进学生对"课程思政"的认知，逐步认可在各类课程中融入思想政治教育思想的教学方式，使学生不仅掌握专业的理论知识同时也能够形成正确的价值观，实现德育和智育的共同发展。高校宣传部通过思想指引、文化氛围构建、舆论引导等方式，推进"课程思政"教育理念的积极落实。

（三）教务处落实

教务处在落实高校"课程思政"教育理念的过程中，其具体措施主要是课题引领。以课题为引领，推进高校的"课程思政"建设。课题是以问题为中心，对问题的解决具有针对性，课题对于解决问题的方式和过程更具有操作性。将有关"课程思政"的研究进行立题，可以结合各个教研室的学科背景，在各个科研室进行"课程思政"的课题研究，发动高校各学院的力量，加大教师对"课程思政"课题研究的支持力度。以教务处作为负责部门，通过课题这一载体，推进"课程思政"教育理念在高校的落实。

课题研究中要明确分工，按照团体合作的形式来将课题完成。教研室在"课程思政"方面选择课题时要根据学科的特点，结合科研室的研究条件和具体情况，进行课题的研究。在"课程思政"的课题研究中可以以马克思主义学院的各科研室为中心，其他学院的科研室在马克思主义学院对"课程思政"研究的引领下展开对"课程思政"的研究。马克思主义学院的各科研室可以就"课程思政"的内涵、落实方式等理论层面进行研究，其他学院的科研室可以就"课程思政"的落实途径结合学科的背景进行课题的研究。这种方式是通过全校的整体合力来对"课程思政"进行研究。除了以学院为主体来对"课程思政"进行课题研究外，还可以以课程类型的不同来确立课题。就上海海关学院的例子来讲，上海海关学院在进行"课程思政"课题立项时按照思想政治理论课程、综合素养课程和专业教育课程来进行分类。在课题选择时按照课程的属性和功能定位，分别制定出课程建设的具体内容与实施的方式，并且鼓励跨学科和跨专业进行联合的课题申报方式进行"课程思政"的课题立项。因此说，"课程思政"在进行课题的申请与研究时注重多种形式相结合的方式，注重协调学校各教研室的力量对"课程思政"进行研究，寻找出符合本校各学科的开展"课程思政"的最佳方式。

进行课题的引领，通过课题的形式对高校"课程思政"建设进行研究，对高校发展、教师自身发展都具有促进意义。首先，在高校层面来讲，以"课程思政"为主题进行课题的研究，能够对高校建设"课程思政"提供理论指导和实践指导，因为课题的开展需要将理论与实践进行联结，在此基础上才能完成课题的研究。通过课题的形式，带动教育者开展"课程思政"建设，落实立德树人的教育任务。其次，从教师角度来看，以教师为主体进行课题的研究，能够充分发挥教师的主动性，激发教师对"课程思政"建设的兴趣，自觉投入"课程思政"建设的研究当中。通过课题的研究引领教师以问题为导向，进行"课程思政"建设问题的研究，对"课程思政"的教育理念进行深入的研究与分析，将课题作为载体，促进教师对"课程思政"教育理念进行深入理解，最终落实在实际行动上，通过课堂教学体现"课程思政"理念的落实，引导教师在课堂的实践中进行"课程思政"的建设与改革；同时还会对高校的科研建设起到推动作用，在一定程度上在教师之间形成了良好的科研氛围，加强教师之间对"课程思政"建设进行经验的交流，发挥出运用科研的力量对学生进行培养、对教师进行能力提升的作用。因此，高校的顶层设计方面需要教务处发挥作用，通过课题设置的方式，以课题为引领推进"课程思政"教育理念的具体落实。

二、思政教师和专业教师协同发力

教师是进行"课程思政"建设的主体、引领者、实践者。"课程思政"的建设对于教师来讲是一种教育责任，这正是无教育的教学这一观念的体现，即在教学中也包含着教育。教育就是育人，教育学生如何做人，做一个什么样的人。"课程思政"建设过程中发挥好教师的主导作用，就需要将"课程思政"的教育理念植入教师的头脑意识中，以至在教学过程中落实。即建设"课程思政"先从教师的意识培养开始，让教师有"课程思政"的意识之后，教师才会在工作教学研究中融入"课程思政"理念，从而以思想政治理论课程为动力构建"课程思政"课程体系。教师应当明确"课程思政"的目标，在目标的引领下发掘出课程中与"课程思政"相关的教育元素，从而有针对性地对学生进行教育。概括地说，"课程思政"建设的过程中教师所发挥的作用就是要做到以下几点：加强立德树人意识，明确"课程思政"定位，挖掘课程中的思政元素。

（一）加强立德树人意识

《中共中央国务院关于进一步加强和改进大学生思想政治教育的意见》强调：所有教师都负有育人职责。高校"课程思政"建设，教师是直接的落实者，思想政治教育元素能否成功地融入专业课中，教师发挥着关键作用。"课程思政"的教师在对学生进行德育教育时，对于教师自身，其"课程思政"意识需要具备，同时自身的道德修养也需要按照对教师的道德规范进行提升，加强立德树人意识教育。

教师在课程教学过程中，不仅是理论知识的传授者，同时也承担着育人的职责。教师的直接教育对象是学生，教师在对学生进行教育时，除了进行理论知识传授之外，也需要加强与学生的交流，在这个过程中需要教师对自身的言行进行一定的规范，在道德修养上为学生起到示范作用。加强教师的立德树人意识教育，同时也需要教师坚定对马克思主义的信仰，学习和理解马克思主义，学习党的理论，具有家国意识和政治敏感性，善于运用时政新闻以及结合专业知识，实现对学生的思想政治教育。"课程思政"的开展，需要高校教师不仅作为学生的知识传播者，同时也要进行育人的任务。教师立德树人意识在加强的过程中，教师自身也需要将道德修养的提升作为自身的追求，除了对课程教学进行研究之外，也要对道德修养的提升进行思考，以较高的道德水平要求自身。高校对教师的道德行为需要进行有效的监督，即高校在对教师进行考核时，将道德修养这一项也作为考核的标准，通过文件的形式对教师的职业修养与道德行为进行规范。在高校出台文件对教师的道德修养提出要求时，作为教师需要按照文件的要求，提升自身道德水平，加强职业道德建设，成为学生进行道德学习的示范者。当然，除了教师严格自身的行为规范以及高校对其进行监督之外，高校也可以创造机会对教师的能力进行提升。例如，高校可以给予教师参加"课程思政"的研修班，通过会议学习的方式，加强高校教师之间的"课程思政"经验交流以及"课程思政"的建设能力。再者，也可以通过科研的作用推动教师树立"课程思政"的建设理念，引导教师积极参加以"课程思政"为主题的科研立项，设立课题基金，激发教师对"课程思政"的研究动力，通过理论的研究，转化为教师在教育教学活动中实现"课程思政"的教育理念，将理论研究最终转化为具体实践，增强高校的"课程思政"建设。

（二）明确"课程思政"定位

教师在落实课"课程思政"这一教育方式时，除了加强自身的立德树人意识教育之外，还需对"课程思政"的内容进行掌握，即明确"课程思政"的定位。韩宪洲讲到，对于教师来讲，尤其是专业课教师，"课程思政"的讲解内容就是三方面，即习近平总书记提到的"做人做事的基本道理，社会主义核心价值观的要求，实现民族复兴的理想和责任"。韩宪洲的观点对"课程思政"的内容进行了规定。教师在明确"课程思政"内容的基础上，需要进行内容的融入，即将"课程思政"所要求的内容通过有效的方式，让学生能够进行专业知识学习与正确价值观的引导。课程中将这三方面的知识融入课堂的教学过程中，才能将"课程思政"教育理念进行落实。

教师在进行"课程思政"的过程中，需要将"课程思政"的内容有效地与专业课教育目标进行结合，在课程中体现出思想政治教育。明确了"课程思政"的内容，教师不仅需要对内容进行理论的学习与理解，还需要将所讲课程中的专业知识与做人做事的基本道理、社会主义核心价值观、中华民族的伟大复兴进行联结，潜移默化实现对学生的德育。要做到这一点，也需要教师自身进行道德素养的提高，以及在日常生活中对自身的言行进行严格要求，以实际行动对学生进行道德教育。即教师对"课程思政"的内容要真信、真用，只有教师做到真正的认识、理解和实践，才能成为"课程思政"建设的执行者和带动者，才能成为让学生信服的教育者，实现对学生的立德树人教育。对于"课程思政"的内容融入课堂的形式，需要教师通过对专业知识的深入分析，在对专业知识进行深度理解的基础上，探索出将"课程思政"内容有效融入课程过程的方式，通过发挥课程的作用推进高校"课程思政"建设。除了发挥教师自身的力量探索"课程思政"的内容融入课程方式之外，还可以通过会议学习、示范课程学习等多种方式加强对"课程思政"内容的理解，以及学习"课程思政"内容融入专业课程的方式。明确"课程思政"的内容，教师在教学过程中需要寻找合适的方式与场景，将其内容以润物无声的方式融入课堂的教学过程中，实现将专业知识与"课程思政"内容的结合，实现教师将专业知识与"课程思政"教育内容传授给学生，落实好"课程思政"的教学目标，实现高校的"课程思政"建设。

（三）挖掘"课程思政"元素

高校教师在增强立德树人意识和明确"课程思政"的定位后，需要运用好课程资源，在课程中挖掘出"课程思政"的潜在元素，对于课程中思想政治教育内容的选取，需要考虑学生的认知范围，以学生能够接受的以及与现实生活贴近的思政资源是重点。对于课程中的思政元素的选取，可以将专业知识与国家的发展进行结合，结合新时代中国的发展、民族复兴的重任，引导学生将所学知识用于推动社会主义建设层面；同时，教师也可将学科中的代表人物对学生进行介绍，运用学科中的科学家所具备的人格魅力，对学生产生较好的感染力和影响力。教师要实现这一目标，需要对专业知识进行充分的理解以及运用，理论基础需要扎实、纯熟地将理论知识与实践进行联结。在此基础上，教师之间可以以教研室为单位，对课程中的思政元素进行交流与挖掘。由于骨干教师的教学经验丰富，理论基础扎实，因此教研室在进行"课程思政"的资源挖掘时，可以发挥骨干教师的带领作用，共同进行"课程思政"建设经验的交流，加强教师之间的合作，体现出团队的力量。

高校进行"课程思政"建设，在教师层面进行的路径探索，还包括高校通过成立党委教师工作部这一举措来加强立德树人教育任务的实现。党委教师工作部的主要职责包括推进教师的思想政治工作、师德师风建设工作，同时也将对教师的师德师风进行考核。这一部门的设立对促进高校教师的道德品行提升发挥着关键作用。教师是学生的直接教育者，"课程思政"的建设需要教师个人的道德修养进行提升，而党委教师工作部对教师的品行修养起到促进和监督作用。同时，高校进行"课程思政"建设可以先选出一批优秀者，即进行"课程思政"建设的优秀教师，作为其他教师的典型示范。通过这样的方式，不仅可以加强对优秀教师的认可，同时也可带动其他教师建设"课程思政"的积极性，以点带面的方式，逐步在学校开展"课程思政"，使全体教师都参与到"课程思政"的建设中，落实高校的"课程思政"教育理念。以河北科技大学为例，该校以各学院为主体，站在全校的角度，按照不同的奖项，评选出"课程思政"的示范课堂的优秀教师，以此作为其他教师开展"课程思政"学习的榜样。按照这样的逻辑，高校进行"课程思政"建设不仅可以把眼光放在本校，同时也可选取其他高校开展"课程思政"的优秀示范课和教师进行交流，加强高校与高校之间的交流，发挥示范的作用，激发教师落实"课程思政"教育理念的积极性，带动教师的力量，促进高校的"课程思政"建设。再以北京联合大学为例，该校在"课程思政"的推进过程中首先是以教师的党支部为单位进行开展，"课程思政"是国家提出的高校新的建设方向，"课程思政"在高校建设中，教师党支部作为落实国家思想的重要主体，通过从教师党支部首推"课程思政"建设不仅会使"课程思政"教育理念有效落实，同时"课程思政"对教师党支部建设也起到促进作用。

三、思政课程和其他课程同向同行

（一）专业课融入立德树人理念

专业课程在高校的课程中占到 80% 以上，高校进行"课程思政"建设主要是在专业课程中开展。因此，高校进行"课程思政"建设专业课程中需要突出育人的理念。专业课程当中挖掘的思想政治教育的内容，需要结合学科本身的实质和学科特点，按照学科的发展规律要求，建立起学科育人的科学体系。对于不同类型的课程，需要按照不同的方式的重点进行德育资源的发掘。对于理工科的专业课程，需要从国家大局出发，培养学生的爱国情怀，引导学生将所学知识与国家建设联系起来，认识到专业知识的学习最终要运用到国家建设的实践中。例如在课程开展中，可以从新时代中国的发展为切入点，与专业课知识进行联系，注重对学生爱国主义的培养。同时也可将行业的精神需要融入日常的课程教学中，不同的专业对应不同的工作岗位，教师在教学设计上，可以将学生所学专业对应的职业精神进行融入，加强学生的职业道德建设；对于文科类的专业课程，可以加强专业课程知识与实践的结合，运用案例的形式展现课程知识的落实与运用。例如，对于英语专业的学生，该专业主要是西方语言和文化的学习，在教学过程中需要将我国的发展成就与发展的优势体现出来，引导学生对本国文化的认可，加强社会主义核心价值观的引领。在专业课程中，对育人内容资源的挖掘，重点是要对育人资源的标准进行规范，通过合理的规范加强育人的实效性。

（二）选修课加强人文素养元素

人文素养就其核心来讲就是指人的世界观和人生观，设计的内容有人生的意义、理想信念、道德价值等方面。人文素养课程建设的主要目的是培养学生在积极健康的心理状态下启发起对科学知识的学习，并且最大限度地让学生将所学到的知识体系转化为自身的能力和素养。"课程思政"建设中，尤其是对于理工类的学生，由于其所学知识的实践性和应用性较强，课程设置中缺乏人文素养，因此很有必要对选修课中加强人文素养元素的设置。再者，我国的教育以应试教育为主，教育思想主流中注重升学率的提高，这样就致使学生的人文素养缺失。针对人文素养缺失的现状，高校的教学当中需要加强对人文素养的重视，人文素养课程的建设是很有必要的。通过人文素养课程的建设促进学生形成健全的人格，提高学生的科学素质，最终实现学生将科学知识转化为自身的能力和素养，为实现立德树人教育起到添砖加瓦的作用。对于加强选修课中人文素养元素的设置具体路径有以下几方面：

第一，开设突出人文素养元素的选修课程，增加人文素养课程的开设数量。以上海体育学院为例，该校根据学校的实际情况，开设了突出人文素养的选修课程，即"体育强国"课程。这一课程是思政课的选修课，将体育的发展与中国梦的实现结合在一起，对学生的爱国精神培养具有促进意义。高校在开设人文素养课程时，需要发挥马克思主义学院的优势，以思想政治理论课程为方向指引，突出选修课程当中的人文素养建设。对于其课程的开设需要进行规范与标准的制定，开设的人文选修课程要与"课程思政"的内容要求与育人目标一致，对高校的"课程思政"建设能起到助推作用。第二，加强选修课程当中的人文素养元素，需要对已有选修课当中的人文素养课程的内容进行更新。对于已有的人文素养课程，需要结合"课程思政"的教育内容，即做人做事的基本道理、实现民族复兴的目标、社会主义核心价值观要求，将其融入已有的人文素养课程内容中，体现出课程中的思政元素。第三，加强理论课堂与实践课堂之间的联系。理论课堂比较注重课堂的建设，实践课堂注重实践，开展实践课堂的形式具体包括有社会实践、讲座、演讲等，重点在于实践，因此，在对选修课程中人文素养元素进行加强时，需要发挥好理论课堂和实践课堂的作用。运用理论课堂实现对人文素养的理论知识传授，通过实践课堂加强学生的实践能力，实现学生人文素养能力的全面提升。第四点是设立专项资金。通过资金的设立支持教师积极对选修课中的人文素养元素进行加强，资金的使用不仅可以作为对教师的奖励，同时对于在具有人文素养元素的选修课程实践中表现较好的学生进行资金的支持，充分发挥教师与学生两方面的力量，推进高校选修课当中人文素养元素的增强。

高校进行"课程思政"建设，是新时代中国发展对高等教育建设的新要求。思想政治教育在高校的教育中处于重要位置，"课程思政"是构建大思政格局的有效途径。"课程思政"是一种适应时代发展而提出的全新思想政治教育工作理念，在全国的高校建设中得到大范围的推广。高校进行"课程思政"建设，需要充分挖掘课程中的思想政治教育元素，构建起思政课程与"课程思政"共同育人的体系，发挥出课堂育人的主渠道作用，高校通过"课程思政"建设，为落实立德树人教育开辟出新的道路。

第五节　新形势下高职教育专业课与思政课融合的对策研究

一、高职教育专业课与思政课融合的含义以及必要性

高职教育发展过程中，专业课与思政课融合是学科教学特别是思想政治教学发展的重要趋势。这种融合主要包括两方面：一方面指的是基于落实教学大纲的前提下，思政课融入专业课的知识与技能，引导学生提升专业素养；另一方面指的是专业课教学要以思想政治教育作为引导，将学生的思想与学习实际状况结合起来，将思想政治因素融入专业课教学中。思政课能够帮助高职学生形成正确的"三观"，增强"四个自信"，牢固树立政治意识，提升思想境界和政治素养。专业课的学习能够帮助学生掌握某一学科领域的技能，形成专长，在未来的就业中具有竞争优势。

高职教育将专业课与思政课进行融合，有其内在的必要性。首先，课程融合是提升思政课教学效率的客观要求。思政课虽然是高职院校的一门必修课，但是学生对这门课程的兴趣相对较低。一方面，思政课的教学方式相对单一，即对教材内容的"灌输式"讲解，学生被动地接受并记忆思想政治知识，以适应考试的需要。另一方面，思政课与专业课之间存在脱节，虽然专业课的教学要以思想政治为指引，但是两者之间似乎毫无联系。课程融合后，思政课能够对专业课进行有效的指引，并且在适应融合的过程中，不断创新学科的教学方法，提升教学效率。其次，课程融合有助于实现"工学结合"与"产教融合"。新形势下的高职教育发生了重要变革，高职院校与社会企业进行合作，培养专业型人才，符合企业发展的需求。高职院校为适应社会发展的需求，需要对课程内容乃至教学方法进行改革。传统的学科教学内容以及学科体系需要进一步创新。专业课与思政课之间进行融合，能够互相弥补学科建设的不足，引导高职学生在掌握专业技能同时，不断提升理论修养和政治素养，推进产业与教育之间进行融合发展。

二、目前高职专业课与思政课融合过程中易存在的不足

尽管高职院校重视专业课与思政课之间的融合发展，但是在实践过程中仍然存在不容

忽视的问题，具体表现在以下方面：

（一）学校不够重视学科的融合发展与管理

高职院校在推动专业课与思政课融合方面缺乏保障性措施，思政教师与专业教师之间缺乏交流的平台。而且高职院校将发展的着眼点聚焦在专业建设上，鉴于培养时间相对较短的实际，很多高职院校对思政课不够重视，对两者之间融合缺乏系统的谋划与管理。思政课教师的数量较少，其教学质量的增长水平较专业类教师明显滞后。

（二）教师的综合素养与学科融合的要求存在一定的距离

高职院校的很多教师还沿用传统的教学思维，没有认真探索两者融合的最佳方式。从教学方面来看，有的高职教师仍然采用传统的教学方式，无论是思政课教师还是专业课教师，其教学方式的运用需要进行优化。从综合素质方面来看，有的教师理论素养非常强，但是在实践方面存在着一定的短板。有的教师对专业技能非常重视，但是对如何提升政治素养、道德修养等方面重视不够。

（三）学生进行学科融合的学习上还不够到位

在高职院校课程教学融合的背景下，学生的学习方式也要随时发生变化。但是有的高职学生认为进入职业院校主要是为了学习一技之长，所以将学习的所有关注点都放在了技能水平提升上，忽略了思政课的学习。有的学生在学习上存在相对"功利"的思想，误认为思政课与自己未来的求职乃至就业都关系不大，所以没有注重个人综合素质的提升。

三、新形势背景下高职专业课与思政课进行融合的有效对策

在高职教育深入改革发展的过程中，高职教学要充分认识到新形势这一重要契机，重新审视专业课与思政课，探讨融合发展的有效对策，从而在收到教学实效的同时推动高职师生的综合素养不断提升。

（一）切实转变高职融合教育的发展理念

推动专业课与思政课之间进行科学的融合，高职教师是关键。高职院校要建立健全科学培养教师的工作方案，进一步提升教师的薪酬与待遇，建立教学工作的激励机制，鼓励

思政教师与专业课教师积极主动加入课程融合的教育大潮中。高职院校要加强对教师的培训，不断完善思政课教师与专业课教师的知识结构，并掌握课程融合的科学教学方法；培训的形式要多样化，要定期开展工作培训，将课程融合作为教师培训的重要内容，让教师深刻认识到其重要性。高职院校要建立科学的教师考核评价机制，将教师的教学能力与专业技能提升程度进行具体化、目标化考核。思政课教师与专业课教师要养成良好的教育理念，对这两类课程的融合进行不断的探索。除此之外，要建立网格式的教学师资力量，将思政课教师与专业课教师、学院辅导员之间进行有效结合，通过日常教学管理的逐步完善为课程教学的融合创造良好的条件。

（二）以融入专业内容重构思政课的教学体系

高职教学的学制相对较短，无论是思政课还是专业课，其课时比较有限。特别是思政课，主要集中在高职低年级阶段。在课时有限的范围内，思政课教师要将教材中的内容进行重新整合，在按照教学大纲安排教学内容的基础上，打破原有的教材框架结构，充分结合教学过程的实际，积极融入社会行业的最新发展趋势、专业学科知识等内容。具体来说，由于每个专业的研究范围及培养目标存在不同，在与思政课进行融合时也有着不同的侧重点。因此要结合思政课以及专业课的特点，重构思政课的教学体系。例如在讲解《马克思主义哲学》时，要将哲学中的普遍原理与不同专业内容进行结合，用专业知识的应用与实践，形象生动地解释这些原理；再比如《思想道德修养与法律基础》这门课程的教学活动中，教师可以将各专业的人才培养目标以及专业学科课程设置的内在联系融入思想道德修养部分的相关章节中，让学生对思想道德修养的内涵以及提升有着更加真切的体会；再比如开展《毛泽东思想和中国特色社会主义理论体系概论》这门课程的教学时，可以将各专业建设的发展历程、取得的成就融入相关章节中，让学生从社会发展的角度，对国家发展历程和专业建设历程都充满着自豪感与责任感。

（三）将"产教融合"与课程教学融合结合在一起

目前，校企合作办学已经成为高职院校取得重要发展的内在推动力与趋势。课程融合要着眼于校企合作的发展，体现"产业"与"教育"融合的理念，在教学活动中重视实践的环节，从而激励学生将专业课学习与思政课学习结合起来，将理论学习与实践训练结合起来。学生在职业化的要求下，不仅能够提升综合素养，还能够着重提升自身的职业素养。以信息技术类的专业为例，由于信息技术类的专业具有非常强的实践性，高职院校要与相关企业进行合作，定期选派学习表现良好的学生进入企业中进行实训。企业"导师"要带领学生了解企业的日常管理以及各项制度，并在实践操作中感受到企业发展中形成的文化，对职业修养的认识不断加深。学生企业实践的过程中不仅将所学的知识进行及时的实践转化，掌握了丰富的实际经验，还了解到了社会企业对人才的需求，在与社会职业化的要求之间寻找差距，不断地提升自我。学校与企业要对学生在企业的实习表现进行全面考核，一方面考核学生的专业实践熟练程度，另一方面要考核学生的思想道德表现以及职业素养，将其结合起来进行考核，对课程融合进行较好的诠释。

（四）要设计课程融合的主题实践活动

课程融合不仅要通过教学方式的优化加以推进，活动的开展与创新也是其重要手段。高职院校要结合教学活动的实际以及重要时间节点，开展主题内涵丰富、形式多样化的主题实践活动，培养学生的问题分析与解决水平。例如高职人文类学科的相关专业，教学培养的主要目标之一则是提升学生的表达技能。因此，在开展思政课教学活动中，教师可以组织开展与教学主题相关的演讲活动，让学生围绕教学主题与大家分享学习体会与心得。例如高职院校可以在低年级学生群体中开展"校园学习生活规划"的主题系列活动，学生要结合自己所学的专业，谈谈自己对大学生活的规划，并对专业领域知识的学习进行深刻的思考。学生对大学生活进行全面谋划的同时，能够对理想信念、职业精神与道德等方面的内容进行深刻的认知。高职院校要围绕"校园学习生活规划"这一主题，对系列活动进行细化，结合专业建设的整体情况，采取不同的步骤开展活动，将该活动贯穿于低年级学生进行专业学习的整个过程。

（五）要建立健全的考核评价工作机制

高职院校不仅要对教师的建设情况进行考核，还要对教学效果以及学生学习能力的提升进行有效的考核。首先，要创新思政课与专业课的考核方式。学校要改变其传统的考核方式，除了试卷考核之外，还要注重对思想政治内容在专业课领域进行实践运用的考核。例如本学期专业课教学共开展多少次社会实践，这些社会实践对学生思想政治素质的提升产生哪些重要的影响，等等。除此之外，要运用动态与静态相结合的考核方式，充分发挥考核"指挥棒"的作用，让学生从考核中找到差距与不足，从而有的放矢地提升自己的学习能力与综合素质。其次，要建立基于信息技术条件下的课程融合效果考核评价平台。信息技术对高职院校课程融合的考核提供了新的动力，要利用大数据技术，建立考核专业工作平台。高职教师要注重搜集学生在思政课和专业课上的日常表现，将这些数据通过大数据技术的后台进行分析，同时要建立考核预警管理系统，针对学生在课程融合表现较差的情况，将进行自动提示，提醒学生要对学习的总体情况进行反思。第三，要建立科学的奖励工作机制。为了激励学生更好地投入课程融合的学习中，并取得良好的学习效果，高职院校要对政治素质、专业素质过硬的学生进行表扬，并给予一定的物质奖励，激励更多的学生向这些先进榜样学习。

第六节　高职专业课程思政教学改革与实证研究

——《导游基础知识》课程思政育人目标的构建与实施

一、"课程思政"在高校"导游基础知识"课程建设中的重要性

立德教育、德育为先。在各高校学生能力培养过程中，不仅要关注学生专业知识的学习，更关注学生的德育。习近平总书记在全国高校政治思想会议上指出"要用好课堂教学这个主渠道，各类课程都要与思想政治理论课同向同行"。思想政治教育过程构成要素的优化路径——学习习总书记在全国高校思想政治工作会议上的讲话提出"大力推动以"课程思政"为目标的课堂教学改革；关于"思政课程"与"课程思政"辩证关系的思考，教育部印发的《高等学校课程思政建设指导纲要》，旨在把思想政治教育贯穿人才培养体系和全面推进高校课程思政建设，发挥好每门课程的育人作用及提高高校人才培养质量。

《导游基础知识》课程是高职旅游管理专业的一门专业核心课程，在教学中应紧密围绕课程培养目标，将"课程思政"有效地融入《导游基础知识》课程的教学中。教师应结合当前时代背景，围绕以学生为出发点，本着培养学生建构主义的学习观，按照"做中学"教学理念改进传统教学模式，采取任务驱动、体验式教学法等多种形式教学手段开展教学。教师应结合当下社会发展背景，巧妙进行课程设计，将家国情怀、责任担当、生命教育等思政元素融入教学过程中，把学校小课堂同社会大课堂结合起来，将专业知识和育人巧妙融合，在传授知识的同时，传递理想信念和人生价值，培养大学生的时代责任感和爱国主义情怀，实现对学生的铸魂教育。

二、构建《导游基础知识》课程思政的育人目标

在课程思政建设的过程中，按照教育部普通高等职业教育旅游管理专业标准、旅游管理专业人才培养方案的要求，依据《导游基础知识》课程标准，找准专业知识与育人素材

的精准对接，构建七大课程思政育人目标。

（一）爱国情怀

通过学习旅游景点中中国传统文化、中国饮食文化、中国建筑特色等知识，培养学生的爱国主义情怀和民族自豪感。

（二）尊敬他人

讲解旅游活动中民族和宗教的相关知识，培养学生尊敬他人的良好个人品质。

（三）劳动精神、职业精神、工匠精神

通过景点岗位认知和导游词撰写、导游词模拟演练，培养学生踏实肯干的劳动精神、爱岗敬业的职业精神、精益求精的工匠精神。

（四）创新思维

通过将中国传统文化、饮食文化等在模拟导游中的实际应用，培养学生的创新思维。

（五）审美情趣

通过分析、鉴赏、学习旅游风景名胜的诗词、楹联、游记，培养学生的审美情趣，激发学生的学习热情。

（六）服务意识

通过讲解导游基础知识和导游岗位操作要点，培养学生的服务意识。

（七）自我管理、集体意识、团队合作

通过指导学生完成课前学习任务，让学生养成良好的自主学习习惯；通过对学生进行分组，让学生模拟导游和实训，培养学生团队合作、集体意识。

三、课程思政教学设计的实施与成效

（一）创设教学模式，落实德技并修、工学结合

该课程采取理论与实践相结合的模式，采取企业岗位认知——导游词设计——导游模

式实践的教学设计思路，及时融入社会热点等典型案例，将爱国情怀、民族自豪感、责任担当意识、工匠精神、创新精神等思政元素融入教学过程中，教学效果良好。

在课程设计环节，结合旅游行业发展的最新动态及相关领域的新技术、新规范，及时更新教学内容，不断提升学生的管理技能水平、信息技术应用能力。另外在教学内容选取上，以任务为驱动，对接旅游服务工作全过程，使教学过程与生产过程相对接，对接企业的实际需求培养学生，缩短学生就业的过渡期，实现与企业的无缝对接。

教学过程包括课前探索、课中导学和课后拓展三个环节。课前，教师通过网络课程平台为学生推送学习任务包，引导学生自学相关专业知识，培养学生的独立思维能力。课中，教师采用案例分析、任务驱动、问题导向启发式等教学方法，以学生为中心设计教学内容，合理分配教学授课时间，通过分组任务安排，培养学生的团队协作能力，通过启发式教学培养学生浓厚的学习兴趣。课后，通过课程平台发布学习任务，让学生深入旅游公司开展实践，将理论所学与实际工作内容结合起来，能够有效提高学生学习积极性，营造浓厚的第二课堂学习氛围，提高学生学习的主动性。通过多种线上资源及丰富的互动形式，精准剖析教学重点，有效突破教学难点，实现教学目标。

（二）与时俱进更新专业知识，思政元素与知识技能有机融合

随着国家职业教育改革方案落地，我们应注重学生综合能力培养，将专业知识与育人要素巧妙结合，在完成知识传授、能力培养的同时，加强学生素质教育。通过将课堂教学与思政教育结合起来，有效引导学生将知识内化为价值追求，让爱国情怀、民族自豪感、责任担当意识厚植于学生心中。

（三）将"立德树人"贯穿教育始终，打造"三课堂"协同育人模式

在教学过程中，为了做到因材施教、因时而进、因势而新，本着培养学生建构主义的学习观，将"立德树人"贯穿教育始终，形成"以学生为主体教学做一体化"的第一课堂，"以提高岗位适应能力为主体"第二课堂和"拓展、补充、延伸"的第三课堂，"三课堂"协同育人模式。第一课堂主要是利用日常教学完成专业知识教学，通过合理的教学设计，培养学生职业素养和劳动精神。第二课堂针对第一课堂知识的扩充，让学生利用业余时间进行导游模拟演练，培养学生自主探究的能力、创新的能力。第三课堂利用国家教学资源库、微课资源、企业跟岗实习等，培养学生的可持续发展能力和职业素养。

参考文献

[1] 张彩宁，王亚凌，杨娇 . 高职院校数学教学改革与能力培养研究 [M]. 天津：天津科学技术出版社，2019.

[2] 郑盼盼 . 高职思政云课堂理论与实践 [M]. 杭州：浙江工商大学出版社，2019.

[3] 廖振发，姜媛主编 . 高职场景英语教程 [M]. 北京：北京理工大学出版社，2019.

[4] 邓金娥 . "互联网 +" 背景下商务英语教学研究 [M]. 长春：吉林文史出版社，2019.

[5] 李晓晖 . 互联网英语教学模式在护理专业中的应用 [M]. 天津：天津科学技术出版社，2019.

[6] 张涛 . 应用数学 [M]. 西安：西北大学出版社，2019.

[7] 李冬影，程雪飞，刘慧旎 . 构成基础 [M]. 武汉：华中科技大学出版社，2019.

[8] 朱爱青 . 素质教育背景下高校教学管理制度改革的研究 [M]. 北京：中国纺织出版社，2019.

[9] 刘静佳，郭定祥，周效东 . 高职院校教育教学研究：2018[M]. 昆明：云南大学出版社，2018.

[10] 田园 . 高等数学的教学改革策略研究 [M]. 北京：新华出版社，2018.

[11] 莫意清，李韦嫦，韦英权 . 学生党员教育改革创新高职 2+1 人才培养模式下的探索 [M]. 北京：光明日报出版社，2018.

[12] 辛宪章，张岩松，王允 . 高职院校治理研究 [M]. 沈阳：东北财经大学出版社，2018.

[13] 刘代友，廖策权 . 高职院校分类分层人才培养创新研究 [M]. 成都：西南交通大学出版社，2018.

[14] 邵建东 . 高职创新发展之路金华职院的探索历程 [M]. 武汉：华中科技大学出版社，2018.

[15] 袁小利，刘焱 . 新阶高职英语：1[M]. 重庆：重庆大学出版社，2018.

[16] 张吉国，曹毅杰 . 高职院校教师优秀论文集萃 [M]. 北京：北京交通大学出版社，2018.

[17] 林雯.职业教育信息化教学设计 [M].北京：科学出版社，2018.

[18] 李艺英.高端访谈高等教育改革与发展 [M].上海：华东师范大学出版社，2018.

[19] 谢东华，王华英."互联网 +"环境下高职语文教学模式改革研究 [M].长春：吉林人民出版社，2017.

[20] 余建军.基于 CDIO 工程教育模式的高职教育教学改革研究 [M].杭州：浙江工商大学出版社，2017.

[21] 匡玉清.高职院校教学全面质量管理研究 [M].长春：吉林人民出版社，2017.

[22] 谢颖著.高等数学教学改革与实践 [M].长春：吉林大学出版社，2017.

[23] 谢东华.职业能力培养视域下高职语文教学策略研究 [M].长春：吉林人民出版社，2017.

[24] 张岩松，等.新时期高职院校改革发展研究墨香财经学术文库 [M].沈阳：东北财经大学出版社，2017.

[25] 刘云霞.高职高专"十三五"规划教材无机化学实验 [M].成都：西南交通大学出版社，2017.

[26] 刘国生.高职院校转型跨越发展谋略与路径 [M].广州：广东高等教育出版社，2017.

[27] 佟怡.高职院校学风建设实践与探索 [M].北京：知识产权出版社，2017.

[28] 苏卫涛.高职学前教育专业学生职业核心能力培养研究 [M].长春：东北师范大学出版社，2017.

[29] 王振洪.高职院校管理文化及其创新策略研究 [M].杭州：浙江大学出版社，2017.

[30] 周建松.现代职业教育体系建设与高职教育创新发展 [M].杭州：浙江工商大学出版社，2017.

[31] 田贞训.高职教育成本分担机制与预算拨款制度改革研究 [M].武汉：武汉大学出版社，2017.

[32] 鲍玮.高职教育实践教学体系的建设探索 [M].天津：天津科学技术出版社，2017.